ETUDES CLASSIQUES

EN UN AN.

MANUEL PRATIQUE

DE LANGUE LATINE.

SOMMAIRE.

PREMIERE PARTIE.

DEUXIEME PARTIE.

ÉTUDES CLASSIQUES EN UN AN.

MANUEL PRATIQUE DE LANGUE LATINE,

PAR

J. E. BOULET, *Avocat*,

Traducteur des Institutes de Gaius,

Fondateur et ex-Rédacteur en chef de la Revue du Nord,

Membre de l'Institut Historique, *etc., etc.*

CONTENANT :

L'EXPOSÉ DE LA NOUVELLE MÉTHODE ET SON APPLICATION.

(*A l'usage des Pères de famille et des Maisons d'éducation*).

« *Annum mihi temporis des*.... Themistocles omne « illud tempus litteris sermonique Persarum dedit : quibus « adeo eruditus est, ut multo commodius dicatur apud re- « gem verba fecisse, quàm hi poterant, qui in Perside « erant nati. » CORNELIUS NEPOS.

« *Accordez-moi une année de temps*... Thémistocle « employa toute cette année à l'étude de la langue des « Perses, et il l'apprit si bien, qu'il harangua, dit-on, le « roi avec beaucoup plus de facilité que ne le pouvaient « ceux-là même qui étaient nés en Perse. »

(1re *partie, page* 46.)

Prix : 3 Francs.

PARIS.

A L'ÉTABLISSEMENT CENTRAL DES ÉTUDES CLASSIQUES EN UN AN

RUE DES-FOSSÉS-MONTMARTRE, 27 ;

MANSUT, LIBRAIRE, RUE DES MATHURINS SAINT-JACQUES, 17.

1838.

IMPRIMERIE DE MOQUET ET COMPie,
Rue de la Harpe, 90, à Paris.

INTRODUCTION

ET EXPOSÉ DE LA MÉTHODE[1].

> « C'est un bel et grand adgencement sans doubte que le *Grec* « et le *Latin*, mais on l'achete trop cher. Ie diray icy une fa« çon d'en avoir meilleur marché que de coustume, qui a esté « essayee en moy-mesme : s'en servira qui vouldra. »
>
> MONTAIGNE, L. 1. c. 25.

La méthode en usage depuis si longtemps pour l'enseignement des langues mortes produit-elle les résultats que la jeunesse, à qui elle est imposée, a le droit d'en attendre? Satisfait-elle même les professeurs qui en font l'application? Je n'oserais l'affirmer.

Je me contenterai de remarquer, comme un fait assez bizarre, que tandis que sur tous les autres points, le siècle a vu se perfectionner les procédés en tout genre, les langues anciennes sont encore aujourd'hui à peu près enseignées comme elles l'étaient il y a cinquante ans.

Il y a cette différence seulement, c'est que les études sérieuses, fortes, sont aujourd'hui beaucoup plus rares qu'à cette époque, et, pour s'en convaincre, il suffirait d'observer cette multitude de jeunes gens que chaque année voit sortir des établissements publics. En est-il beaucoup, parmi eux, en état d'interpréter un classique grec? Je consentirais volontiers à m'en rapporter sur ce point à eux-mêmes.

Et cependant, je le répète, la méthode appliquée a peu varié depuis des siècles; et l'on ne consacre pas moins de temps aujourd'hui qu'autrefois à l'étude des langues anciennes. Huit années!...

(1) Appliquée dans l'Établissement connu sous le titre de : ÉTUDES CLASSIQUES EN UN AN, rue des Fossés-Montmartre, 27.

Jetons un coup d'œil sur quelques-uns des procédés employés jusqu'à présent dans l'enseignement des lettres grecques et latines.

La plus ancienne grammaire est celle de Jean Despautère; elle est écrite en latin; elle débute par des règles, et ces règles sont formulées en latin, sont écrites dans la langue qu'il s'agit d'enseigner. Elle explique l'inconnu par l'inconnu, un latin qu'on ignore par un latin qu'on ne connaît pas davantage, et, malgré cette étrange aberration, Despautère eut le privilége de régenter la jeunesse pendant deux siècles.

En 1642, Commène publia en huit langues son *Janua linguarum*. Le succès en fut prodigieux. C'est un recueil de *mots isolés*, répartis en plusieurs chapitres.

Commène pose en principe que *savoir une langue*, c'est pouvoir nommer, dans cette langue, chaque chose par son nom. Commène oubliait que ce n'est pas tout de connaître la signification des mots isolément, qu'il faut encore être en état de les combiner d'une manière conforme au génie de la langue dont ils sont les éléments et les parties constituantes; enfin qu'outre l'étude des mots, il y a encore celle des formes et des tournures, de la syntaxe.

Les premières méthodes grecque et latine écrites en français sont dues à l'immense érudition des savants de Port-Royal, et particulièrement à Lancelot. Ces méthodes firent révolution à leur époque(1). Elles naturalisaient dans les écoles la langue française; celle-ci en expulsa le latin barbare que l'on y avait parlé jusque-là. Les méthodes de Port-Royal sont encore aujourd'hui les meilleurs recueils lexigraphiques, mais il appartient aux maîtres seuls d'y puiser.

A notre connaissance le père de *Montaigne* est le premier qui ait trouvé et appliqué la véritable manière d'enseigner les langues mortes.

En mettant son fils entre les mains d'un maître qui ne lui parlait que latin, il donna à son enseignement *la forme d'esbat et d'exercice*. Grâce à son père, Montaigne apprit cette langue *sans dictionnaire*, *sans rudiment*, *sans fouet et sans larmes*. Néanmoins, dès l'âge de six ans, Montaigne avait le latin *si prest et si à la main*, que « Grouchi, Guerente, Bucanan, Muret, ses précepteurs, craignoient à l'accoster : « c'est merveille du fruit que chacun fit de cette mienne inaccoutumée institution, « dit-il; mon père et ma mère y apprindrent assez de latin pour l'entendre et s'en ser- « vir, comme feirent aussi les domestiques; somme, nous nous latinizasmes tant, qu'il « en régorgea iusques aux villages tout autour, où même ont prins pied, par l'usage, « plusieurs appellations latines d'artisans et d'utils. »

Il regretta toute sa vie que son père eût abandonné une culture *si exquise*; que, « *dans la crainte de faillir en chose qu'il avoit tant à cœur*, il se fût laissé emporter à « l'opinion commune *qui suyt tousiours ceux qui vont devant*, *comme les grues*, et qu'il « l'eût envoyé au collége de Guyenne, *où il enjamba d'arrivée aux premières classes*.

(1) En 1650.

« Le collége de Guïenne étoit très-florissant pour lors, dit-il, et le meilleur de « France, mais tant y a que *c'estoit tousiours un collége*, j'achevai mon cours (qu'ils « appellent), mais sans aulcun fruit que je peusse mettre en compte. »

Aussi, cette profonde connaissance qu'il eut des auteurs et qui se fait sentir continuellement dans ses *Essais*, il la dut, non à ses maîtres, mais à son précepteur particulier, « *homme d'entendement*, *qui aiguisoit sa faim*, *le laissant à la desrobée*, « *gourmander ses livres aux dépens des devoirs et de la reigle. S'il eût été si fou de* « *rompre ce train*, *j'estime*, disait Montaigne, *que je n'eusse rapporté du collége que* « *la hâine des livres*, *comme faict quasi toute notre noblesse.* »

C'est cet *homme d'entendement* que nous avons pris pour modèle, et le livre que nous publions aujourd'hui, malgré ses nombreuses imperfections, donne aux pères de famille des exercices tout préparés, au moyen desquels l'étude des mots et des tournures est présentée sous la forme *d'esbat*, comme le voulait Montaigne.

« Prenez, disait Locke, un livre aisé et agréable, par exemple les *Fables d'Ésope*, « traduites aussi littéralement que possible; que dans une ligne soit le texte, dans « l'autre l'*anglais*. » Voilà, comme vous voyez, le germe des traductions interlinéaires trouvé par Locke.

« Les règles, disait-il encore, sont inutiles. Pour apprendre une langue, il n'y a « d'autre guide que *l'usage*. On apprend par l'usage l'*anglais* et le *français*; je ne puis « donc assez m'étonner, ajoutait-il, que les pères, ayant vu les succès d'une telle « méthode, ne se soient pas imaginé de l'appliquer à l'étude des langues an- « ciennes, etc. »

Locke, comme vous le voyez encore, rejetait les règles, et ne voulait pas qu'on commencât l'étude des langues par le rudiment.

« Pour bien composer en latin, dit Rollin, il faut connaître le tour, les locutions, les « règles de cette langue, et avoir fait amas d'un nombre de mots assez considérable; « or, tout cela ne peut se faire qu'en *expliquant les auteurs* qui sont comme un *dic-* « *tionnaire vivant* et une *grammaire particulière*, où l'on apprend par expérience la « force et le véritable usage des mots, des phrases et les règles de la syntaxe. »

Donç Rollin, recteur de l'université, reconnaît que la traduction seule des auteurs peut apprendre : 1° la véritable valeur de chaque mot; 2° les règles de la syntaxe.

En 1772, Dumarsais publia l'exposition d'une méthode rationnelle pour apprendre le latin.

« Il n'est pas possible, disait-il, d'entendre les principes généraux et abstraits, lors- « qu'on n'a pas encore les idées particulières qu'ils supposent... Je commence par l'ex- « plication des auteurs et non des règles. Lorsque les élèves ont remarqué que les « mots latins changent de terminaison, je leur montre à *décliner* et à *conjuguer*. »

Les résultats des efforts de Dumarsais furent tels, les progrès de ses élèves si rapides, que les savants du journal de Trévoux s'indignèrent qu'on voulût aplamir ainsi les routes de l'enseignement : « Moins on a de secours, disaient-ils, plus « l'esprit lutte et s'efforce dans la carrière épineuse. »

Un professeur de Sorbonne, l'abbé Gaullier, traita même *d'intolérable* une méthode qui ferait porter des fruits aussi hâtifs, pensant que, « d'arriver en rhétorique « à l'âge de dix-sept à dix-huit ans, était déjà bien assez tôt, et même *trop tôt*. On « pourrait fort bien, ajoutait-il, forcer de tels aventuriers de se taire, et les chasser « des grandes villes. »

Sans doute, il faut bien l'espérer, la race des abbés Gaullier est aujourd'hui entièrement éteinte!

Supposons qu'à ces hommes, qui ne peuvent enseigner en sept années une langue à des enfants d'une intelligence déjà développée, vous donniez un enfant de trois ans, n'en connaissant aucune, et dont les facultés intellectuelles soient encore, par conséquent, dans un sommeil complet. Combien pensez-vous que ces savants vous demanderaient de temps pour instruire un tel enfant au moyen de ces vieilles méthodes, *résultat de si longues expériences*. Je n'oserais répondre pour eux. Tout ce que je sais, cependant, c'est que tous, tant que nous sommes, dès l'âge de quatre ans, nous parlions mieux *français* que nous n'eussions été en état de parler *latin* ou *grec* à notre sortie du collége.

Nous savions à peu près nos conjugaisons; nous observions même, et sans les avoir apprises, la plupart des règles de la syntaxe.

Un enfant de trois ans suit la règle de l'accord de l'adjectif et du substantif, sans que cette règle lui ait été jamais expliquée.

Quel précepteur si habile a opéré un tel prodige?

L'instinct, ou plutôt la tendresse d'une mère, les soins dont elle entoure son enfant, ses éternelles conversations avec lui, enfin l'usage répété des mots dont le sens a été d'abord expliqué par le langage d'action à défaut de tout autre.

Ce que font la nature, l'instinct, le besoin, la nécessité, pourquoi ne l'obtiendrions-nous pas au moyen d'une méthode raisonnée et qui nous place dans les mêmes conditions, ou plutôt dans des conditions plus favorables, puisque, au lieu d'avoir besoin d'abord, comme une mère, de nous faire comprendre par des signes, déjà nous avons une langue, comme moyen de communication entre le maître et le disciple, et que d'ailleurs nos élèves ne sont plus des enfants?

On doit marcher avec son siècle. Tandis que tout s'améliore, que tout se perfectionne, l'enseignement des langues anciennes, seul, serait-il donc condamné à rester immobile, et faudrait-il exiger, à notre époque de progrès, pour l'étude des langues anciennes, autant de temps que l'on en demandait à la jeunesse, alors qu'il était de l'intérêt des gouvernants de la faire vieillir dans une enfance éternelle?

Il y a un mois il nous fallait encore deux heures pour nous rendre à Saint-Germain; aujourd'hui nous y allons en trente minutes. Nos pères mettaient quatre heures pour ce trajet; il nous les faudrait encore si nous avions voulu conserver les chemins et les équipages d'autrefois.

Eh bien, le chariot de l'enseignement, invariable depuis des siècles, aujourd'hui complétement détraqué, ne nous fait même plus atteindre le but, et persiste à nous traîner dans un chemin où ce ne sont pas les ornières qui manquent.

Maintenant un mot sur les moyens que nous appliquons.

Savoir une langue, c'est en connaître les mots et les tournures; tout est là. Or, le plus difficile, le plus long, c'est d'apprendre les mots, ce *matériel* de toute langue.

Les étudierons-nous, ces mots, isolément dans un dictionnaire? Non; car sans liaison entre eux, ils seraient, pour notre mémoire, aussi difficiles à retenir que des chiffres. Et puis tous les mots d'une langue n'ont pas besoin d'être sus. Ouvrez un dictionnaire de la langue française, à la première page venue, et vous verrez si vous, qui savez le français, avez l'intelligence de toutes les expressions que cette première page, prise au hasard, offrira à vos regards.

Les mots que nous avons besoin de savoir, ce sont ceux usités dans la littérature, ce sont ceux employés dans nos auteurs classiques. Pourquoi les chercherions-nous ailleurs?

Nos classiques seront nos dictionnaires, et des dictionnaires remplis d'intérêt, parce qu'ils nous présentent les productions de la plus saine littérature. Bientôt vous verrez comment ils seront aussi nos grammaires, et comment, guidés par votre professeur, vous découvrirez vous-mêmes les règles de la syntaxe dans les textes que vous aurez expliqués. Et ces règles que vous découvrirez, vous ne les aurez point apprises comme leçons, et cependant vous ne les oublierez point, précisément parce que vous les aurez trouvées vous-mêmes.

L'idée première de la méthode que j'applique n'est pas nouvelle, vous l'avez vu; c'est elle qui a présidé à l'éducation de Montaigne; Locke l'avait pressentie; sous l'empire elle avait été tentée avec succès sous les yeux mêmes de Napoléon, à Versailles; l'empereur en témoigna sa satisfaction, mais le moment d'une révolution dans l'enseignement n'était pas venu, et une influence puissante paralysa, dès le principe, les succès de la nouvelle méthode.

Enseigner le latin et le grec comme si le latin et le grec étaient des langues vivantes, tel est tout le secret de cette méthode (1).

Le premier chapitre de la méthode de Port-Royal a pour titre : De la différence qu'il y a d'enseigner une langue vivante et une langue morte.

C'est cette prétendue différence qui est cause que l'on a consacré jusqu'à nos jours sept à huit années à des études qui ne nous apprennent ni le grec ni le latin, comme l'avouent de bonne foi ceux-là-mêmes qui ont fait les meilleures études.

---

(1) La plupart de nos exercices sont les mêmes que ceux appliqués par M. Robertson, à qui l'enseignement des langues doit sans doute beaucoup de reconnaissance; et c'est pour nous un plaisir de lui témoigner ici celle qui nous est particulière.

Et cependant, nous voyons tous les jours un domestique Allemand ou Anglais apprendre chez nous, dans notre famille, en quelques mois, plus de français que nous n'apprenons de grec en six années au collége. C'est qu'il se garde bien d'apprendre notre langue dans nos *Despautère* modernes et de chercher, au moyen des règles, à suppléer l'*usage* que rien ne saurait remplacer.

En dispensant les élèves de parler la langue morte enseignée, on les a dispensés par là même d'en retenir les mots : aussi jamais ils ne parviennent à pouvoir se passer du dictionnaire, leur continuelle ressource. Nous parlons, nous, grec et latin, dès la première leçon, non pour en faire du pédantisme, mais afin de soulager notre mémoire par l'aide que lui prête notre oreille. Les yeux nous habituent à l'orthographe, tandis que l'audition grave les mots dans la mémoire bien mieux que ne le fait l'organe de la vue.

Nos élèves n'ont pas d'autre dictionnaire que celui qu'ils se sont fait eux-mêmes; et ce dictionnaire, dont chaque jour voit augmenter le volume, suffit bientôt au professeur pour que, dans l'explication des auteurs, il puisse se passer de la langue française comme intermédiaire.

Ce dictionnaire, d'ailleurs, fait par chaque élève (1), commencé dès la première leçon, et se grossissant de jour en jour de chaque nouveau mot que les textes lui font connaître, a en outre pour nous un avantage particulier; c'est qu'il nous donne toujours, ainsi qu'aux parents, le moyen de vérifier l'état précis des progrès d'un élève, en nous offrant la *statistique* exacte, le chiffre rigoureux des connaissances acquises.

C'est ainsi que l'expérience nous a appris qu'après quatre mois d'études, nos élèves s'étaient déjà composé un dictionnaire de plus de deux mille mots, et après une année de travail, de près de six mille. Or, notez que ce nombre de faits connus est suffisant pour mettre nos disciples en état d'interpréter les auteurs sans avoir besoin de recourir fréquemment aux lexiques complets.

Ce moyen de vérification est sans doute une garantie qui, jusqu'à présent, n'avait été donnée aux parents par aucune des méthodes qui ont précédé la nôtre. Résumons :

1° Un texte simple et choisi. Dans ce Manuel un choix de *Fables de Phèdre* et un extrait de *Cornelius Nepos* forment les premiers textes sur lesquels portent nos observations. Nous n'en voyons d'abord que peu de lignes à la fois.

2° Chaque élève de mes cours est désigné par un numéro; toute question est posée avant que j'appelle le numéro qui doit y répondre, et de cette manière, il y a toujours obligation pour les élèves d'être attentifs aux questions que je leur adresse.

---

(1) L'élève, dès sa première leçon, doit se munir d'un cahier comprenant autant de divisions que l'alphabet de la langue étudiée contient de lettres. Il enregistre, sous sa lettre, chaque mot du texte expliqué, et en regard, dans une seconde colonne, la portion complémentaire de la phrase où ce mot a été rencontré. De cette manière, l'élève est toujours en état de citer la phrase où telle expression a été vue par lui pour la première fois.

3° Le texte est d'abord traduit par moi, *littéralement*, de manière à bien faire connaître à l'élève la véritable valeur de chaque mot. La traduction littérale est répétée par quatre ou cinq élèves. Ensuite on ferme les livres : je prononce chaque mot du texte, et chaque élève appelé par son numéro le traduit en français.

4° Je fais ensuite l'inverse : je prononce le mot français, et l'élève appelé doit nommer aussitôt son équivalent en latin.

Cette double opération, cette traduction alternative a pour objet, non-seulement de bien graver le sens des mots latins dans la mémoire de mes élèves, mais encore d'exercer celle-ci à retrouver le mot latin correspondant, lorsqu'un mot français leur est donné.

Voilà déjà deux opérations tendant à faire retenir le sens des mots, mais il en est encore deux autres ayant le même but :

5° J'adresse aux élèves des questions disposées d'avance et telles que l'élève peut y répondre au moyen des mots latins qu'il a vus. Cette obligation de retrouver le mot dont on a besoin et que l'on connaît, le fixe à jamais dans la mémoire;

6° Enfin, des phrases disposées d'avance, telles que celles contenues dans ce manuel, sont données à l'élève qui peut et doit les traduire sur-le-champ en latin, au moyen des mots qu'il sait et des tournures qu'il a observées.

Après ces quatre opérations bien faites et suffisamment répétées, tout professeur peut avoir la certitude que son élève n'oubliera jamais le sens des mots latins qui lui sont passés sous les yeux dans les divers textes qu'on lui a fait traduire, et que si ces mots se présentent à lui plus tard, il les reconnaîtra indubitablement.

Pour obliger les élèves à une attention continuelle, le professeur doit avoir devant lui un nombre de cartes numérotées, correspondant au nombre de ses auditeurs; ceux-ci lisent, traduisent, ou répondent à mesure qu'ils entendent appeler leurs numéros. Il est nécessaire de mêler ces cartes chaque fois que tous les élèves ont été interrogés, afin que les numéros ne se suivent pas dans le même ordre. Ainsi qu'il a été dit, toute question est posée avant que le numéro qui doit y répondre soit désigné ; il s'ensuit que chaque élève se trouve constamment obligé de se faire à lui-même cette réponse, et que de cette manière l'attention de tous se soutient.

Un coup d'œil sur notre petite méthode fera connaître que nous supposons l'élève complétement ignorant, et cependant, à la 25e leçon, il est déjà en état de comprendre les questions qui lui sont faites *en latin* et d'y répondre *en latin*. Après six mois d'exercices, le professeur ne doit plus expliquer un nouvel auteur qu'au moyen d'un commentaire latin fait par lui-même, et composé seulement des mots connus de l'élève; car, à cette époque, le dictionnaire latin de l'élève permet au professeur, pour communiquer avec celui-ci, de se passer de la langue française. Il est entendu que chaque professeur fera très-bien de composer, pour l'usage de ses élèves, d'autres phrases et d'autres questions que celles du Manuel. L'auteur n'a pas la prétention de croire que ses *questions* et ses *phrases à traduire* soient les seules ni même les meilleures possibles.

Notre méthode est opposée à celle des établissements publics, en ce que :

1° Nous ne commençons pas par donner des règles avant que l'élève connaisse les mots.

2° En ce que l'instruction des colléges commence par les thèmes, c'est-à-dire, prend pour point de départ les *gallicismes*, tandis que nous, au contraire, nous faisons connaître d'abord les *latinismes*.

Notre élève, en parlant latin, n'invente ni mots ni tournures, il ne fait que se rappeler ses auteurs; mots et tournures, tout est pillé par lui. Les mots dont il se sert, c'est la traduction littérale qui lui en a fait connaître le sens. — Les tournures dont il se sert, ce sont celles qu'il a vues dans ses auteurs. — Par la traduction littérale, les mots et les constructions ont été apprises simultanément.— C'est que la traduction littérale enseigne à la fois *grammaire* et *syntaxe*. — Si nous terminons par poser quelques règles, c'est après que l'observation des faits nous les a fait découvrir. On voit que dans notre méthode la besogne, le *devoir* est pour le professeur; l'élève en recueille les fruits.

Dans les leçons particulières, l'élève, après avoir répété deux ou trois fois, au moyen de la traduction en regard, l'explication de chaque mot de son texte, doit dérober à sa vue cette traduction, et la faire de mémoire; ensuite, cachant le texte latin, il doit s'exercer à retrouver l'expression latine en ne voyant que le mot français: puis il écrira les réponses en latin aux *questions*, et enfin passera à la traduction des *phrases*. Chemin faisant, il cherchera les mots français *dérivés* du latin, et dont quelques-uns seulement, à la fin de chaque leçon, sont indiqués comme exemples.

Je ne terminerai pas sans dire que j'ai les plus grandes obligations, pour la partie grammaticale, aux auteurs qui m'ont précédé.

Le mérite de nos Manuels consiste à ne présenter, en fait de grammaire, que *le nécessaire :* une fois ce nécessaire bien appris, la traduction des auteurs et l'observation feront le reste.

J. E. BOULET.

FIN DE L'INTRODUCTION.

MANUEL PRATIQUE

DE LANGUE LATINE.

PREMIÈRE PARTIE.

EXERCICES.

PREMIÈRE LEÇON.

Texte à traduire.

L'élève doit s'exercer à faire alternativement et mot à mot, avec et sans le secours du livre, la traduction du latin en français et du français en latin.

Accessit ad Aristippum philosophum	S'approcha vers Aristippe le philosophe
Pater familias	un père de famille
Rogavitque ut filium suum	et pria que le fils sien
Susciperet erudiendum.	il prît devant être instruit.
Cum vero ille petiisset	Lorsque mais celui-là eût demandé
Quingentas drachmas	cinq cents drachmes
Pro mercede,	pour récompense,
Pater deterritus pretio	le père effrayé du prix
Quod ignaro avaroque homini	lequel à un ignorant et à un avare homme
Nimium videbatur,	excessif paraissait,
Dixit se minoris	dit soi à moins
Esse empturum mancipium.	être devant acheter un esclave.
Tum philosophus :	Alors le philosophe :
Eme, inquit,	achète, dit-il,
Et habebis duo.	et tu auras deux.

La traduction française doit être faite ensuite par le Professeur et les élèves.

Questions. *

Quelle personne vint trouver Aristippe ?
A qui s'adressa certain père de famille ?
A quel Aristippe s'adressa-t-il ?
Que lui demanda-t-il ?

* L'élève peut et doit faire les réponses en latin.

Dans quel but ?
Quels honoraires lui demanda Aristippe ?
A quel titre Aristippe lui demanda-t-il 500 drachmes ?
Que devint le père à cette demande ?
Pourquoi fut-il si effrayé de ce prix ?
A quelle espèce d'hommes ce prix pouvait-il sembler exorbitant ?
Quelle fut la réponse du père ?
Que dit alors le philosophe ?

Phrases à traduire en latin.

Un philosophe dit qu'il achèterait [soi être devant acheter] un esclave.

Un philosophe pria Aristippe d'entreprendre l'éducation d'un esclave [qu'il prit un esclave devant être instruit.]

Le père de famille dit qu'il achèterait un philosophe à moins.

Le philosophe lui ayant demandé (Lorsque le philosophe eut demandé) cinq cents drachmes pour honoraires, le père le pria d'entreprendre l'éducation de son fils.

Achète un philosophe, et tu auras un esclave.

Alors le philosophe s'approcha de l'esclave.

L'esclave dit qu'il achèterait un philosophe à un homme ignorant et avare.

Dérivés.

Quels mots latins reconnaissez-vous dans :

Accessit. — Philosophe. — Rogations, Rogatoire. — Père de famille. — Fils. — Sien. — Susceptibilité,

Susceptible. — Érudit, Érudition. — Mercenaire. — Pétition, Pétitionnaire. — Drachme. — Terrifié. — Précieux, Prix. — Ignare, Ignorance. — Avare. — Homme, etc. ?

2e LEÇON.

Texte à traduire.

VACCA, CAPELLA, OVIS ET LEO.	LA VACHE, LA CHÈVRE, LA BREBIS ET LE LION.
Potentioris societatem fuge.	D'un plus puissant la société fuis.
Nunquam est fidelis	Jamais est fidèle (sûre)
Cum potente societas;	avec un puissant la société;
Hæc fabella testatur	cette fable atteste la proposition mienne.
propositum meum.	
Vacca et capella	La vache et la chèvre
Et ovis patiens injuriæ,	et la brebis patiente de l'injure,
Socii fuêre cum leone	sociétaires furent avec le lion
In saltibus.	dans les forêts.
Quum hi cepissent	Lorsque ceux-ci eurent pris
Cervum vasti corporis,	un cerf de vaste corps,
Partibus factis,	les parts étant faites,
Sic locutus est leo:	ainsi parla le lion:
Ego primam tollo,	Moi la première j'enlève,
Quoniam nominor leo:	parce que je suis nommé lion:
Secundam mihi tribuetis,	la seconde à moi vous attribuerez,
Quia sum fortis;	parce que je suis courageux;
Tum, quia plus valeo,	ensuite, parce que plus je vaux,
Tertia me sequetur:	la troisième me suivra:
Malo afficietur	de malheur sera affecté
Si quis tetigerit quartam.	si quelqu'un aura touché la quatrième.
Sic sola improbitas	Ainsi la seule improbité
Abstulit totam prædam.	enleva toute la proie.

Questions.

Que faut-il éviter ?

Pourquoi faut-il éviter la société d'un plus puissant ?

Que prouve cette fable ?

Quelle est l'assertion de Phèdre dans cette fable ?

Quels furent les associés du lion ?

Quel est le caractère de la brebis ?

Où la société du lion, de la vache, etc. fut-elle contractée ?

Quel gibier prirent d'abord ces animaux ?

Quel cerf prirent-ils ?

Quand parla le lion ?

Que fit le lion après que les parts furent faites ?

Qu'arrivera-t-il à celui qui s'avisera de toucher au butin ?

Qui s'empara de toute la proie ?

Où le cerf avait-il été pris ?

L'improbité du lion se contenta-t-elle d'une partie de la proie ?

Phrases à traduire en latin.

Dans les forêts le lion jamais est patient de l'injure.

Dans les forêts la société avec un lion jamais est sûre.

J'enlève, dit le lion, un cerf de grande taille.

Vous m'attribuerez le cerf de grande taille.

Je suis fort, dit le lion; je suis patiente de l'injure, dit la brebis.

Ainsi parla le philosophe.

Parce que je suis courageux, je prends la proie tout entière.

Alors l'esclave: achète, dit-il, un philosophe, parce que je vaux davantage.

La vache s'approcha vers le cerf.

Vous attribuerez ma proposition à un homme ignorant et avare.

Si quelqu'un touche (aura touché) un philosophe, malheur à lui (de mal sera affecté).

La brebis jamais est de grande taille.

La chèvre jamais suivra le cerf.

Malheur à la vache si elle touche à la proie.

Dérivés.

Canin, Canine. — Vache. — Lion. — Léon. — Société. — Puissant. — Fuir — Fidèle. — Attester. — Fable. — Proposition. — Patience, Patient, e. — Injure. — Associés. — Cerf. — Vaste. — Corps. — Location,

Élocution. — Part, Partie. — Prime. — Nom, Nommer. — Second, e. — Fort. — Attribuer. — Plus. — Valoir, Valeur. — Tierce. — Mal. — Affecter. — Quatrième, Quarte. — Déprédation. — Total, totalité. — Solitude, Seul, e. — Improbité, etc.

3° LEÇON.

Texte à traduire.

CANIS FERENS CARNEM PER FLUVIUM.	LE CHIEN PORTANT DE LA VIANDE A TRAVERS UN FLEUVE.
Sua aviditas deludit sæpè avidum.	*Son avidité attrape souvent l'avide.*
Amittit meritò proprium	Il perd avec justice (son bien) propre
Qui alienum appetit.	(celui) qui (le bien) d'autrui convoite.
Canis, dum ferret carnem,	Un chien, tandis qu'il portait de la viande,
Natans per flumen,	nageant à travers un fleuve,
Vidit suum simulacrum	vit son simulacre
In speculo lympharum;	dans le miroir des eaux;
Putansque	et pensant
Aliam prædam ferri	une autre proie être portée
Ab alio,	par un autre (chien),
Voluit eripere;	il voulut (l')enlever;
Verùm aviditas decepta;	mais l'avidité (fut) déçue;
Et dimisit ore	et il lâcha de la gueule
Cibum quem tenebat,	l'aliment qu'il tenait,
Nec potuit ideò	et il ne put pour cela
Attingere quem petebat.	atteindre [celui] qu'il demandait.

Questions.

Quel homme perd son bien justement?

Qu'arrive-t-il souvent à l'homme avide?

L'homme avide est-il *toujours* la dupe de son avidité?

Que portait le chien dans sa gueule?

Où le chien portait-il ce morceau de viande?

Comment peut-on encore dire?

Que vit-il dans le miroir des eaux?

Où vit-il son image?

Dans quel moment vit-il son image dans le miroir des eaux?

Que crut-il voir dans le miroir des eaux?

Et qu'essaya-t-il de faire?

Qu'arriva-t-il d'abord au chien, lorsqu'il voulut s'emparer de cette fausse proie?

Et ensuite?

Quel aliment laissa-t-il échapper?

Put-il atteindre au moins l'aliment qu'il convoitait?

Quel aliment ne put-il pas atteindre?

Quelle est la morale, quel est le *propositum* de la fable?

Quelle chose prouve la verité de cette proposition?

Phrases à traduire en latin.

Le lion convoite la proie tout entière.

La vache put atteindre le cerf.

Le chien laissa échapper son morceau de viande dans le fleuve; il prouve ce que j'ai avancé (ma proposition).

Le chien et la vache ont été compagnons.

Les parts faites, la vache put atteindre la première et la seconde, et ne put atteindre la quatrième.

Lorsque la vache, la chèvre et la brebis eurent pris une autre proie dans les bois, ils ne furent plus associés avec le lion.

La chèvre voulut enlever la proie, mais elle laissa échapper le cerf qu'elle demandait.

Le chien avec effroi (effrayé) vit sa ressemblance.

Tandis que l'esclave portait le philosophe à travers le fleuve, il vit sa ressemblance dans le miroir des eaux. Alors un chien nageant, voulut enlever le philosophe.

Le père de famille laissa aller le philosophe qu'il tenait.

Le lion lâcha le cerf qu'il tenait avec sa gueule.

Le chien courageux convoite le cerf de grande taille.

Le chien ne put atteindre le cerf dans les bois.

Dérivés.

Aliénation, Aliéner. — Fleuve, Fluvial, Fluer, Fluide. — Thuri*fer*. — Luci*fer*. *Carni*vore, Carnassier, Carnassière. — Mérite. — Avide, Avidité. — Natation. — Lymphe, Lymphatique. — Spéculaire. — Simulacre. — Putatif. — Appétit. — Voulut. — Tenait. — Atteindre. — Décevoir, Déception, etc.

4e LEÇON.

Texte à traduire.

RANÆ AD SOLEM.	LES GRENOUILLES AU SOLEIL.
Improborum improba soboles.	*Des méchans méchante la race.*
Esopus vidit nuptias celebres	Esope vit les noces pompeuses
Furis vicini, et continuò	d'un voleur (son) voisin, et aussitôt
Incipit narrare.	il commence à raconter.
Sol quondam quùm vellet	Le soleil un jour comme il voulait
Ducere uxorem,	conduire (prendre) une épouse,
Clamorem ranæ sustulére	une clameur les grenouilles élevèrent
Ad sidera.	vers les astres.
Convicio permotus Jupiter	Du vacarme tourmenté Jupiter
Quærit causam querelæ.	demande la cause de la plainte.
Tum quædam incola stagni :	Alors une certaine habitante de l'étang :
Nunc, inquit, unus	Maintenant, dit-elle, un seul (soleil)
Exurit omnes lacus	dessèche tous les lacs
Cogitque miseras	et force (nous) malheureuses
Emori aridâ sede ;	à mourir (dans notre) aride demeure ;
Quidnam futurum est	quelle chose est devant être,
Si creârit liberos ?	s'il aura créé des enfans ?

Questions.*

Quelle est la proposition de Phèdre dans cette fable ?

Que vit Esope ?

De qui vit-il les noces ?

Comment étaient ces noces ?

Que fit aussitôt Esope ?

Dans quelle occasion les grenouilles poussèrent-elles des cris ?

Quand le soleil voulut-il se marier ?

Quand le soleil voulut se marier, que firent les grenouilles ?

Jusqu'où leurs cris s'élevèrent-ils ?

Troublé de leurs clameurs que fit Jupiter ?

Pourquoi Jupiter s'informa-t-il du motif de leurs plaintes ?

Phrases à traduire en latin.*

La race du lion est méchante.

La société des méchans n'est jamais fidèle.

La société d'un chien est fidèle.

Les grenouilles ne furent jamais compagnons avec le soleil.

La grenouille s'approcha du soleil.**

Dans la société de la vache, de la chèvre, de la brebis et du lion, le cerf est la cause de la plainte.

La grenouille est souvent l'habitante des étangs.

Le soleil dessèche les étangs des grenouilles.

Si le lion procrée, aura créé des enfans, malheur au cerf !

L'avidité du lion souvent trompe le lion.

Vous attribuerez au soleil le vacarme, la clameur des grenouilles, et la cause des plaintes.

A travers *** les forêts Esope vit des lions, des chèvres, des brebis et des vaches et dans le miroir des lacs, il vit des grenouilles.

Le chien convoite la proie ; malheur à lui !

Je suis habitante de l'étang, dit la grenouille.

Jupiter enleva au lion le cerf et (le) force à mourir dans les forêts.

---

* C'est ici le moment d'expliquer à l'élève comment les Latins exprimaient par la différence des terminaisons les divers rôles que chaque nom est appelé à jouer dans la phrase, en un mot de lui faire connaître les *Cas* et le sens attribué à chacun d'eux ; en ayant soin de toujours emprunter les exemples aux textes connus : *Philosophus, Philosophum ; Leo, Leone ; Sol, Solem*, etc. L'élève doit être exercé à reconnaître sur-le-champ le sujet de la phrase (nominatif) *Esopus* ; le verbe *vidit* ; le régime direct (accusatif) *nuptias* ; le mot qui *détermine* le sens d'un premier mot, *furis* (génitif) ; le cas qui suppose une préposition exprimée ou sous-entendue (ablatif) *cum Leone, Malo* afficietur ; le régime indirect (datif) tribuetis *mihi*, etc. Enfin, l'élève doit apprendre ses cinq déclinaisons, au moyen du tableau (voir 2e partie), et décliner tous les noms du texte sur ce tableau.

* Faire observer à l'élève, sur le tableau, les changemens et l'emploi des divers cas et des nombres.

** L'*accusatif* est aussi le cas des noms qui expriment le lieu où la personne vers lesquels on tend : *Accessit ad Aristippum*.

*** Remarquez que vous avez vu la préposition *per* suivie d'un accusatif : *per flumen, per fluvium.*

Le soleil dessèche l'étang et le fleuve.

Son avidité suivra le lion dans les forêts.

Dérivés.

Improbité. — Noces. — Vicinal, Vicinalité. — Célèbre, Célébrité. — Fureter. — Narrer, Narration. — Continuellement. — Soleil. — Clameur. — Question, Enquête. — Cause. — Querelle. — Stagnation. — Un, Unité. — Lacs. — Misère, Misérable. — Aride. — Siège. — Mourir. — Créer, Création, etc.

8e LEÇON.*

Texte à traduire.

VULPES AD PERSONAM TRAGICAM.	LE RENARD AU MASQUE DE THÉATRE.
Stultorum honor inglorius.	*Des sots l'honneur (est) sans gloire.*
Fortè vulpes viderat	Par hasard un renard avait vu
Personam tragicam :	une personne tragique (un masque de théâtre) :
O quanta species !	O quelle grande beauté !
Inquit, cerebrum non habet.	dit-il, de cervelle elle n'a.
Hoc dictum est illis	Ceci a été dit (pour) ceux-là
Quibus fortuna tribuit	auxquels la fortune a attribué
Honorem et gloriam,	honneur et gloire,
Et abstulit	et a enlevé
Sensum communem.	sens commun.

Questions.

Comment s'appelle en latin un *masque de théâtre ?*

L'élévation d'un sot peut-elle être glorieuse pour lui ?

Qu'avait vu un renard ?

Comment un renard avait-il pu voir un masque ?

Que dit-il en le voyant ?

Que louait-il dans ce masque ?

Que lui manquait-il ?

Pour mieux le voir, que fit le renard ? R. Il s'approcha du masque.

Il put donc l'atteindre ?

L'emporta-t-il ?

Voulut-il l'enlever ?

En voyant ce masque le renard eut-il envie de se l'approprier ?

Quelle chose un renard eût-il mieux aimé voir ? R. De la viande, du pain, un aliment.

Que fit le renard, en entendant du bruit ? R. Il lâcha le masque.

Le renard est-il un animal fidèle ?

A qui s'adresse cette fable ?

A qui la fortune attribue-t-elle souvent les honneurs et la gloire ? R. Aux puissans.

Que leur ôte-t-elle par compensation ?

Que peut-on dire d'un bel homme qui manque de sens ?

A qui s'adressait le renard en parlant ainsi ?

Le renard est-il courageux ?

Est-il patient comme la brebis ?

La race des renards est-elle méchante ?

Phrases à traduire en latin.

Un renard enleva la proie.

Le renard n'est jamais d'une grande taille.

La fortune a ôté le sens commun aux philosophes.

La grenouille, dit Jupiter tourmenté du vacarme, n'a ni cervelle, ni sens commun.

Vous attribuerez aux sots les honneurs des sots.

Le lion pria le renard de se charger de l'éducation du chien (qu'il prît le chien devant être instruit).

Si le renard touche au masque, malheur à lui.

Le chien suivra le renard dans les bois.

Le chien vit le simulacre d'un renard, et fut ainsi le jouet de son avidité (et ainsi son avidité trompe lui avide).

Le renard est un habitant des bois et non pas des étangs.

Le renard vit dans un miroir le pain qu'il tenait dans sa gueule.

Dérivés.

Honneur, Honorable. — Gloire, Glorieux. — Spécification, Espèce. — Cerveau, Cervelle. — A, Avoir. — Dicton. — Fortune. — Sens commun, etc.

---

* Faire décliner à l'élève tous les noms (substantifs et adjectifs) renfermés dans les fables; et soit dans ses réponses, soit dans la traduction des phrases, veiller à ce qu'il se serve à propos des Cas (voir la 2e partie et la note de la page précédente).

6e LEÇON.*

Texte à traduire.

LUPUS ET VULPES, (CORAM) SIMIO JUDICE.	LE LOUP ET LE RENARD, (DEVANT) LE SINGE JUGE.
Ne creditur mendaci quidem dicenti verum.	*Ne pas il est cru à un menteur même disant vrai.*
Quicumque semel innotuit	Quiconque une fois s'est fait connaître
Turpi fraude,	par une honteuse fraude,
Amittit fidem,	perd la confiance,
Etiamsi dicit verum.	quand même il dit vrai.
Brevis fabula Æsopi	Une courte fable d'Esope
Attestatur hoc.	atteste ceci.
Lupus arguebat vulpem	Un loup accusait un renard
(de) crimine furti;	(du) crime de vol;
Illa negabat	celui-là ** niait
Se esse proximam culpæ.	soi être proche de la faute.
Tunc simius sedit judex	Alors le singe siégea juge
Inter illos:	entre eux:
Quum uterque	lorsque l'un et l'autre
Perorassent suam causam,	eurent péroré leur cause,
Simius fertur	le singe est rapporté
Dixisse sententiam:	avoir dit la sentence:
Tu non videris	Toi tu ne parais pas
Perdidisse quod petis;	avoir perdu ce que tu demandes;
Credo te subripuisse	je crois toi avoir dérobé
Quod negas pulchrè.	ce que tu nies joliment.

Questions.

Devant quel juge le loup et le renard plaidaient-ils leur cause?

A qui n'ajoute-t-on pas foi même lorsqu'il dit vrai?

Croit-on quelquefois le menteur?

Quel est celui qui cesse d'être cru

Quel est le sort du menteur?

Un menteur est-il cru lorsqu'il dit la vérité?

Quelle chose prouvera la vérité de cette assertion?

De quoi le loup accusait-il le renard?

Qui était l'accusé? l'accusateur? le juge?

Que répondait le renard à l'accusation du loup?

Que fit alors le singe?

Quand le singe prononça-t-il la sentence?

Quelle fut, dit-on, la sentence du singe?

Phrases à traduire en latin.

Esope vit dans les forêts le simulacre d'un voleur.

« J'enlève le sujet de la querelle » Jupiter prononça, dit-on, la sentence (est rapporté avoir dit etc.).

Le chien voulut atteindre le simulacre du voleur; la brebis voulut raconter la cause de la querelle; l'habitante du lac voulut enlever le philosophe; le philosophe voulut enlever le soleil; mais l'avidité fut trompée.

Achète un cerf, dit le philosophe, et tu auras de la viande.

Esope fut trouver (s'approcha vers) le fils du voleur et lui demanda qu'il prît le philosophe pour faire son éducation dans les bois.

Alors le lion: si quelqu'un touche à la quatrième (part)!..— Qu'arrivera-t-il, dit Jupiter? La quatrième, moi je l'enlève, parce que je suis fort, parce que je m'appelle Jupiter.

Une certaine habitante de l'étang nageant avait vu son simulacre dans le miroir des eaux: ô quelle belle apparence, s'écria-t-elle!

L'avidité dessèche la cervelle des sots et des puissans.

Si quelqu'un aura touché le cerf au vaste corps et l'aliment que le chien tenait à la gueule, il s'en trouvera mal.

L'avidité d'un plus puissant est souvent trompée à juste titre.

Je crois le singe avoir dit la sentence à bon droit.

On ne croit même pas au renard, parce qu'il s'est fait connaître par des fourberies honteuses.

Le loup menteur cesse d'être cru (perd la confiance).

---

* Faire décliner à l'élève, au moyen du tableau des déclinaisons: *Lupus*, i; *vulpes*, is; *simius*, ii; *mendax*, acis; *fraus*, fraudis; *turpis*, is; *fides*, ei, etc., etc. Lui faire remarquer que l'ablatif de *turpis*, est *turpi*; que *fides*, n'a pas de pluriel.

** Mot à mot *celle-là* (Illa), *Vulpes* est féminin.

La vache et la chèvre ayant achevé de plaider leur cause (en présence du) lion juge, on rapporte que le lion prononça cette sentence : moi, j'enlève toute la proie.

Renard, je crois que tu es coupable de cette faute (je crois toi être proche de la faute).

On rapporte que le renard dit cela pour ceux à qui la fortune etc. (le renard est rapporté avoir dit cela à ceux etc.).

Au jugement d'Esope (Esope étant juge), la grenouille accusait le soleil avec justice.

On rapporte que le renard déroba un jour une brebis (le renard est rapporté avoir dérobé etc.).

Dérivés.

Loup. — Singe. — Juge. — Menteur. — Disant, Dit. — Vérité. — Quiconque. — Turpitude. — Fraude. — Fidélité. — Bref. — Fable. — Atteste. — Crime. — Négation, Négatif. — Proche, Proximité. — Pérorer, Péroraison. — Sentence. — Perdre. — Pétition. — Crédulité, Credo etc.

7e LEÇON.*

Texte à traduire.

ASINUS AD SENEM PASTOREM.	L'ANE AU VIEILLARD BERGER.
Pauper mutat dominum, non sortem.	*Le pauvre change de maître, non de sort.*
In principatu commutando,	Dans le gouvernement devant être changé,
Civium pauperes nil mutant	des citoyens ceux qui sont pauvres rien changent
Præter nomen domini.	excepté le nom du maître.
Id esse verum	Cela être vrai
Parva hæc fabella indicat.	petite cette fable indique.
Senex timidus pascebat	Un vieillard timide faisait paître
Asellum in prato :	un âne dans un pré :
Is clamore subito hostium territus,	celui-ci par la clameur subite des ennemis effrayé,
Suadebat asino fugere,	persuadait à l'âne de fuir,
*Ne * possent capi.*	afin qu'ils ne pussent être pris.
At ille lentus :	Mais celui-là nonchalant :
Quæso, num putas	Je te prie, est-ce que tu penses
Victorem impositurum mihi	le vainqueur devoir imposer à moi
Binas clitellas ?	doubles bâts ?
Senex negavit.	Le vieillard dit que non.
*Ergo quid refert mea ***	Donc qu'importe (à) mes (intérêts)
Cui serviam,	à qui je serve,
Dum portem meas clitellas ?	pourvu que je porte mes bâts ?

* S'exercer toujours à remettre, de mémoire, en latin le français des fables précédentes, et décliner sur le tableau des déclinaisons (V. deuxième partie) : Asinus, i ; senex, is, pastor, oris ; pauper, eris ; dominus, i ; sors, sortis ; principatus, ûs ; commutandus, i ; civis, is ; nomen, inis, neutre ; fabella, æ ; lentus, i ; binæ, arum ; clitellæ, arum, etc. Ensuite, se demander : A quel cas est *senem ?* à quel cas est *principatu ; asellum, asino, clitellas*, etc., etc. ? De quel genre est *nomen*, *fabella*, *victor*, etc., etc. ?

Questions.

Quelle classe d'hommes est destinée à changer souvent de maîtres ?

Mais qui ne change point de sort ?

Dans quelle circonstance les pauvres citoyens espèrent-ils voir changer leur sort ?

Les riches changent-ils souvent de sort ?

Comment Phèdre prouve-t-il ses assertions ?

Quels sont les personnages de cette fable ?

Quel était le métier de ce vieillard ?

Quel était son caractère ?

Dans quel lieu se tint cette conversation de l'âne et du vieillard ?

Que faisait le vieillard dans ce pré ?

Où les ânes vont-ils paître habituellement ?

Où les lions se tiennent-ils ?

Quelle est la demeure des grenouilles ?

De quoi le vieillard fut-il effrayé ?

Que voulait-il persuader à l'âne ?

Pourquoi voulait-il fuir ?

Quel est le caractère de l'âne ?

Qui a le droit de dicter des lois aux vaincus ?

Que fait-on porter ordinairement aux ânes ?

* *Ne* est pour *ut non*, afin que... ne.

** Ad mea negotia, *à mes affaires*.

Phrases à traduire en latin.

Achète une épouse, et tu auras un motif de querelle.

Le père dit soi devoir acheter le cerf.

Les parts faites, le lion enleva le cerf; l'esclave enleva la viande ; le chien la brebis ; l'âne le bât ; Esope voulut enlever le masque; mais le philosophe ne put atteindre la femme du voleur.

Jupiter a enlevé la cervelle et le sens commun aux citoyens malheureux et timides qui ne changent pas de maître.

Le lion n'est jamais timide, et le vieillard n'est pas souvent courageux.

La nourriture des ânes, des brebis, des renards, des chèvres, est dans les prés.

Le vieillard effrayé ne put fuir, et il lâcha l'âne qu'il tenait dans le pré.

Penses-tu (est-ce que tu penses), dis-moi (je te prie), que le vieillard achètera (le vieillard devoir acheter) un âne et un double bât?

Auras-tu un philosophe à moins ?

Dans la fable de Phèdre, le lion n'enleva pas le simulacre du cerf.

La fortune n'a pas attribué aux pauvres (des) citoyens les honneurs et la gloire, mais souvent le sens commun.

La brebis ne convoite jamais le bien d'autrui.

Le citoyen n'a jamais dit avec raison : « que m'importe qui (à qui) je serve? »

Les citoyens malheureux changent souvent avec raison le gouvernement.

Dérivés.

Ane.— Sénile. — Pasteur. — Pauvre. — Sort. — Mutation, Permuter. — Citoyen. — Nom. — Indiquer, Indication. — Prés. — Paître. — Timide. — Hostilités. — Subit. — Persuader. — Fuir, Fuite. — Passent. — Capture, Captieux. — Lent. — Binaire. — Imposer, Imposition. — Victorieux. — Putatif. — Négation. — Porter, Port, etc.

8e LEÇON.*

Texte à traduire.

OVIS, CANIS ET LUPUS.	LA BREBIS, LE CHIEN ET LE LOUP.
—	—
Sua pœna manet calumniatorem.	*Sa peine attend le calomniateur.*
—	—
Mendaces solent	Les menteurs ont coutume
luere pœnas malefici.	d'acquitter les peines du méfait.
Quum canis calumniator	Comme un chien calomniateur
Peteret ab ove	réclamait de la brebis
Panem quem contenderet	un pain qu'il soutenait
Se commodasse,	soi avoir prêté,
Lupus citatus testis, dixit	le loup cité témoin, dit
Non modo unum deberi,	non seulement un être dû,
Verum affirmavit decem.	mais affirma dix.
Ovis damnata	La brebis condamnée
(è) *Falso testimonio,*	(d'après) ce faux témoignage,
Solvit quod non debebat.	paya ce qu'elle ne devait pas.
Post paucos dies,	Après peu de jours,
Bidens prospexit lupum	l'animal à deux dents aperçut le loup
Jacentem in foveâ :	gisant dans une fosse :
Hæc merces fraudis, inquit,	Cette récompense de la fraude, dit-il,
Datur à superis.	est donnée par les dieux d'en haut.

Questions.

Quelle chose attend le calomniateur ?
Qu'arrive-t-il ordinairement aux menteurs?
Quelle est la punition du menteur ?
Que réclamait le chien à la brebis ?

---

* S'exercer sur les déclinaisons des adjectifs de diverses classes. V. deuxième partie. Déclinez ensemble : N. Citatus testis, G. citati testis; N. falsum testimonium ; g. falsi testimonii; ovis patiens, ovis patientis; aviditas decepta, aviditatis deceptæ; rana misera, ranæ miseræ ; leo fortis, leonis fortis; nuptiæ celebres, nuptiarum celebrium ; corpus vastum, corporis vasti ; fabula brevis, fabulæ brevis, etc.

Qu'aurait pu réclamer la brebis au lion?

Quel pain le chien demandait-il à la brebis?

Qui fut cité en témoignage?

Quel rôle joua le loup dans cette affaire?

Que soutint ce faux témoin?

A qui le pain était-il dû suivant le loup?

Par qui était-il dû?

Pourquoi était-il dû?

Que devint la brebis?

Sur quoi la brebis fut-elle condamnée?

A quoi fut-elle condamnée?

Devait-elle ce pain réclamé?

Quand la brebis aperçut-elle le loup étendu dans un fossé?

Comment Phèdre appelle-t-il la brebis?

Où la brebis vit-elle le loup peu de jours après?

Quel animal la brebis aperçut-elle étendu dans un fossé?

Qui se charge de punir la fraude?

Par qui est infligée la peine due à la fraude?

Phrases à traduire en latin.

Une peine attend l'homme avide, ignorant et avare.

Le calomniateur est un homme menteur, un homme qui ne dit pas vrai.

Les méchans ont coutume d'acquitter les peines de l'improbité.

Dans la cause du loup et du renard, le singe étant juge, des témoins ne furent pas cités.

Le renard menteur, imposteur, affirma dix cerfs être dûs au lion.

La brebis accusait le loup de faux témoignage, et le chien d'avidité.

Le témoignage du loup a été dit (être) faux, parce qu'il n'est pas vrai.

Il perd avec justice (tout droit à) la confiance celui qui s'est fait une fois connaître par un faux témoignage.

Le lion qui enleva toute la proie, subit le châtiment de son méfait et de son avidité.

Le lion menteur et le chien imposteur furent tous deux étendus dans un fossé.

Un vieillard n'a souvent que deux dents (est souvent bident).

La fable a attribué aux dieux d'en haut des fraudes honteuses.

On dit que l'ennemi enleva les bâts de l'âne et le pain, aliment du vieillard (l'ennemi est rapporté avoir enlevé etc.).

On dit qu'un vieillard raconte souvent des fables (le vieillard est rapporté raconter etc.).

La peine est la récompense du méfait.

Dérivés.

Loup.— Peine.— Permanence, rémanence.— Maléfice.— Contension.— Commodat.— Cité, citation.— Un, unité.— Dette.— Affirmer.— Décimal.— Damné, damnation.— Faux.— Solution.— *Lucre* vient de λύειν; d'où encore *Analyse*. — Bis. — Dent. — Gisant. — Fosse.— Supérieur, etc., etc.

9e LEÇON.*

Texte à traduire.

CANIS FIDELIS.	LE CHIEN FIDÈLE.
—	—
Beneficia malorum suspecta.	*Les bienfaits des méchans (sont) suspects.*
—	—
Liberalis repentè gratus est stultis;	Le libéral tout-à-coup agréable est aux sots;
Verùm tendit dolos irritos peritis.	mais il tend des pièges inutiles aux expérimentés.
Quùm fur nocturnus	Comme un voleur nocturne
Panem misisset cani,	un pain eut jeté à un chien,
Tentans an cibo objecto	essayant si (par) l'aliment offert
Posset capi:	il pourrait être pris (séduit):
Heu! inquit, vis	hola! dit-il, tu veux
Præcludere meam linguam,	enfermer ma langue,
Ne latrem pro re domini:	afin que je n'aboie pas pour la chose de mon maître:
Multùm falleris;	beaucoup tu te trompes;
Namque ista benignitas subita	car cette bonté subite
Jubet me vigilare,	ordonne moi veiller (que je veille),

* Déclinez, au moyen du tableau: liberalis, e, G. is; stultus, a, um; gratus, a, um; peritus, a, um; irritus, a, um; dolus, i; nocturnus, a, um; fur, uris; panis, is; cibus objectus, cibi objecti; lingua, æ; subitus, a, um; benignitas, atis; culpa, æ; lucrum, i; res, rei. Étudiez la déclinaison des *noms de nombre* et les trois degrés de signification des adjectifs. Voir 2e partie, pag. 6 et 7.

Ne facias lucrum	afin que tu ne fasses pas de gain
Meâ culpâ.	par ma faute.

Questions.

A quelle espèce d'hommes celui qui devient tout à coup libéral peut-il être agréable?

Mais à qui tend-il inutilement ses piéges?

L'avare devient-il quelquefois libéral?

Pour l'homme habile, le faux libéral est-il dangereux?

Qui avait jeté un pain au chien de garde?

Qu'avait jeté le voleur au chien?

Comment espérait-il le séduire?

Dans quel but le voleur avait-il jeté un pain au chien?

Qu'espérait-il par ce moyen de séduction?

Pourquoi ce moyen ne réussit-il pas avec le chien?

Comment aboie un bon chien?

Avec quel instrument le chien aboie-t-il?

Que prescrit la soudaine libéralité d'un voleur?

Que recherche un voleur? — *R.* Un gain par fraude.

Suivant Esope, quelle est la meilleure chose du monde? — *R.* La langue.

Suivant le même, quelle est la pire de toutes?

Quel est le caractère opposé à l'avare?

Dans une lutte, que fait ordinairement le plus faible?

Que se propose tout spéculateur?

Phrases à traduire en latin.

Les bienfaits du renard et du loup furent suspects à la vache.

Un cerf de grande taille est une chose agréable au lion.

Le chien est fidèle au maître; le libéral est toujours agréable; la grenouille ne veut pas renfermer sa langue; et les habitantes des étangs élèvent leurs clameurs jusqu'aux astres.

Le maître des brebis et des vaches, le vieillard pasteur ordonne au chien courageux de veiller dans les prés.

Le renard, quoique gisant dans un fossé, tend des piéges à la brebis et à la vache.

Le voleur de nuit en offrant du pain (par le pain offert) force, par sa libéralité soudaine, le chien fidèle à renfermer sa langue.

L'homme expérimenté n'est pas agréable aux menteurs.

Pour que tu ne fasses pas société avec les voleurs, la fable montre que le chien veille (le chien veiller) pour le maître.

Le renard est à bon droit suspect à la brebis.

Le loup essayant s'il pourrait fuir; hola! dit-il, tu veux me tenir renfermer dans une fosse, et c'est là la récompense de ma fourberie.

Je suis effrayé des cris du chien de nuit et du vacarme des grenouilles.

Esope n'indique pas le nom du chien fidèle.

Les hommes expérimentés et courageux ne sont pas effrayés des clameurs des ennemis.

L'esclave qui convoite la chose du maître n'est pas fidèle, et convoite le bien d'autrui.

L'ennemi tend des piéges à l'ennemi; l'homme expérimenté au sot; le lion à la brebis; le renard au loup; le chien au renard; le vieillard à l'âne; le voleur au bien d'autrui; le soleil aux grenouilles; le maître aux pauvres citoyens; la fortune aux puissans etc.

L'avidité du voleur de nuit commande aux hommes expérimentés de veiller à leurs intérêts (pour la chose sienne), et de renfermer le bien qui leur appartient (propre).

Comme le père avait envoyé dix drachmes au philosophe, essayant s'il se chargerait, pour cette récompense, de l'éducation de son fils, le philosophe est rapporté avoir dit: avec tes dix drachmes achète un âne, et tu en auras deux.

Le maître conseillait à l'esclave de veiller et de renfermer sa langue, de peur que par les ruses du voleur sa fortune ne pût être prise.

On dit (il est rapporté) qu'il a perdu le sens commun (avoir perdu etc.); qu'il a enlevé les dix drachmes de l'esclave; qu'il a prononcé une sentence honteuse.

Qu'arrivera-t-il s'il touche le prix de sa fraude, s'il procrée des enfans menteurs, calomniateurs, voleurs, etc.?

Un jour son père lui dit: tu veux atteindre un simulacre trompeur. Fuis la société et les piéges des méchans. Cette société n'est jamais sûre; ces piéges sont honteux.

Celui qui cherche des motifs de querelles et un gain honteux; celui qui s'est fait connaître par un faux témoignage; celui qui tend des piéges à son voisin, celui-là sera affecté de mal.

Dérivés.

Suspect.—Bénéfice, bienfait.—Liberté, libéralité. —Expérimenté, impéritie.—Dol.—Tendre, tend.—Nocturne.—Objet, objection.—Langue, linguiste, etc. —Dominicale.—Faillir.—Subtil.—Bénin, bénignité.—Vigiles, veilles, veiller.—Lucre, etc., etc.

10e LEÇON. *

Texte à traduire.

HOMO ET CANIS.	L'HOMME ET LE CHIEN.
Impunitas illecebra peccandi.	*L'impunité appât de mal faire.*
Quidam laceratus morsu	Un certain (homme) déchiré par la morsure
Canis vehementis,	d'un chien violent,
Misit malefico	jeta au malfaisant
Panem tinctum cruore,	un pain trempé (dans son) sang,
Quod audierat esse	ce que il avait entendu être
Remedium vulneris.	le remède de la blessure.
Tunc Æsopus sic :	Alors Esope ainsi (parla) :
Noli facere hoc	ne veuille faire ceci
Coram pluribus canibus,	devant plusieurs chiens,
Ne nos devorent vivos,	de peur qu'ils ne nous dévorent vivans,
Quum scierint præmium	lorsqu'ils auront su la récompense
Culpæ	de la faute
Esse tale.	être telle.
Successus improborum	Le succès des méchans
Allicit plures.	attire plusieurs.

* S'exercer (2e partie) sur les *pronoms démonstratifs*, hic; hæc, hoc; ille, a, ud; iste, a, ud; is, ea, id, etc. —Déclinez homo, inis; impunitas, atis; illecebra, æ; laceratus, i; morsus, ûs; vehemens, entis; vulnus, eris, N.; remedium, ii; vivus, i; talis, e. G., is, etc.—A quel cas est *morsu*? cruore? canibus? culpæ?

Quidam laceratus misit malefico panem, etc. Quel est le sujet de la phrase? le verbe? le complément ou régime direct? le régime indirect?

Questions.

Quel est l'appât du crime?

Que fait l'impunité au crime?

Quel animal avait mordu certaine personne?

Quel était le caractère de ce chien?

Qu'éprouvera la personne à laquelle ce chien s'attaqua?

Que jeta au chien la personne mordue?

Dans quoi ce pain avait-il été trempé par elle?

A qui ce pain teint de sang fut-il jeté?

Pourquoi cette personne jeta-t-elle au chien ce pain ainsi trempé de sang?

Quelle fut, à ce propos, la recommandation d'Esope?

En présence de qui doit-on s'abstenir de tremper du pain dans son sang, pour le donner ensuite au chien qui a mordu?

Pourquoi devons-nous nous abstenir devant plusieurs chiens de pratiquer ce remède?

Quel serait, dans cette circonstance, pour les chiens, l'appât du crime?

Comment des chiens seraient-ils excités, dans cette supposition, à nous dévorer tout vivans?

Quelle chose pourrait engager la multitude à imiter les chiens méchans?

Phrases à traduire en latin.

L'impunité du lion violent est au loup imposteur un attrait pour (de) mal faire.

Au cerf déchiré par* le lion, le renard indiqua le remède d'une telle blessure.

Lion, tu auras la récompense de ton méfait.

Chien, garde-toi d' (ne veuille) atteindre un cerf en présence d'un lion.

Fuis la société des lions de peur qu'ils ne te dévorent vivant.

Un menteur cité en témoignage ne dit jamais la vérité.

Le sot n'a jamais pu enfermer sa langue.

Esope se met (commence) à raconter les noces pompeuses d'un voleur, les cris des grenouilles, les méfaits du loup imposteur, les fraudes du renard et les morsures des chiens violens.

Le singe juge s'est fait connaître une fois par une sentence honteuse.

* *Par*, à, *ou* ab; *à* devant une consonne, *ab* [illegible]

Ne fuis pas (ne veuille pas fuir) la société des philosophes, mais fuis la société des sots.

La race du lion est courageuse; la race de la brebis est timide.

Esope avait vu dans les bois un voleur déchiré par les loups et trempé de sang.

Ne conduis (ne veuille conduire) pas tes chiens dans ces bois, de peur que les lions ne dévorent eux tout vivans.

L'épouse du voleur avait entendu que les eaux étaient (les eaux être) le miroir de la beauté.

Que sera-ce lorsque les grenouilles sauront (auront su) que le soleil prend une épouse (le soleil prendre une épouse).

Dérivés.

Impunité.— Pécher.— Lacéré.— Morsure.— Véhément, e. —Teint, e. Mission, démission. —Malfaisant.—Audition.—Remède.— Invulnérable, vulnérable.—Plusieurs.—Faire.— Nous.— Vifs. — Dévorant, dévorer.— Tel, telle.— etc.

11e LEÇON.*

Texte à traduire.

RANA RUPTA ET BOS.	LA GRENOUILLE CREVÉE ET LE BOEUF.
Ne tentes æmulari potentes.	Ne tente pas d'égaler les puissans.
Inops perit,	Le pauvre périt,
dùm vult imitari potentem.	tandis qu'il veut imiter le puissant.
In prato quondam rana	Dans un pré un jour la grenouille
conspexit bovem, et tacta	aperçut un bœuf, et touchée
invidiâ tantæ magnitudinis,	par l'envie d'une si énorme grandeur,
inflavit pellem rugosam :	elle enfla sa peau ridée :
tùm interrogavit natos suos,	alors elle interrogea ses petits,
an esset latior bove?	si elle était plus étendue que (en comparaison du) le bœuf?
Illi negârunt. Rursus	Ceux-là dirent non. De nouveau
intendit cutem majore nisu,	elle étend (sa) peau (avec) un plus grand effort,
et quæsivit simili modo,	et demanda de semblable manière,
quis major esset?	qui plus grand était?
Illi dixerunt bovem.	Ceux-là dirent le bœuf.
Novissimè indignata,	Enfin indignée,
dùm vult sese inflare	tandis qu'elle veut s'enfler
validiùs, jacuit	plus fort, elle resta étendue
corpore rupto.	le corps crevé.

Questions.

Qui creva de la grenouille ou du bœuf?

Comment creva la grenouille?

Où se trouvait alors le bœuf?

Où la grenouille se tient-elle ordinairement?

Qu'apperçut-elle dans le pré?

Envieuse de la grandeur du bœuf, que fit la grenouille?

Comment est la peau des grenouilles?

Pourquoi la grenouille crut-elle devoir s'enfler la peau?

A qui adressait-elle ses questions?

---

vant une voyelle. Généralement cette préposition, après un verbe passif, s'exprime devant les noms de *choses animées*, et ne s'exprime pas devant les noms de *choses inanimées : Laceratus morsu. — Merces datur à superis.*

* Apprendre (2e partie, page 9) la déclinaison du *qui* relatif et *quis* interrogatif, et aussi celle des pronoms personnels et des adjectifs possessifs.

Potentes: Quel cas, quelle déclinaison ? quelle espèce de mots? Comment au féminin, au neutre ? —*Rupta* : Quel cas, quelle déclinaison, quel genre? pourquoi du féminin ? C'est que l'adjectif prend toujours le genre, le nombre et le cas du substantif qu'il qualifie.—Comment au masculin? comment au neutre?—*Bos,* bovis, G. p. Boum, D. et abl. Bobus.—*Tacta, æ*; au masculin *tactus*, au neutre *tactum*. — *Latior*, plus étendu, *latioris* : Quelle déclinaison, comparatif de *latus, a, um.* Déclinez-le.—De même, nous avons vu *potentior*, comparatif de *potens*, *entis* ; *potentioris* societatem fuge. — *Magnitudo, inis* : Quelle déclinaison? Déclinez *tanta magnitudo*, tanta, æ. — *Pellem :* Quelle déclinaison ? — *Rugosam :* Quel cas? Rugosus, a, um. Déclinez. Pourquoi ici féminin? Comment au comparatif ? — *Natos :* Quel cas? quelle déclinaison? — *Cutem :* Quel cas? Déclinez Cutis, is.— Nisus, ûs. Déclinez. —*Validius*, neutre de *validior*, comparatif de *validus, a, um.*—*Rupto :* Pourquoi ablatif?—*Corpus.* Déclinez *corpus ruptum.*

Que répondent les petits de la grenouille?
Que fit alors la grenouille?
Et quelle fut sa fin?
Quel est l'homme qui périt en voulant prendre les airs du riche?

Phrases à traduire en latin.

Brebis, ne tente pas d'imiter le lion.

Le loup n'est pas plus grand que le chien de grande taille. *

Quand tu seras vieux, tu auras la peau ridée du vieillard.

Les enfans de la grenouille ne sont pas menteurs.

Le chien demanda au renard s'il était plus grand que le loup?

Les témoins dirent que le bœuf était plus grand que le lion.

Tandis que le chien veut atteindre le simulacre de sa proie, il périt pauvre.

Les efforts d'un lion sont plus grands que les efforts d'une brebis.

Le loup menteur périt dans une fosse, voulant égaler le lion qu'il avait vu dans les bois.

On ne croit pas les petits de la grenouille, même disant la vérité.

La grenouille crevée enfla son corps ridé.

Les petits ne sont pas plus gros que la grenouille.

Tandis que le cerf timide veut raconter à ses associés l'improbité du lion, ceux-là dirent que cela n'était point vrai.

Dérivés.

Périr, perte.—Veut.—Imiter.—Circonspection.—Pré.—Tact.—Envie.—Enfler.—Pellicule.—Rugueux.—Rugosité.—Interroger, etc.—Natif, né, natal.—Bœuf.—Négation, etc.—Étendre.—Cutané, répercuter.—Majeur, majorité, majorat.—Question.—Similitude.—Mode.—Dire.—Indigné, indignation.—Valide.—Corps.—Rompu, etc.

* Après un comparatif, la conjonction *que*, suivie d'un substantif, peut ne pas s'exprimer, et alors on met ce substantif à l'ablatif; exemple : *an esset latior* Bove. On sous-entend *præ*, en comparaison de.

12e LEÇON.

Texte à traduire.

MULI DUO ET LATRONES.	LES DEUX MULETS ET LES BRIGANDS.
Plura timenda divitibus.	Plusieurs choses sont à craindre aux riches.
Muli gravati sarcinis	Des mulets chargés de paquets
ibant duo :	allaient deux :
unus ferebat fiscos	l'un portait des paniers
cum pecuniâ;	avec de l'argent;
alter saccos tumentes	l'autre des sacs gonflés
multo hordeo.	(de) beaucoup d'orge.
Ille dives onere	Celui-là riche (de) son fardeau
eminet cervice celsa,	se redresse la tête haute,
jactatque collo	et agite à son col
tintinnabulum clarum;	une sonnette bruyante;
comes sequitur	(son) compagnon suit
gradu quieto et placido.	d'un pas tranquille et calme.
Subito latrones advolant	Tout-à-coup des brigands accourent
ex insidiis,	d'une embuscade,
interque cædem	et au milieu du carnage
sauciant ferro mulum.	ils blessent avec le fer le mulet.
Diripiunt nummos,	Ils pillent les écus,
negligunt hordeum vile.	ils négligent l'orge vile.
Quum igitur spoliatus	Comme donc le (mulet) dépouillé
fleret suos casus :	pleurait ses malheurs :
« Equidem, inquit alter,	« En vérité, dit l'autre,
gaudeo me contemptum :	je me réjouis (ainsi) méprisé;
nam nihil amisi,	car je n'ai rien perdu,
nec sum passus vulnera.	et je ne suis pas ayant souffert de blessures.
Hoc argumento	(Par) ce récit
tenuitas hominum est tuta,	la médiocrité des hommes est en sûreté,
magnæque opes sunt	et de grandes richesses sont
obnoxiæ periculo. *	exposées à danger.

* Déclinez mulus, i.—*Latro*, *onis*.—Timendus, a, um.—Dives, itis.—*Fiscus*, *i*, grand panier destiné à

Questions.

De quelle manière cheminaient les mulets?

Combien étaient ils?

Chargés de bagages que fesaient ils?

Que portait l'un deux?

Que portait l'autre?

Dans quoi les anciens serraient-ils l'argent?

Dans quoi enferme-t-on l'orge?

Comment étaient les sacs du mulet chargé d'orge?

De quoi étaient remplis les sacs?

Quelle était l'attitude du mulet chargé d'or?

Pourquoi ce mulet était-il si fier?

Qu'agitait-il en marchant?

A quoi sa clochette était-elle suspendue?

Quelle etait la démarche de son compagnon?

Pourquoi était-il si modeste?

D'où s'élancent les voleurs?

Qu'arriva-t-il à un des mulets?

Quel mulet fut blessé?

Dans quelle circonstance fut-il blessé?

Par qui fut-il blessé?

Au moyen de quoi fut-il blessé?

Après avoir blessé le mulet chargé d'argent, que font les voleurs?

Les voleurs pillent-ils l'orge et blessent-ils le mulet qui en est porteur?

Pourquoi ne blessent-ils pas ce mulet?

Pourquoi ne pillent-ils pas l'orge?

Quel mulet pleurait?

Sur quoi pleurait-il?

L'homme pauvre est-il aussi exposé que le riche?

Pourquoi l'est il moins?

Le mulet chargé d'or fut-il effrayé du cri des voleurs?

---

recevoir de l'argent.—Déclinez *mulus gravatus*.—Sarcina, æ.—Pecunia, æ.—Multus, a, um. —Hordeum, i.—Saccus, i.—Onus, eris, neutre.—Cervix, icis, *le cou*.—Clarus, a, um.—Collum, i.—Comes, itis.—Gradus, ûs.—Placidus, a, um.—Insidiæ, arum —Cædes, is, féminin. — Ferrum, i.— Nummus, i.— Casus, ûs.—Argumentum, i. — Tenuitas, atis. — Homo, inis. — Periculum, i.—Opes, um, ibus, etc. — Magnus, a, um, comparatif *major*, superlatif *maximus*. — Obnoxius, a, um.

Phrases à traduire en latin.

Le mulet peut porter beaucoup de paquets.

Un voleur, dans les bois, enleva l'argent et les écus des mulets.

Les voleurs sont redoutables (à craindre) aux riches: ils ne le sont point aux pauvres. Ceux-ci ne sont point exposés à leurs piéges.

L'âne suit d'un pas calme et tranquille dans les près le vieillard qui le fait paître.

Le mulet est plus grand et plus courageux que l'âne.

Le mulet chargé d'argent est exposé aux voleurs avides.

Il sera affecté de blessures.

Les bienfaits des riches sont souvent suspects.

Dieu a donné à l'homme une tête élevée.

Les voleurs pillent souvent les brebis, les bœufs, les ânes, les mulets, les écus, les dragmes; le voleur est un homme avide et qui convoite le bien d'autrui.

La petitesse de la grenouille est plus en sûreté que la grandeur du bœuf.

Le succès des riches allèche souvent les pauvres.

C'est l'affaire (il est) d'un chien de veiller pour le bien de son maître; et il est d'un cerf de fuir dans les bois.

Le cerf fut dépouillé par les chiens dans les près.

La chèvre et le bœuf sont des alimens non méprisés.

Jette des pierres aux voleurs nocturnes. L'audace des brigands est souvent impudente.

Dérivés.

Mule, mulet.—Larrons. — Pluralité. — Timide. — Grave, etc.—Un, unité, unique.—Fisc.—Pécuniaire.—Autre.—Sac.—Multitude, moult.—Il.—Onéreux.—Eminent.—Col.—Tintin.—Clair.—Grade, graduellement, etc.—Quiétude.—Placide.—Voler vers.—Insidieux.—Entre.—Fer.—Négliger.—Orge.—Vil.—Spoliation, spolié.—Pleurs.—Cas.—Passion.—Vulnérable, Vulnéraire.—Argument.—Tenu, ténuité.—Péril, etc., etc.

13e LEÇON.

Texte à traduire.

ÆSOPUS ET PETULANS.	ÉSOPE ET UN INSOLENT.
Erit (tempus) ubi procax audacia det pœnas.	(Un temps) sera où l'insolente audace donnera des peines.
Successus devocat multos	Le succès entraîne beaucoup (de gens)
ad perniciem.	à (leur) perte.
Quidam petulans impegerat	un certain insolent avait lancé
lapidem Æsopo; « Tantò melior, »	une pierre à Ésope. « D'autant meilleur, »
inquit. Assem deinde illi dedit.	dit-il. Un as ensuite lui donna.
Sic prosecutus : « Plus non habeo,	Ainsi ayant poursuivi : « Plus je n'ai,
mehercule! Sed monstrabo tibi	par Hercule! Mais je montrerai à toi
undè possis accipere.	d'où tu puisses recevoir.
Ecce venit dives et potens :	Voilà que vient un riche et un puissant ;
impinge huic similiter	lance à lui semblablement
lapidem, et accipies	une pierre, et tu recevras
dignum præmium »	une digne récompense. »
Ille persuasus fecit	Celui-là persuadé fit
quod monitus fuit.	ce que conseillé il fut.
Sed spes fefellit audaciam	Mais l'espérance trompa l'audace
impudentem : namque	impudente : car
comprehensus persolvit	ayant été arrêté il paya
*pœnas cruce.**	des peines (par) la croix.

* Déclinez : Petulans, antis. — Audacia procax, audaciæ procacis. — Pœna, æ. — Sucessus, ûs. — Pernicies, ei. N'oubliez pas que le génitif, datif et accusatif pluriels ne sont usités que dans *Res*, *species* et *dies*. — Lapis, idis, masc. — Melior, us ; gén, *oris*, comparatif de *Bonus*. Voir 2e partie, page 7. — As *et* assis, is, masc. — Præmium, ii. — Dignus, a, um. — Persuasus, i. — Spes, ei. — Audacia impudens, audaciæ impudentis — Crux, ucis, féminin ; génitif pl., *ium* et *um*.

Étudier les 8e et 9e leçons de la 2e partie ; *le verbe substantif* et les quatre conjugaisons latines dans les deux voix.

Questions.

Que fait le succès à bien des gens?

A quel personnage un insolent avait jeté une pierre?

Qui avait jeté une pierre à Esope?

Que dit Ésope à cet insolent?

Et que lui donna-t-il pour sa peine?

Quid est *as* vel *assis ?*

Traduisez et répondez en latin :

Une vile pièce de monnaie.

Quel personnage vint à passer?

Comment l'insolent traita-t-il l'homme riche, d'après le conseil d'Ésope?

Et comment expia-t-il sa méchante action?

Il n'obtint donc pas de cet homme riche ce qu'il en espérait?

Phrases à traduire en latin.

L'improbité du loup entraine la brebis à sa perte, et la brebis est condamnée.

L'insolent qui avait jeté une pierre à un homme riche et puissant était un sot, et celui qui avait lancé une pierre à Ésope malheureux était un méchant.

La croix est la peine des esclaves dans la société.

Ésope a fait un grand nombre de fables.

L'audace des sots est excessive.*

La croix est une peine trop grande pour ce méfait.

Je vous montrerai en présence de plusieurs citoyens, une brebis courageuse et un lion timide.

La pièce de monnaie, l'écu est meilleur qu'un as.

Les écus valent davantage. **

Tandis que le chien veut recevoir le pain, il perd la chose du maître.

Le père de famille *qui* s'approcha d'Aristippe.

La chèvre *qui* agite *sa* sonnette.

L'esclave *qui* s'échappa de l'embuscade.

Ésope *dont* la fable atteste ma proposition.

La chèvre *dont* la sonnette est bruyante.

Le chien *auquel* le voleur jeta un pain.

Le philosophe vers *lequel* s'approcha le père de famille.

Le voleur par (*à*) *lequel* le mulet fut arrêté.

Les cris *d'une certaine* habitante de l'étang.

* Nimius, a, um.

** *Valeo*, *es*, 2e conjugaison.

Un esclave avait lancé une pierre *à un certain* philosophe.

Un insolent fut conseillé *par un certain* philosophe.

Dérivés.

Peine, pénal, pénalité.—Audace. Succès.—Pernicieux.—Pétulante.—Lapidaire.—Meilleur.—Accepter.—Montrer,démonstration.—Venir.—Digne.—Persuadé. Moniteur, monitoire.—Espérance, espoir.—Impudente.—Audace.—Compréhension, comprendre.—Croix, crucial, etc.

14ᵉ LEÇON.

Texte à traduire.

VULPES ET HIRCUS.	LE RENARD ET LE BOUC.
Improbi perdunt (alios) ne pereant.	Les méchans perdent les autres, afin qu'ils ne périssent pas.
Simul ac homo callidus	Aussitôt que l'homme rusé
venit in periculum,	est venu dans un danger,
quærit reperire effugium	il cherche à trouver un moyen d'échapper
malo alterius.	(par) le malheur d'un autre.
Quum vulpes inscia	Comme un renard par mégarde
decidisset in puteum,	était tombé dans un puits,
et clauderetur margine altiore,	et était renfermé par un bord trop élevé,
hircus sitiens devenit in eumdem locum,	un bouc altéré survint dans le même lieu,
simul rogavit an liquor	en même temps il demanda si la liqueur
esset dulcis et copiosus.	était douce et abondante.
Illa moliens fraudem :	Celui-là machinant une fourberie :
Descende, amice,	Descends, ami,
bonitas aquæ est tanta,	la bonté de l'eau est si grande,
ut mea voluptas non possit	que mon plaisir ne peut
satiari. Barbatus se immisit.	être rassassié. Le barbu se jeta dedans.
Tùm vulpecula evasit puteo,	Alors le petit renard s'évada du puits,
nixa celsis cornibus ejus;	appuyé (sur) les hautes cornes de lui ;
liquitque hircum hærentem	et laissa le bouc embarrassé
vado clauso.	dans le gué (puits) clos.

Questions.

Que fait un homme rusé dans le péril?

Qui, dans le péril, cherche à se sauver au détriment d'autrui?

Dans quoi le renard était-il tombé?

Pourquoi n'en sortait-il pas?

Par quoi le puits était-il clos?

Quel animal survint?

Dans quel lieu survint-il?

Que demanda-t-il

Que lui répondit le renard?

Que fit le bouc séduit par de telles paroles?

Et le renard réussit-il à s'échapper?

De quelle manière?

Que devint le bouc?

Phrases à traduire en latin.*

Un insolent en voulant imiter un homme riche donna un jour un as à un pauvre.

Comme un esclave en portant les sacs de son maître était un jour tombé dans le fleuve, un philosophe barbu aperçut l'esclave nageant et le laissa dans le miroir des eaux.

Un père de famille survint dans le même lieu, et ne pria pas le philosophe de se charger de l'éducation de son fils.

N'essaie pas de trouver un moyen d'échapper, ô méchant ; un temps viendra où ton improbité

Déclinez : Vulpes, is. Ce nom est féminin. —Hircus, i,—Effugium, ii.—Alter, ra, rum, se décline comme *ille*. Voir 2ᵉ partie, page 9.—Inscius, a, um, *qui ne sait pas. In* et *scire*, savoir.—Puteum, i, *et* puteus, i. —Margo, inis, masc.— *Eumdem, quid?* — Locus, i, *masc.*; *pluriel* loci, *masc. et* loca, *neutre*; g. locorum, etc.—Dulcis, *masc. et fém.*; dulce, *neutre.*; g. dulcis. —Liquor, oris, *masc.*—Dulcis, dulce, g. dulcis.—Copiosus, a, um.—Bonitas, atis.—Voluptas, atis.—Barbatus, a, um.—Cornu, u. Voir sa décl., pag. 4.—Hærens, entis.—Vadum, i, *et* vadus, i.—Clausus, a, um.

te donnera des peines; ton audace t'entraînera à ta perte et ton avidité m'ordonne de veiller.

Si le soleil procrée des enfans, la liqueur des étangs ne sera point copieuse, et les grenouilles seront malheureuses. Le soleil cherche des enfans au détriment des grenouilles.

Un voleur rusé fut arrêté, et payant les peines du méfait sur la croix, il reçut ainsi une digne récompense. Ses compagnons sans probité le perdent pour ne pas périr eux-mêmes.

Tu veux, renard, enfermer le bouc dans le puits. Le loup avec raison lui conseillait de veiller.

Un homme riche et puissant, mais ignorant, est un mulet chargé d'or.

Les richesses du philosophe sont en sûreté et ne sont pas exposées à danger.

L'homme rusé n'est jamais fidèle; il perd à bon droit la confiance.

Mon ami, tu te trompes beaucoup. L'âne que le vieillard fesait paître dans les bois a été cité devant le loup juge. Comme il pleurait son malheur, il fut agréable à son juge et ne fut pas condamné.

Dérivés.

Périr.—Perdre.—Répertoire.—Margelle.—Clore, clos.—Liqueur.—Douce.—Copieuse.—Descendre.—Ami.—Bonté.—Aquatique.—Volupté.—Rassasier.—Évader, Évasion.—Cornes.—Adhérent, etc., etc.

13e LEÇON.

Texte à traduire.

NAUFRAGIUM SIMONIDIS.	NAUFRAGE DE SIMONIDE.
Nemo eripit veras divitias.	Personne (n') enlève les vraies richesses.
Homo doctus in se semper	L'homme savant en soi toujours
divitias habet.	des richesses a.
Simonides qui scripsit egregium melos,	Simonide qui a écrit un remarquable poëme,
quò sustineret faciliùs paupertatem,	(afin) qu'il soutînt plus facilement la pauvreté,
cœpit circumire urbes nobiles Asiæ,	commença à parcourir les villes célèbres de l'Asie,
canens laudem victorum,	chantant la louange des vainqueurs,
mercede acceptâ.	(pour) une récompense reçue.
Hoc genere quæstûs	Par ce genre de gain
postquàm locuples factus est,	après que riche il fut fait,
redire in patriam voluit	retourner dans (sa) patrie il voulut
cursu pelagio : erat autem,	par course maritime : il était or,
ut aiunt, natus in Ceo insula.	comme ils disent (on dit), né dans Ceos île.
Ascendit navem quam	Il monta un vaisseau, que
tempestas horrida simul et	une tempête horrible et en même temps
vetustas dissolvit medio mari.	la vétusté dispersa au milieu de la mer.
Hi colligunt zonas, illi	Ceux-ci ramassent (leurs) ceintures, ceux-là
res pretiosas, subsidium vitæ.	(leurs) objets précieux, (comme) secours de la vie.
Quidam curiosior :	Un certain plus curieux :
Simonide, tu nil sumis	Simonide, toi rien prends
ex opibus tuis ? « Mecum,	des richesses tiennes ? « Avec moi,
inquit, cuncta mea sunt. »	dit-il, toutes les (choses) miennes sont. »
Tunc pauci enatant,	Alors peu surnagent,
quia plures degravati onere	parce que la plupart appesantis par la charge
perierant.	avaient péri.
Prædones adsunt, rapiunt	Des voleurs surviennent; ils enlèvent
quod quisque extulit,	ce que chacun a exporté,
relinquunt nudos. Fortè	laissent (eux) nus. Par hasard
Clazomene fuit propè,	Clazomène fut près de là,
urbs antiqua, quam naufragi	ville antique, que les naufragés
petierunt. Hîc quidam	gagnèrent. Là un certain
deditus studio litterarum,	adonné à l'étude des lettres,
qui sæpè legerat versus	qui souvent avait lu les vers
Simonidis, eratque maximus	de Simonide, et était très grand
admirator absentis, recepit	admirateur de (lui) absent, reçut

ad se cupidissimè cognitum	chez lui avec beaucoup d'empressement (lui) reconnu
à sermone ipso; exornavit	par la conversation même; il orna
hominem veste, nummis,	l'homme d'habit, d'écus,
familiâ. Cæteri portant	de valets. Les autres portent
tabulam suam, rogantes	le tableau leur, demandant (leur)
victum : ut Simonides	vie : dès que Simonide
obvius casu vidit eos :	allant au devant par hasard vit eux :
« Dixi, inquit, cuncta mea	« J'ai dit, toutes les choses miennes
esse mecum; vos quod	être avec moi ; vous ce que
rapuistis perit. » *	vous avez enlevé a péri.»

Questions.

Qui peut enlever les vraies richesses?

Qui possède les vraies richesses?

Qu'a écrit Simonide?

Et Ésope?

Que fesait Simonide en parcourant les villes de l'Asie?

Que recevait-il pour ses chants?

Dans quel but fesait-il ces voyages et ces chants?

Quelles étaient les villes de l'Asie que Simonide parcourait?

Comment Simonide devint-il riche?

Une fois riche, quel fut son projet?

Par quel chemin voulut-il retourner dans sa patrie?

Où était né Simonide?

Que fit-il donc pour retourner dans sa patrie?

Qui fut cause du naufrage de Simonide?

Et encore quelle autre cause?

Dans un naufrage, que font les passagers d'un vaisseau?

Dans quel but ramassent-ils leurs richesses?

Qui demanda à Simonide s'il ne prendrait pas avec lui ses richesses?

Que répondit Simonide?

Un grand nombre de passagers se sauvèrent-ils à la nage?

Pourquoi la plupart périrent-ils?

Quels individus survinrent alors?

Que firent-ils aux naufragés?

Quelle ville ceux-ci purent-ils gagner?

Qu'est-ce que Clazomène?

Quel homme se trouvait en ce moment dans cette ville?

Quelle réception fit-il à Simonide?

Quand lui montra-t-il un si vif empressement?

Pendant ce temps-là que fesaient les compagnons de Simonide?

Comment Simonide eut-il l'occasion de leur adresser la parole?

Que leur dit-il?

Phrases à traduire en latin.

Ésope a écrit un grand nombre de belles fables.

L'homme savant n'est jamais pauvre.

Le naufrage ne put enlever à Simonide les richesses.

La tempête met souvent en pièces les vaisseaux.

La vétusté tend des piéges au vieillard.

La vie est précieuse, ne la fuyez pas.

Simonide, devenu pauvre par le naufrage, a toujours en lui-même ses richesses.

Le riche dit : Des bois, des étangs, des prés, voilà les vraies richesses.

Les richesses de Simonide sont sûres et jamais exposées à danger. La mer ne les lui a pas enlevées.

---

* *Déclinez :* naufragium, ii.—Verus, a, um.—Divitiæ, arum.—Nemo, inis.—Doctus, a, um. Formez-en le comparatif et le superlatif.—Melos, eos, nom grec. —Paupertas, atis.—Facilè, *adverbe ; comparatif* faciliùs.—Urbs, is.—Nobilis, e.—Laus, audis.—Genus, eris. Nom neutre. —Quæstus, ûs.—Subsidium, ii.—Locuples, etis.—Vita, æ.—Patria, æ.—Cursus, ûs.—Pelagius, a, um.—Insula, æ.—Navis, avis.—Tempestas, atis. — Mare, is, *fait à l'abl.* mari ; pl. maria, ium, etc.—Cunctus, a, um, *tout entier*, vient de *conjunctus.*—Paucus, a, um.—Mecum. On ne dit pas *cum me. Cum, avec*, se met après les pronoms *ego, tu, suî; nos, vos* et *qui, quæ, quod*. Ainsi l'on dit : *Mecum, tecum, secum, quocum, quibuscum*, etc.—Degravati, quel cas?—Prædones : prædo, onis, *vient de* præda.—Déclinez *quisque* sur *quis, quæ, quod*, 2e partie, p. 10.—Litteræ, arum.—Studium, ii. —Versus, ûs.—Admirator, oris. — *Maximus*, superlatif de *magnus, a, um* ; le comparatif, *major* : *quis esset major*, etc.

Les avares ne peuvent* se rassasier de richesses.

La patrie de Simonide était l'île Cée**.

Simonide se réjouissant après le naufrage, dit : Je n'ai rien perdu.

La pauvreté ne change pas le sort de Simonide.

Dans la ville de Clazomène, les compagnons de Simonide sont pauvres et nus, tandis que Simonide a des habits, des écus et des domestiques.

Simonide vit sur le tableau son naufrage et les malheurs de ses compagnons.

Les compagnons de Simonide, chargés de leur tableau, allaient au devant de lui.

Simonide le célèbre poète, laissa ses compagnons nus et pauvres, et ne les pourvut (orna) pas d'habits ni d'écus.

Les belles lettres sont les études des savans.

Simonide avare donna ni un pain ni un as à ses compagnons qui demandaient de quoi vivre.

Simonide ne fut pas ému des plaintes des naufragé.

Ce que vous avez enlevé n'est pas à vous.

Un père de famille riche a une épouse, des fils, des esclaves, des écus, des prés, des bois, des étangs.

Simonide conseillait aux naufragés de retourner dans leur patrie.

Simonide avait lu les fables d'Ésope.

Le voleur n'enlève pas les vraies richesses.

Il a une ceinture non chargée d'argent.

Dérivés.

Vérité, vrai. — Naufrage. — Homme. — Docte, docteur. — Écriture, etc. — Mélodieux. — Pauvreté. — Soutenir. — Facilement. — Noble, noblesse. — Accepter. — Victorieux. — Genre. — Patrie. — Course. — Natif. — Péninsule. — Ascension. — Navire. — Tempête. — Horrible. — Vétusté. — Mer. — Dissoudre. — Subside. — Vie. — Curieux. — Périr. — Ravir. — Nuds. — Antique. — Naufragé. — Lettre. — Lire. — Vers. — Absent. — Admirateur. — Sermon — Veste. — Famille. — Orner. — Tableau. — Porter, etc., etc.

* Voir la conjugaison de *Possum*. 2e partie, aux verbes irréguliers.

** Tournez, *Simonide était né dans*, etc.

16e LEÇON.

Texte à traduire.

CERVUS ET BOVES.	LE CERF ET LES BOEUFS.
*Plus videas * tuis oculis quàm** alienis.*	Plus tu vois par tes yeux que par (les yeux) d'autrui.
Cervus excitatus latibulis	Un cerf lancé hors des retraites
nemorosis, ut fugeret necem	boisées, afin qu'il évitât la mort
*instantem venatorum, petit ****	menaçante des chasseurs, gagna
timore cœco villam proximam	(par) une crainte aveugle une maison de campagne prochaine
et se condidit bubili opportuno.	et se cacha (dans) une étable à bœufs trouvée à propos.
Hìc bos latenti : quidnam	Là un bœuf à lui caché (dit) : Quelle chose
voluisti tibi, infelix,	as-tu voulu pour toi, malheureux,
qui ultrò cucurreris ad necem,	qui volontairement as couru à la mort,
commiserisque spiritum	et as confié (ton) souffle
tecto hominum?	au toit des hommes?
At ille supplex : «Vos modò,	Mais celui-là suppliant : «Vous seulement
inquit, parcite; rursùs	dit-il, épargnez; de nouveau
erumpam occasione datâ.»	je m'élancerai (dans) l'occasion donnée.»
Vices noctis excipiunt	Les retours de la nuit reçoivent (suivent)
spatium diei : bubulcus	l'espace du jour : le bouvier
affert frondem, nec ideò videt.	apporte du feuillage et il ne voit pour cela.
Eunt subindè et redeunt	Vont successivement et reviennent
omnes rustici, nemo animadvertit.	tous les campagnards, personne aperçoit.
Transit etiam villicus,	Passe même le régisseur,

* Res est ut.... c'est un fait que, etc.

** Après un comparatif on peut aussi exprimer le *que* français par *quàm* (on l'exprime ainsi après *plus* et *magis*), et alors on met le mot qui suit *quàm* au même cas que l'objet comparé.

*** Syncope de *petiit*.

nec ille quidquam sentit.	ni lui rien remarque.
Tum ferus gaudens,	Alors l'animal sauvage se réjouissant,
cœpit agere gratias	commença à rendre grâces
bobus quietis, quòd	aux bœufs paisibles, de ce qu'ils
præstiterint hospitium	ont accordé l'hospitalité
tempore adverso. Respondit	dans un temps malheureux. Répondit
unus :	un (d'eux) :
« *Cupimus te salvum quidem ;*	« Nous souhaitons toi (être) sauf assurément;
sed ille qui habet	mais celui-là qui a
centum oculos, si venerit,	cent yeux, s'il sera venu,
in magno periculo	en grand danger
vertetur vita tua. »	sera tournée la vie tienne. »
Inter hæc, dominus ipse	Parmi ces choses, le maître lui-même
redit à cœnâ; et quia	revient du souper; et parce que
viderat boves nuper corruptos,	il avait vu les bœufs depuis peu négligés,
accedit ad præsepe :	il s'approche vers la crèche :
« *Cur parùm est frondis ?*	« Pourquoi peu est-il de feuillage?
Stramenta desunt!	Les litières manquent!
Tollere hæc aranea	Enlever ces toiles d'araignée
quantùm laboris est?»	combien de peine est-ce? »
Dum scrutatur singula,	Tandis qu'il scrute chaque chose,
conspicatur quoque	il aperçoit aussi
alta cornua cervi,	les hautes cornes du cerf,
quem jubet occidi,	qu'il ordonne être tué,
familiâ convocatâ,	les valets étant convoqués,
tollitque prædam.	et il emporte la proie.
Hæc fabula significat	Cette fable signifie
dominum videre	le maître voir
plurimùm in suis rebus *	davantage dans les siennes choses.

Questions.

D'où le cerf fut-il lancé par les chasseurs?

Pourquoi le cerf prit-il la fuite?

Sa terreur était-elle fondée?

Où le cerf va-t-il chercher un refuge?

Dans quel lieu se cacha-t-il?

Comment était le cerf en parlant aux bœufs?

Les bœufs admettent-ils le cerf dans l'étable?

Quelle personne apporte aux bœufs du feuillage?

Le bouvier aperçoit-il le cerf?

Pendant le jour les campagnards entrent-ils dans l'étable?

Quelqu'un d'eux aperçoit-il le cerf?

Quelle personne passe encore dans l'étable?

Le régisseur remarque-t-il le cerf?

Se croyant sauvé, que fait alors l'animal?

De quoi le cerf remercie-t-il les bœufs paisibles?

* Cervus, i, *cerf.* Les noms suivans : *Cerva, biche, dea,* déesse; *anima,* âme; *domina,* maîtresse; *famula,* servante; *equa,* cavale; *asina,* ânesse; *mula,* mule, et quelques autres encore, font le datif et l'ablatif pluriel en *abus*, afin de distinguer ces cas de ceux des noms masculins : *cervus, mulus, asinus,* etc.—*Nemus*, *oris*, n. bois (du grec νέμω, *faire paître*) a fait l'adjectif *nemorosus, a, um.*—Latibulum, i; latebra, æ, *repaire, cachette*, vient du verbe *latere*, eo, es, ui, qui lui-même vient du grec λήθω qui a la même signification.—*Nex, ecis,* mort violente, du grec νέκυς : de là le verbe *necare*, o, *as, avi, atum*, et aussi, *necui* et *nectum.*—*Peto, is, ivi* et *ii, itum, ere*, a deux significations principales; 1° *désirer, demander* (du grec πόθω, désirer) : nec potuit attingere quem *petebat*; 2° *aller à, se diriger vers*, comme dans cette fable, et alors il vient du verbe πίτομαι, *voler vers.*— Bubilis, is, masculin et bubile, is, neutre, de *bos, bovis* (grec βοός, βοῦς). Comment ce dernier mot fait-il aux génitif et datif pluriel?—Conjuguez le verbe *condo, is, condidi, ditum, dere*, cacher, couvrir. — Quid *latenti?* — Voir aux verbes irréguliers la conjugaison de *volo*, 2e partie.—Conjuguez *curro, is, cucurri, cursum, currere.— Tectum, i,* toit, couverture de maison, demeure. De *Tego, is, texi, textum, gere*, couvrir.— Committere, o, is, isi, issum, *commettre, envoyer ensemble, confier.* —Supplex, icis, (*qui plicat sub*) *suppliant.*—Parco, is, peperci *ou* parci, parcitum *ou* parsum, parcere, *épargner* : parcere supplici, *faire grâce à un suppliant.* Veut son complément au datif.—*Conjuguez* erumpo, is, rupi, ruptum, mpere, *sortir avec impétuosité, s'élancer.*—Excipio, is, cepi, ceptum, cipere, *prendre, recevoir.*—*Vicem* et *vice*, accusatif et ablatif, sont en usage; on trouve dans Tite-Live le génitif *vicis*, et aussi le datif *vici*, accusatif *vicem* et ablatif *vice*. Pluriel *vices* et *vicibus*. Le nominatif singulier ne se

Dans quelle circonstance les bœufs ont-ils donné l'hospitalité au cerf?

Comment se fait-il que le régisseur n'aperçoit pas le cerf? Parce qu'il n'a pas les cent yeux du maître.

Si le maître rentre au logis, la vie du cerf sera-t-elle exposée?

Sur ces entrefaites qu'arrive-t-il?

D'où le maître revient-il?

Pourquoi vient-il aussitôt visiter la crèche?

Quelle est la nourriture des bœufs? Du feuillage, de l'orge etc.

Dans quel moment le maître reconnait-il les bois du cerf?

Tandis qu'il fouille de tous côtés, qu'aperçoit le maître?

Qu'ordonne-t-il aussitôt?

Par qui fait-il tuer le cerf?

Qu'en fait-il ensuite?

Que prouve cette fable?

Phrases à traduire en latin.

Les forêts sont aux cerfs des retraites et moyens de fuite sûrs.

Les étables à bœufs sont la retraite des araignées*.

Il s'approche de la mort, le cerf qui s'approche de la demeure des hommes.

Le cerf se croyant sauf (en lieu sûr) se mit à remercier les bœufs paisibles.

Le régisseur a des yeux comme le maître et il ne vit pas le cerf couché dans l'étable.

Dans les villes il y a une infinité de toits.

Afin de fuir le lion chasseur, le cerf gagne ses retraites boisées.

Dans les prés les cerfs sont exposés à une infinité de dangers et alors leur terreur n'est pas aveugle.

L'homme ne porte point de feuillage au cerf se cachant.

Le cerf qui se cacha dans l'étable à bœufs sera affecté de mal.

L'homme chasseur n'est pas souvent chargé d'un cerf.

Simonide devenu riche tout-à-coup s'échappa de Clazomène.

Des habits, des écus, des valets sont choses douces à Simonide.

Devenu riche, Simonide laissa à Clazomène ses compagnons pauvres et malheureux.

L'avidité de Simonide ne pourra être rassassiée.

Simonide naufragé cherche à trouver au milieu de la mer un moyen d'échapper.

Simonide était très grand admirateur d'Ésope; il avait souvent lu ses fables.

Plusieurs choses sont à redouter à l'homme savant et riche qui veut retourner par mer dans sa patrie.

Les voleurs négligent les choses viles et pillent les objets précieux.

La mer n'est pas souvent calme et paisible.

Le filou convoite les bourses garnies d'argent, le voleur une proie, les brigands blessent l'homme riche avec le fer.

Ésope et Phèdre ont été esclaves. Les fables sont la plainte des esclaves.

Le maître d'Ésope n'avait pas lu avec plaisir ses fables, (*de lui.*)

Quelle poésie est plus vile que les vers de Simonide chantant pour une récompense la gloire des vainqueurs?

Quiconque chantant les louanges d'un riche a reçu une récompense est un homme vil.

---

rencontre pas.—Affero, affers, attuli, allatum, afferre, *composé de fero*. Voir la conjugaison de ce verbe irrégulier, 2e partie.—Eo, is, ivi, itum, *aller* et son composé *redeo*. Voir sa conj. irrég., 2e partie.— Animadverto, is, ti, sum, tere. (*animum vertere ad*), *tourner vers*, considérer avec attention, remarquer.—*Transire, eo*, autre composé du verbe *ire, eo*.— Sentio, is, si, sum, tire, *sentir* (du grec αἰσθάνω).—Voir la conjugaison irrégulière de *gaudere, eo*, 2e partie.—Agere, o, egi, actum (du grec ἄγω) *conduire, pousser, rendre, faire*, etc. — Præstare, o, as, stiti, stitum *ou* statum, mot-à-mot *se tenir* (stare) *devant* (præ); accorder, donner, offrir, l'emporter, etc.— Cupio, is, ivi, itum, ere, *désirer, convoiter*: de là *cupiditas, atis*.— *Vertetur?* quid?—Corrumpo, is, rupi, ruptum, pere. Composé de *cum* avec, et de rumpere.—Præsepe, is, neutre' *étable, crèche*.—Desum, fui, deesse, *manquer*, composé du verbe *sum*, et se conjuguant de même.—Tollo, is, sustuli, sublatum, tollere, *lever, enlever*.—Araneus, i, *araignée; araneum, i*, toile d'araignée.—Scrutari, or, aris, atus sum. Verbe déponent se conjuguant comme *amari*. Voir 2e partie les verbes déponens.—Conspicari, or, etc. Autre verbe déponent de la même conjugaison.—Jubere, eo, es, ssi, ssum.—Occidere, do, is, cidi', cisum, etc.

---

* Voir la note précédente au mot *Araneus*.

Le pain *que* le voleur jeta au chien.
La brebis *que* le loup accusait.
La proposition *que* cette fable atteste.
La fraude *dont* le loup accusait la brebis.
Le mal *dont* sera affectée la vache.

Les voleurs qui pillent les écus; les esclaves qui nièrent; les méchans dont l'avidité est très grande; les études auxquelles le savant est adonné; les écus que devait Simonide.

Dérivés.

Oculaire. — Excité. — Venaison. — Instante, instance. — Cécité. — Ville. — Opportun. — Esprit. — Commission. — Suppliant. — Occasion. — Espace. — —Sentir. — Quiétude, inquiétude. — Hospice. — Adversité. — Cent. — Péril. — Cène. — Domination, dominer. —Corruption. — Scruter. — Cornes. — Convoquer, etc. —Famille. — Occir, etc.

17e LEÇON.*

Texte français à retraduire en latin.

ARISTIPPE ET LE PÈRE DE FAMILLE.

Un père de famille vint trouver le philosophe Aristippe et le pria de se charger de l'éducation de son fils. Mais celui-ci ayant demandé 500 drachmes pour honoraires, le père effrayé du prix qui pouvait paraître exhorbitant à un homme ignorant et avare, lui dit qu'il achèterait à moins un esclave. Alors le philosophe lui répondit : Achète, et tu en auras deux.

LA VACHE, LA CHÈVRE, LA BREBIS ET LE LION.

Fuis la société d'un plus puissant que toi.

La société que l'on fait avec un homme puissant n'est jamais sûre. Cette fable prouve ce que j'avance.

La Vache, la Chèvre et la Brebis qui supporte l'injustice avec patience, s'associèrent dans les bois avec le Lion. Ceux-ci ayant pris un grand cerf, et les parts étant faites, le Lion parla ainsi : « Je prends la première, parce que je m'appelle Lion. Vous me donnerez la seconde, parce que je suis courageux. La troisième me suivra, parce que je suis le plus fort; et si quelqu'un touche à la quatrième, il s'en trouvera mal. » Ainsi l'improbité emporta seule toute la proie. (*La Font.* I, 6.)

LE CHIEN QUI PORTE DE LA CHAIR EN TRAVERSANT UNE RIVIÈRE.

L'avide est souvent le jouet de son avidité.

Celui qui convoite le bien d'autrui, perd justement le sien.

Un Chien portait un morceau de viande en traversant une rivière à la nage ; il vit son image dans le miroir des eaux. Croyant qu'un autre chien portait une autre proie, il voulut la lui enlever; mais son avidité fut déçue : il lâcha de sa gueule le morceau qu'il tenait sans pouvoir cependant saisir celui qu'il convoitait. (*La Font.* VI, 17.)

LES GRENOUILLES AU SOLEIL.

La race des méchants est méchante.

Ésope voyant les noces pompeuses d'un voleur, son voisin, se mit de suite à conter cette fable :

Comme le Soleil voulait un jour se marier, les Grenouilles élevèrent un cri vers les astres. Jupiter ému de ce bruit confus, demanda la cause de leur plainte. Alors une des habitantes de l'étang lui dit : « Maintenant un seul Soleil brûle tous nos lacs, et nous fait mourir dans nos demeures arides; que sera-ce, s'il procrée des enfants? » (*La Font.* VI, 12.)

* Le but de cet exercice est de faire sentir à l'élève les différences de constructions et de génie des deux langues, et aussi de s'assurer qu'il s'est bien approprié les mots et les tournures des textes qu'il a traduits.

LE RENARD A UN MASQUE DE THÉATRE.

Les honneurs des sots sont sans gloire.

Un renard avait vu par hasard un masque de théâtre : « O la belle tête, dit-il ! mais elle n'a point de cervelle. »

Ce mot s'adresse à ceux à qui la fortune a donné l'honneur et la gloire, et ôté le sens commun. (*La Font.* IV, 13.)

LE LOUP ET LE RENARD AU TRIBUNAL DU SINGE.

On ne croit pas le menteur, lors même qu'il dit vrai.

Quiconque s'est fait connaître une fois par un mensonge honteux, cesse d'être cru, lors même qu'il dit la vérité. Cette courte fable d'Ésope confirme cela.

Le Loup accusait le Renard de lui avoir fait un larcin, le Renard niait qu'il en fût coupable. Alors le Singe s'assit entr'eux en qualité de juge. Après que l'un et l'autre eurent achevé de plaider leur cause, le Singe prononça, dit-on, cette sentence : « Toi, Loup, tu ne parais pas avoir perdu ce que tu demandes ; et toi, Renard, je crois que tu as dérobé ce que tu nies si bien. » (*La Font.* II, 3.)

L'ANE ET LE VIEILLARD.

Le pauvre change de maître, non de sort.

En changeant de domination, les pauvres n'éprouvent d'autre changement que celui du nom du maître. Cette petite fable nous montre cette vérité.

Certain vieillard faisait paître un Ane dans un pré. Épouvanté du cri soudain des ennemis, il conseillait à l'Ane de fuir, pour ne pas tomber dans leurs mains. Celui-ci, sans s'émouvoir, lui répondit : « Dites-moi, je vous prie, pensez-vous que le vainqueur me fasse porter deux bâts? » Le vieillard dit que non. « Que m'importe donc qui je serve, répliqua l'Ane, si je dois toujours porter mon bât? » (*La Font.* VI, 8.)

LA BREBIS, LE CHIEN ET LE LOUP.

Un châtiment attend toujours le calomniateur.

Les imposteurs subissent ordinairement la peine due au mal qu'ils ont fait.

Un Chien de mauvaise foi demandant à la Brebis un pain qu'il soutenait lui avoir prêté, le Loup appelé comme témoin, dit et assura qu'elle n'en devait pas seulement un, mais dix. La Brebis condamnée sur ce faux témoignage, paya ce qu'elle ne devait point. Peu de jours après, elle aperçut le Loup mort dans une fosse. » C'est là, dit-elle, la récompense que les dieux donnent à l'imposture. »

LE CHIEN FIDÈLE.

Les bienfaits des méchants sont suspects.

Celui qui devient tout-à-coup libéral, est agréable aux sots ; mais il tend vainement des piéges à ceux qui ont du bon sens et de l'expérience.

Un voleur de nuit ayant jeté du pain à un Chien, et essayant de l'amuser par l'aliment qu'il lui présentait : « Holà ! dit le Chien, tu veux me lier la langue, afin que je n'aboie point pour le bien de mon maître. Tu te trompes beaucoup, car cette soudaine libéralité me prescrit de veiller, pour que tu ne gagnes rien par ma faute. » (*Rich.*, X, 17. *L'abbé Aubert*, I, 2.)

L'HOMME ET LE CHIEN.

L'impunité est l'appât du crime.

Un Homme déchiré par la morsure d'un Chien furieux, lui jeta un morceau de pain trempé dans son sang, parce qu'il avait ouï dire que c'était là le remède de cette sorte de blessure. Ésope lui dit alors : « Ne faites pas cela devant plusieurs chiens, de peur qu'après avoir vu leur faute ainsi récompensée, ils ne nous dévorent tout vivans. »

Le succès des méchants invite plusieurs autres à les imiter.

LA GRENOUILLE CREVÉE ET LE BOEUF.

Ne tente point d'égaler les puissants.

Le faible périt quand il veut imiter le fort.

Une Grenouille vit un jour un Bœuf dans un pré. Envieuse d'une si prodigieuse grandeur, elle enfla sa peau ridée, et demanda ensuite à ses petits si elle était plus grosse que le Bœuf? Ceux-ci lui dirent que non. Elle étendit encore sa peau avec plus d'effort, et leur fit la même question, qui avait plus de grosseur d'elle ou du Bœuf. Ils lui dirent, le Bœuf. Pleine à la fin d'indignation, et voulant s'enfler encore plus fortement, elle creva et resta morte sur la place. (*La Font.* I, 3.)

LES DEUX MULETS ET LES VOLEURS.

Les riches ont plus de dangers à craindre que les autres.

Deux Mulets pesamment chargés cheminaient. L'un portait des paniers remplis d'argent, l'autre, des sacs gonflés d'une grande quantité d'orge. Le premier, riche de son fardeau, porte la tête haute, et agite à son cou une sonnette bruyante. Son compagnon le suit d'un pas tranquille et lent. Tout-à-coup des Voleurs s'élancent d'une embuscade, et au milieu du carnage, ils blessent de leur fer le Mulet qui portait l'argent. Ils pillent les écus, et négligent l'orge vile. Comme le Mulet dépouillé déplorait ses malheurs : « Je me réjouis, dit l'autre, d'avoir été méprisé ; car je n'ai rien perdu, et n'ai point reçu de blessures. »

Il est prouvé par ce récit que l'homme pauvre est en sûreté, et que les grandes richesses sont exposées au danger. (*La Font.* I, 4.)

ÉSOPE ET UN INSOLENT.

Il vient un temps où l'audace insolente est punie.

Le succès entraîne bien des gens à leur perte.

Certain Insolent avait lancé une pierre à Ésope. « Tant mieux, » lui dit-il. Ensuite il lui donna un as. Il poursuivit ainsi : « Je n'ai certainement pas plus d'argent ; mais je vais te montrer quelqu'un de qui tu pourras en recevoir davantage. Voilà un homme riche et puissant qui vient ; jette-lui de même une pierre, et tu recevras une digne récompense. » L'homme persuadé fit ce qu'on lui conseilla. Mais son audace impudente fut trompée dans son espoir ; car ayant été arrêté, il fut puni par le supplice de la croix. (*La Font.* XII, 22.)

LE RENARD ET LE BOUC.

Les méchants perdent les autres pour ne pas périr eux-mêmes.

Aussitôt qu'un homme rusé se trouve dans un péril, il cherche à s'en tirer au détriment d'un autre.

Un Renard était tombé par mégarde dans un puits, et s'y trouvait renfermé par la trop grande élévation du bord ; un Bouc qui avait soif vint au même lieu. Il demanda en même temps si l'eau était douce et abondante. Le Renard, méditant une fourberie, lui dit : « Descends, mon ami ; l'eau est si bonne que je la bois avec volupté, et que je ne peux m'en rassasier. » Le barbu se jeta dedans. Alors le Renard s'appuyant sur ses hautes cornes, se tira du puits, et laissa au fond le Bouc enfermé. (*La Font.* III, 5.)

NAUFRAGE DE SIMONIDE.

Personne n'enlève les vraies richesses.

Un homme instruit a toujours des richesses en lui-même.

Simonide, qui a écrit d'excellentes poésies, se mit à parcourir les villes célèbres de l'Asie, pour soutenir plus facilement sa pauvreté, en chantant à prix d'argent la gloire des vainqueurs. Après qu'il se fut enrichi par ce genre de commerce, il voulut retourner dans sa patrie, et il fallait passer la mer. (Il était né, comme on dit, dans l'île de Céos.) Il s'embarqua sur un vaisseau, qu'une tempête horrible et son état de vétusté mirent en pièces au milieu de la mer. Ceux-ci ramassent leur argent, ceux-là, leurs effets précieux, ressource dans le besoin. Un d'entr'eux, plus curieux que les autres, lui dit : « Et vous, Simonide, vous ne prenez rien de vos richesses? » « Tout ce qui m'appartient, répondit-il, est avec moi. » Alors peu se sauvent à la nage, parce que la plupart surchargés de leur fardeau avaient péri. Des brigands surviennent, ils enlèvent ce que chacun a emporté, et les laissent nus. Par hasard l'ancienne ville de Clazomène se trouva près de là; ceux qui avaient fait naufrage s'y rendirent. Là, un citoyen adonné à l'étude des lettres, qui avait souvent lu les vers de Simonide, et qui était son grand admirateur, l'ayant reconnu à sa conversation, le reçut chez lui avec le plus vif empressement, et le fournit d'habits, d'argent et de domestiques. Les autres portent leur tableau, demandant l'aumône. Simonide les ayant rencontrés par hasard, leur dit en les voyant : « Je vous avais bien dit que tous mes biens étaient avec moi; et vous, ce que vous avez emporté a péri. » (*La Font.* VIII, 19. *Du Houlay* X, 3.)

LE CERF ET LES BOEUFS.

On voit plus par ses propres yeux que par ceux d'autrui.

Un Cerf lancé du fond des bois, pour éviter la mort dont les chasseurs le menaçaient, gagna, dans sa crainte aveugle, une ferme voisine, et se cacha dans une étable à bœufs qui s'offrit à propos. Là, un Bœuf dit à l'animal caché : « Qu'as-tu prétendu, malheureux, en courant volontairement à la mort, et en confiant ta vie à l'habitation des hommes? » « Vous, seulement, épargnez-moi, dit-il d'un ton suppliant; je m'élancerai encore d'ici, dès que l'occasion s'en présentera. » La nuit succède au jour. Le bouvier apporte le feuillage et pourtant ne voit pas le Cerf. Tous les paysans vont et reviennent successivement; personne ne l'aperçoit. Le régisseur passe de même, et ne remarque rien non plus. Alors l'habitant des bois content et joyeux, se met à remercier ces Bœufs paisibles et discrets de lui avoir donné l'hospitalité dans son malheur. L'un d'eux lui répondit : « Certainement nous désirons te sauver; mais si celui qui a cent yeux vient ici, ta vie se trouvera dans un grand danger. » Sur ces entrefaites, le maître lui-même revient de souper; et parce qu'il avait vu depuis peu les Bœufs en mauvais état, il s'avance vers la crèche, et dit : « Pourquoi si peu de feuillage? Les litières manquent! Quelle peine y a-t-il à ôter ces toiles d'araignée? » Tandis qu'il observe tout, il aperçoit aussi le bois élevé du Cerf. Il appelle ses valets, leur ordonne de le tuer, et emporte sa proie.

Cette fable signifie que le maître voit le plus clairement dans ses propres affaires. (*La Font.* IV, 21.)

18e LEÇON.

Texte à traduire.

THEMISTOCLES FILIUS NEOCLI ATHENIENSIS.	THÉMISTOCLE FILS DE NÉOCLE L'ATHÉNIEN.
Vitia adolescentiæ hujus ineuntis	Les vices de la jeunesse de celui-ci commençant*
sunt emendata virtutibus magnis;	furent corrigés** (par) des vertus grandes;
adeòque ut nemo huic anteferatur,	et tellement que personne à celui-ci (n')est préféré,
et pauci pares putentur.	et peu (d'hommes) égaux (à lui) sont réputés.
Sed ordiendum est ab initio.	Mais il faut commencer*** par le commencement.
Pater ejus Neoclus generosus fuit;	Le père de lui Néocle de naissance illustre fut;

* Entrant dans.

** Sont ayant été corrigés, *par conséquent:* furent corrigés.

*** (Negotium) est ordiendum. La chose est devant être commencée.

is duxit uxorem civem Halicarnassiam,	celui-ci prit pour épouse une citoyenne d'Halicarnasse,
ex quâ natus est Themistocles.	de laquelle naquit Thémistocle.
*qui * cùm esset minùs probatus*	Lui comme il était moins agréable
parentibus,	à (ses) parens,
quòd et liberiùs vivebat,	parce que et trop librement il vivait,
et rem familiarem negligebat,	et (sa) chose de famille** négligeait,
à patre exhæredatus est.	par (son) père il fut déshérité.
Quæ contumelia non fregit,	Cette tache n'abattit pas
sed erexit eum : nam cùm judicasset,	mais releva lui : car comme il eut jugé
sine summâ industriâ eam non posse	sans une grande habileté elle ne pouvoir
exstingui, dedidit se totum	être effacée, il s'adonna tout entier
Reipublicæ, serviens diligentiùs	à la République, donnant ses soins avec plus de zèle
amicis famæque. Multùm	à (ses) amis et à (sa) réputation. Beaucoup
in judiciis privatis versabatur ;	dans les jugemens particuliers il se trouvait ;
sæpè prodibat in concionem populi :	souvent il s'avançait dans l'assemblée du peuple :
nulla res major sinè eo gerebatur ;	aucune chose majeure sans lui était faite ;
celeriterque, quæ opus erant,	et promptement les choses qui besoin étaient,
reperiebat : facilè eadem	il trouvait : facilement les mêmes choses
oratione explicabat. Neque erat	par discours expliquait. Et il n'était pas
minùs promptus in rebus gerendis	moins prompt dans les choses devant être faites
quàm (in rebus) excogitandis :	que dans les choses devant être imaginées :
« Quòd, (ut ait Thucydides)	« Parce que, (comme dit Thucydide)
verissimè judicabat de instantibus,	avec beaucoup de vérité il jugeait des (choses) présentes,
et de futuris callidissimè conjiciebat. »	et des (choses) futures très finement il conjecturait. »
Quo factum est ut brevi tempore illustraretur. *	Par cela il fut fait que (dans un) court temps il fut illustré.

* Le relatif *qui* se met souvent pour *ille*.

** Son patrimoine.

Questions.

De qui Thémistocle était-il fils?

De quel pays était Néocle?

Quels furent les vices de Thémistocle?

Spécifiez ses vices?

Comment Thémistocle compensait-il les vices de sa jeunesse?

En toute chose par où faut-il commencer?

Le père de Thémistocle était-il d'origine obscure?

Quelle femme épousa Néocle?

Qu'arriva-t-il à Thémistocle par suite de sa vie dissipée?

Pourquoi fut-il déshérité?

Pourquoi ses parens ne le chérissaient-ils point?

Comment regarde-t-on l'action d'un père qui déshérite son fils?

Quel fut l'effet de cet affront sur l'esprit de Thémistocle?

Comment un tel affront pouvait-il être effacé?

Pour effacer cette injure que fit Thémistocle?

* Filius, ii. Par exception, vocatif, *fili.* —*Iniens*, *Ineuntis* : participe présent du verbe *inire*, composé de *in* et de *ire*. Voir sa conjugaison irrégulière, 2e partie. — Emendare, o, as, avi, atum. Racine *menda*, faute, d'où *amender* : quid *emendata?* — Quid *vivebat?* Vivere, o, is, xi, ctum, de *βίος*. —*Exhæredatus est*, quid? — Frangere, o, is, egi, actum. — Exstinguere, o, is, nxi, nctum. — Dedere, dedidi, itum. — Servire, io, ii, itum, quid *serviens?* —*Prodire*, autre composé du verbe *ire*. —Gerere, o, is, ssi, stum. *Quid* gerebatur? —Explicabat, *quid?* — Gerendis, *quid?* —Excogitandis, *quid?* —Insto, institi, itum, are. —Conjicere o, is, eci, ectum. —Illustraretur, *quid?* Déclinez *Atheniensis.* —Vitium, ii. — Adolescentia, æ. — Virtus, utis. — Par, aris. — Initium, ii. — Pater, patris. — Paterfamilias. —Uxor, oris, où l'avons nous vu? —Opus, eris, *ouvrage*. Opus, *besoin*, indéclinable. —Oratio, orationis. —Parentes, um. —Res familiaris. —Res gerenda. —Res excogitanda. — Nullus, a, um, *Gén.* ius. — Contumelia, æ. — Summa industria. — Déclinez *respublica*. On décline *res* et *publica*. — Totus, a, um ; G. totius ; D. toti. — Tempus breve. — Amicus, i. — Fama, æ. — Judicium privatum. —Concio, onis ; populus, i, masc., *peuple* ; fém. populus, i, *peuplier*.

Ne s'occupait-il que des affaires des particuliers?

Quid est judicium privatum? Judicium privatum est judicium in quo judex dicit sententiam inter cives, inter privatos. *Traduisez.* Judicium autem dictum est *publicum*, cùm de causâ publicâ judex dicit sententiam. *Traduisez.*

Les affaires des particuliers empêchaient-elles Thémistocle de prendre part aux assemblées du peuple?

Était-il devenu un homme indispensable?

Trouvait-il sur-le-champ des expédiens et des ressources?

Comment exposait-il ses idées?

Était-il aussi propre à l'exécution qu'au conseil?

Comment jugeait-il les choses présentes?

Comment conjecturait-il l'avenir?

Quelle fut la conséquence de cette extrême habileté?

Phrases à traduire en latin.

Thémistocle fut moins agréable à ses parens à cause des vices de sa jeunesse.

Néocle induit en erreur, voulant épouser une citoyenne d'Athènes, épousa une citoyenne d'Halicarnasse.

N'épouse jamais une citoyenne d'Halicarnasse.

Dans ses retraites boisées le cerf vivait plus librement.

Dans l'assemblée du peuple il y a souvent tumulte de voix.

C'est au point que personne ne lui est préféré pour l'exécution.

C'est au point que peu d'hommes ont la réputation d'égaler Thémistocle dans la conception des expédiens.

Un homme de naissance n'est pas toujours généreux.

La vache, les parts faites, fut déshéritée par le lion.

La peine, le châtiment n'abattit pas ce malfaiteur, mais le releva au contraire.

Les richesses sont la récompense de l'industrie.

L'industrie est le remède des vices de la jeunesse.

Dans l'assemblée du peuple les citoyens vont et viennent.

Cornélius Népos n'avait pas lu les discours de Thémistocle.

Le singe jugeait avec beaucoup de vérité sur le compte du loup et du renard.

Je soupçonne Thémistocle d'avoir perdu son patrimoine.

Dans l'assemblée du peuple, le citoyen ne jugeait pas les causes des particuliers.

Le tumulte dispersa souvent l'assemblée du peuple.

Dérivés.

Fils.—Vice, vicieux.—Adolescence, adolescent.—Amende, amender, amendement.— Vertus.— Peu.— Pareil, pairs, parité.—Exorde.—Généreux, générosité.—Approbation.— Parens.— Librement.—Vivre.—Négliger.— Exhérédation.— Fracture, fraction.— Juger.—Industrie.—Éteindre, exstinction.—S'adonner.—Amis.—Serviteur, services.—Privés.—Population, populace.—Nul.—Gestion.—Oraison, oratoire.—Expliquer.—Prompt, promptitude.— Instant.—Conjecturer.—Temps.—Illustre, etc., etc.

19e LEÇON.

Texte à traduire.

Primus autem gradus (ejus)	Le premier or pas (de lui)
Reipublicæ capessendæ fuit	de la République devant être prise en main fut
(in) bello Corcyreo.	(dans) la guerre de Corcyre.
Ad quod gerendum,	Pour cette (guerre) devant être faite,
prætor à populo factus,	préteur par le peuple ayant été fait,
non solùm præsenti bello,	non seulement (dans) la présente guerre,
sed etiam reliquo tempore,	mais encore (dans) le restant temps,
reddidit civitatem ferociorem.	il rendit la cité plus fière.
Nam cùm pecunia publica,	Car comme l'argent public,
quæ ex metallis redibat,	qui des mines revenait,
interiret quotannis largitione	périssait tous les ans par la profusion
magistratuum ; ille persuasit populo,	des magistrats ; il persuada au peuple,

ut eâ pecuniâ classis centum navium	que (avec) cet argent une flotte de cent vaisseaux
ædificaretur. Quâ celeriter effectâ,	fût construite. Cette (flotte) promptement (ayant été) confectionnée,
primùm Corcyreos fregit;	d'abord les Corcyréens il abattit;
deindè consectando prædones	ensuite en poursuivant les brigands
maritimos, reddidit mare tutum.	maritimes, il rendit la mer sûre.
In quo (bello) cùm ornavit divitiis,	Dans cette (guerre) non seulement il orna de richesses,
tùm etiam fecit Athenienses	mais encore il fit les Athéniens
peritissimos (in arte) belli navalis.	très habiles (dans l'art) de la guerre navale.
Quantæ saluti id fuerit	A quel grand salut cela fut
Græciæ universæ, cognitum est	à la Grèce entière, (cela) a été connu
(in) bello persico. Nam cum Xerxes	(dans) la guerre de Perse. Car comme Xerxès
inferret bellum et (in) mari et (in) terrâ	importait la guerre et (sur) mer et (sur) terre
Europæ universæ, invasit eam	à l'Europe entière, il envahit elle
cum copiis tantis, quantas	avec des forces si grandes que
neque anteà neque posteà	ni auparavant ni depuis
quisquam habuit : classis enim	aucun (n'en) eut : car la flotte
hujus fuit mille et ducentarum	de celui-ci fut de mille et deux cents
navium longarum, quam	vaisseaux longs, que
duo millia navium onerariarum	deux milliers de vaisseaux de charge
sequebantur : exercitus autem	suivaient : or les armées
terrestres fuerunt septingentorum	terrestres furent de sept cent
millium peditum, quadringentorum	milliers de fantassins, de quatre cent
millium equitum *	milliers de cavaliers.

* Conjuguez : Capesso, is, ivi, itum, ere. Fréquentatif de *capere*. Prendre avec empressement, se saisir. Déclinez *capessenda respublica*.—Gero, is, gessi, gestum, rere, *porter, être chargé*, χειρὸς génitif de χείρ. —Facio, is, feci, factum, cere, *faire*.—Déclinez *præsens bellum*.—Reliquus, a, um, *restant, qui reste*.—

Questions.

Dans quelle circonstance Thémistocle fit-il son premier pas dans le gouvernement de la République?

Dans cette guerre quelles fonctions lui furent décernées?

Pourquoi fut-il nommé préteur?

Pour combien de temps Thémistocle assura-t-il l'indépendance de la République?

Quels revenus de l'État se trouvaient dissipés chaque année?

Comment les revenus de l'État étaient-ils dissipés?

Que persuada Thémistocle au peuple?

Que fit-il d'abord au moyen de cette flotte?

Quels avantages remporta-t-il ensuite?

Quels furent les résultats obtenus par Thémistocle dans cette guerre navale?

Qu'obtint Thémistocle en poursuivant les pirates?

L'habileté des Athéniens sur mer leur futelle utile?

Comment est-il prouvé que l'habileté des Athéniens sur mer fut utile à toute la Grèce?

Quod bellum dicitur persicum?

La guerre que fit Xerxès à l'Europe, la fit-il sur mer?

Quelle partie du monde Xerxès envahit-il?

Fit-il cette invasion avec des forces considérables?

De combien de vaisseaux se composait la flotte de Xerxès?

Ferox, ocis, de tout genre; comparatif *ior*, sup. *cissimus*, fier, orgueilleux. De *ferus*.—Metallum, (μέταλλον). Métal, mine : In metallum damnatus, *condamné aux mines*.— *Magistratuum*, *quid?*—Conj. Persuadeo, es, si, sum, dere.—Ædifico, as, avi, atum, are. —Efficio, is, feci, fectum, ficere; *faire, effectuer*.— Frango, is, fregi, fractum, ngere.—Consector, aris, *verbe déponent*. Voir ces verbes, 2e partie. — Cùm... tùm etiam, *non seulement. . mais encore..*— Peritissimus, *quid?*—Orno, as, avi, atum, are.—Cognosco, is, novi, nitum, scere. — Infero, fers, intuli, illatum, *porter dans*.—Invado, is, si, sum, dere.—Copia, æ; *abondance, secours*. Copiæ, arum, *forces, armée*.—Eques, itis; Pedes, itis.—Voir, 2e partie, les noms de nombre.

Ces vaisseaux de guerre n'étaient-ils pas suivis d'autres vaisseaux?

Xerxès n'avait-il pas en outre une armée de terre?

De combien d'hommes cette armée de terre se composait-elle?

Phrases à traduire en latin.

Les vertus de Thémistocle furent grandes.

Personne n'a vu les noces de Néocle l'Athénien.

Thémistocle, fils de Néocle, avait un nom célèbre.

Thémistocle déshérité par son père fut indigné.

Thémistocle s'étant enrichi dans les affaires privées, abandonna la ville et se cacha dans une campagne voisine.

Le cerf caché, se réjouissant, ne jugeait pas de l'avenir avec beaucoup de sagacité.

Les choses futures ne sont pas devant être imaginées facilement.

Dans l'assemblée du peuple, Thémistocle observe tout.

Les amis de Thémistocle étaient nombreux, et sa réputation était grande.

Parce que Thémistocle avait vu depuis quelque temps les Athéniens corrompus, il rendit sa cité plus fière.

Ceci montre que Thémistocle voit le plus clair dans les affaires athéniennes.

Thémistocle fut nommé préteur par le peuple pour faire la guerre.

Le préteur, pour faire la guerre sur mer, monte un vaisseau.

Thémistocle accusait les Corcyréens du crime de vol.

Malheur à Xerxès s'il touche à la Grèce.

Xerxès s'est fait connaître par des largesses excessives.

L'avidité entraîne Xerxès à sa perte.

Voilà Xerxès qui vient avec une armée de sept cent mille fantassins.

Xerxès convoite la Grèce.

Dès que, aussitôt que Xerxès fut venu en Grèce il chercha un moyen d'échapper.

Xerxès s'échappa de la Grèce, mais non pas avec ses forces.

J'ai perdu, dit-il, la Grèce par ma faute.

On rapporte que Xerxès perdit sa flotte par sa faute.

Je crois que les Athéniens enlevèrent beaucoup de richesses aux pirates.

La Grèce paya d'abord aux pirates des écus qu'elle ne leur devait pas.

Xerxès devenu tout-à-coup libéral tend inutilement ses piéges à Thémistocle.

Xerxès envoya des richesses à Thémistocle, essayant si par ces richesses il pourrait être séduit.

Cette bienveillance subite ordonne à Thémistocle de veiller aux intérêts d'Athènes.

Un citoyen d'Halicarnasse demanda si l'armée des Athéniens était plus considérable que l'armée des Perses.

La crainte n'abattit pas Thémistocle, mais le salut de la cité le releva.

Xerxès, après le combat, resta étendu, son armée étant rompue.

Thémistocle préteur, avec les forces d'Athènes, dispersa les armées de terre de Xerxès.

Un citoyen demanda au peuple si les troupes de Xerxès pouvaient être prises par Thémistocle.

Dérivés.

Dégrader, gradué. — République. — Belliqueux. — Gestion. — Préteur — Présent. — Reliques. — Temps. — Féroce. — Cité. — Métal. — Largesse. — Magistrat. — Classique. — Navire. — Édifice. — Maritime. — Naval. — Salut. — Universel. — Envahir. — Mille. — Long. — Onéreux. — Exercice. — Pédestre. — Équestre, etc., etc.

20e LEÇON.

Texte à traduire.

Cùm fama de adventu Xerxis esset perlata in Græciam, et Athenienses dicerentur peti maximè propter pugnam marathoniam, miserunt Delphos (homines ad) consultum quidnam facerent de suis rebus.	Comme le bruit de l'arrivée de Xerxès était colporté dans la Grèce, et (comme) les Athéniens étaient dits être recherchés surtout, à cause de la bataille de Marathon, ils envoyèrent (à) Delphes (des hommes pour) consulter quelle chose ils feraient touchant leurs affaires.
Pythia respondit deliberantibus, ut munirent se	La Pythie répondit aux consultants, qu'ils se fortifiassent

(a) mœnibus ligneis.	(par) des murailles de bois.
Cùm nemo intelligeret quò id responsum valeret, Themistocles persuasit	Comme personne comprenait où cette réponse tendait, Thémistocle persuada
consilium Apollinis esse, ut	le conseil d'Apollon être, que
conferrent se suaque in naves;	ils transportassent eux et leurs effets sur des vaisseaux;
eum enim murum ligneum	car ce mur de bois
significari à Deo.	être signifié par le Dieu.
Tali consilio probato, addunt ad naves	Un tel conseil ayant été approuvé, ils ajoutent aux vaisseaux
superiores totidem triremes,	supérieurs autant de (vaisseaux à) 3 rangs de rames,
asportantque partim (ad) Salaminem,	et transportent en partie à Salamine,
partim (ad) Trœzenem omnia sua	en partie à Trézène tous leurs effets
quæ poterant moveri; tradunt	qui pouvaient être transportés; ils livrent
arcem ac sacra procuranda	la citadelle et les choses sacrées devant être soignées
sacerdotibus paucisque majoribus	aux prêtres et à peu (d'hommes) plus grands
natu: relinquunt reliquum oppidum. *	par la naissance: ils abandonnent le reste (de) la ville.

* Mœnia, ium, ibus, etc.—Ligneus, a, um, de *lignum* bois. Déclinez *mœnia lignea.*—Responsum, i, *réponse, oracle.*—Apollo, inis ; point de pluriel. — Consilium, ii. — Murus, i. — *Talis*, masc. et fém., *tale*, neutre, génitif, *is.*— Deus; *vocatif*, Deus. *Pluriel*, Dii, Deorum, Diis, Deos, Diis.—Omnis, *masc.* et *fém.*; omne, *neutre*, génit. *is.*— Arx, arcis.— Sacrum, i.— Sacerdos, otis.—*Perlata*, de *perferre*, quid?— Dicerentur, *quid?* — Mitto, is, si, ssum, ttere. *Quid* miserunt?— *Consultum*, supin de *consulere*, o, is, ui.—Conferrent, *quid?*—Significari, *quid?*—Moveo, es, vi, tum, vere. *Quid* moveri?—*Poterant.* Voir 2e partie la conjugaison irrégulière de *possum*, p. 3.— Asportant, *quid?* quelle conjugaison? — Procurandus, a, um, participe futur passif de *procuro*, as, avi, atum, are.—Trado, is, didi, ditum, dere. — Relinquo, is, iqui, ictum, inquere. — Oppidum, i.

Étudier dans la 2e partie les conjugaisons des verbes irréguliers.

Questions.

Quel bruit se répandit en Grèce?

Dans quel pays se répandit la nouvelle de l'arrivée de Xerxès?

Quel peuple de Grèce était menacé particulièrement?

Pourquoi Xerxès en voulait-il surtout aux Athéniens ?

Dans cette anxiété que firent les Athéniens?

Pourquoi Thémistocle préférait-il alors un combat sur mer?

Comment les Athéniens s'étaient-ils rendus habiles sur mer?

De combien de vaisseaux se composait leur flotte?

Avec quel argent Thémistocle avait-il construit ces vaisseaux?

Comment ces revenus de l'État se dépensaient-ils antérieurement?

Dans quelle guerre cette flotte fut-elle surtout utile et sauva la République?

Les revenus des mines étaient-ils perçus souvent?

Combien de sortes de guerres?

Que fit Thémistocle dans les circonstances difficiles où se trouvait sa patrie?

Prenait-il part, en ce moment critique, à toutes les décisions?

Ne négligeait-il pas alors les affaires privées?

Quis Deus, Delphis, dicit responsa per os Pythiæ?

Que firent les Athéniens d'après le conseil de Thémistocle?

Que transportent-ils à Salamine et à Trezène?

A quelles personnes laissent-ils la citadelle?

A quelles personnes laissent-ils le soin des temples?

Pourquoi ne transportent-ils pas les vieillards à Salamine?

Que font-ils du reste de la ville?

Phrases à traduire en latin.

Le dieu Apollon ne fut pas touché des plaintes des Athéniens.

Les Athéniens transportent à Trezène les richesses, les ceintures et les objets précieux.

Les Athéniens envoyèrent à Delphes des vieillards et les Prêtres les plus âgés.

Ils abandonnent leur ville, mais ils ne livrent pas leurs vaisseaux à Xerxès.

Thémistocle expliquait aisément les oracles de la Pythie.

Lorsque personne n'y comprenait rien, Thémistocle trouvait promptement la portée de l'oracle.

Thémistocle persuada que des vaisseaux à trois rangs de rames étaient les murailles de bois signifiées par le Dieu.

Les citadelles sont sur terre les murailles les plus sûres; et sur mer ce sont les vaisseaux.

Les temples doivent toujours être soignés par des prêtres.

Xerxès se réjouissant commença à rendre grâces aux Athéniens de ce qu'ils lui avaient livré leur ville.

Mais si Xerxès qui a douze cents vaisseaux arrive, le salut des Athéniens sera bien exposé.

Sur ces entrefaites, Xerxès revient de la ville et aperçoit la flotte des Athéniens.

EXERCICES

SUR LE VERBE *SUM*.

Il aura été philosophe. — Nous aurons été pères de famille. — Vous aviez été puissants. — Tu serais puissant. — Que tu fusses brigand. — Nous étions citoyens. — Sois prompt. — Qu'ils eussent été insensés. — Ils auraient été suspects. — Ils ont été timides. — Tu seras brave. — Vous serez vainqueurs. — Qu'ils fussent déshérités. — Avoir été de haute naissance. — Les fantassins sont vaincus par les cavaliers. — Que j'aie été chargé. — Il aurait été tranquille. — Vous avez été effrayés. — Je crois l'âme avoir dû être paisible. — Que vous ayez été condamnés. — Nous fûmes savans. — Que vous soyez méchans. — Simonide devant être célèbre. — Cette citoyenne devant être un jour épouse. — Nous serions des calomniateurs. — Tu fus plus curieux que moi. — Il jugeait Thémistocle devoir être prêteur.

Dérivés.

Avénement. — Mission, missionnaire. — Consulter, consultation. — Réponse. — Intelligence. — Conseil. Mur. — Ligneux. — Approbation, approuvé. — Addition. — Supérieur. — Motion. — Partie. — Porter, transporter. — Sacerdoce. — Sacré. — Procuration, etc.

21e LEÇON.

Texte à traduire.

Hujus consilium plerisque civitatibus	De celui-ci le conseil à plusieurs cités
displicebat; et in terrâ dimicari	déplaisait; et sur terre être combattu
magis placebat. Itaque missi sunt	davantage plaisait. C'est pourquoi furent envoyés
delecti cum Leonidâ rege Lacedæmoniorum,	des (hommes) d'élite avec Léonidas roi des Lacédémoniens,
qui Thermopylas occuparent, longiùsque	qui les Thermopyles occuperaient, et plus loin
barbaros progredi non paterentur.	les barbares s'avancer ne souffriraient pas.
Hi vim hostium non sustinuerunt,	Ceux-ci le choc des ennemis ne soutinrent pas,
eoque loco omnes interierunt.	et (en) ce lieu tous périrent.
At classis communis Græciæ	Mais la flotte commune de la Grèce
trecentarum navium, in quâ	de 300 vaisseaux, dans laquelle
ducentæ erant Atheniensium, primùm	200 étaient des Athéniens, d'abord,
apud Artemisium, inter Eubœam	auprès d'Artémisium, entre l'Eubée
continentemque terram, cum classiariis	et la continente terre, avec les marins
regis conflixit: Themistocles enim	du roi se battit : car Thémistocle
angustias quærebat, ne circumiretur	les détroits cherchait, afin qu'il ne fût enveloppé
multitudine. Hinc etsi prælio pari	par la multitude. De là quoique (après) un combat égal
discesserant, tamen non ausi sunt	ils s'étaient retirés, cependant ils n'osèrent
manere eodem loco, quòd periculum	rester (dans) le même lieu, parce que danger
erat ne premerentur periculo ancipiti,	était qu'ils ne fussent accablés par un péril double,
si pars navium adversariorum	si une partie des vaisseaux des adversaires
superasset Eubœam. Quo factum est	eût franchi l'Eubée. (Par) cela il fut fait

ut discederent ab Artemisio,	qu'ils se retirèrent d'Artémisium,
et adversùm Athenas, apud Salamina	et en face d'Athènes, auprès de Salamine
classem suam constituerent. *	leur flotte établirent.

Questions.

La flotte des Grecs resta-t-elle dans le détroit de l'Eubée après un premier engagement?

Quel danger avaient-ils à redouter en y restant?

Dans quel cas le danger pouvait-il devenir double pour eux?

Quel avait été le résultat du premier engagement?

De combien de vaisseaux se composait la flotte entière des Grecs?

Quelle flotte comptait cent vaisseaux?

Et la flotte de Xerxès de combien de vaisseaux de guerre se composait-elle?

Qu'avait donc à craindre Thémistocle d'une si grande quantité de vaisseaux?

Quel fut le parti que prirent les Grecs pour éviter d'être entourés?

D'où les Grecs se retirèrent-ils?

Où se placèrent-ils?

Où est Salamine?

Quid Eubæa?

Quel pays est en face l'île d'Eubée?

Que devinrent les Lacédémoniens aux Thermopyles?

Pourquoi périrent-ils?

Quel était le rang de Léonidas?

Qu'étaient les Thermopyles?

Pourquoi Léonidas fut-il envoyé aux Thermopyles avec ses Spartiates?

Le conseil de Thémistocle de se confier aux vaisseaux fut-il goûté de toutes les villes grecques?

Avec quel argent les Athéniens avaient-ils fait construire leurs premiers vaisseaux?

Jugeant que cent vaisseaux étaient insuffisans, que font les Athéniens?

---

* Conjuguez : Placeo, es, cui, citum, cere.—Displiceo, es, cui, citum, cere, composé de δυς et de *placere*.—

Phrases à traduire en latin.

Xerxès qui convoite la flotte des Athéniens, perd avec justice sa propre flotte.

Après le premier combat, Thémistocle commença à rendre grâces aux Dieux.

Xerxès nia que sa flotte fût proche de celle des Athéniens.

Dans la citadelle les prêtres ne soutinrent pas le choc des ennemis.

Xerxès apportant la guerre à toute l'Europe, ne put se rassasier de carnage.

Xerxès ayant jugé que la Grèce entière ne pouvait être éteinte, étouffée sans un grand effort, vient avec des forces si grandes qu'auparavant ni depuis personne n'en vit jamais.

Au milieu du carnage et des embuscades, un soldat de marine conseillait à Xerxès de fuir afin que ses vaisseaux ne pussent être pris.

Les soldats de marine abandonnèrent les vaisseaux et n'osèrent pas s'avancer plus loin.

Thémistocle devenu préteur et vainqueur ne fut pas plus fier.

Dans la guerre de Perse, la République était devant être souvent prise en main par Thémistocle.

L'audace impudente de Xerxès fut trompée dans son espoir.

Après que Thémistocle en poursuivant les pirates se fut enrichi par la guerre, il voulut retourner dans sa patrie.

A Athènes il y a beaucoup de ressources pour la vie.

Missi sunt, *quid?*—Deligo, is, exi, ectum. Delecti, *quid?* —Déclinez: Rex, regis.—Occupo, as, avi, atum, are : Occuparent, *quid?* — Progredi, ior, ieris, progressus sum, etc.—Pati, patior, passus sum : *Patiens* injuriæ. —Sustineo, es, ui, entum, inere.—Intereo, is, ii, itum, ire.—Confligo, is, ixi, ictum, igere.—Quærebat, *quid?* —Circum*iretur*, quid? Décomposez.—Audeo, es, ausus sum, audeam et ausim, *que j'ose.* Delà *audax*.— Superare, o, as, avi, atum ; *Superâsset*, pour super*avisset*, quid?—Anceps, ancipitis, de *caput*, tête, qui a deux têtes, double.—Premo, is, ssi, ssum, mere : de ce verbe on a formé les composés : opprimere, *presser contre*, comprimere, *étouffer*; exprimere, reprimere, supprimere, etc., verbes que nous avons également en français. — Discedo, i, ssi, sum, dere. — *Quid* discesserant, discederent?— Constituo, is, tui, tutum, ere, etc.

Dérivés.

Plaire. — Déplaire. — Cité. — Terre. — Élite. — Occuper, occupation. — Barbare. — Progrès. — Pâtir, patient, patience. — Soutenir. — Local. — Classe. — Commun, e; communauté. — Conflit. — Questeur. — Multitude. — Oser. — Opprimer, réprimer, etc. — Constituer, constitution, etc., etc.

22e LEÇON.*

Texte à traduire.

At Xerxes, Thermopylis expugnatis,	Mais Xerxès, les Thermopyles ayant été forcées,
protinùs accessit astu;	aussitôt s'avança (vers) la ville;
idque delevit incendio, nullis defendentibus,	et la détruisit par incendie; aucun (la) défendant,
et sacerdotibus quos in arce invenerat	et les prêtres que dans la citadelle il avait trouvés
interfectis. Cujus flammâ perterriti	ayant été tués. De celle-ci (par) la flamme effrayés
classiarii, cùm manere non auderent,	les marins, comme rester ils n'osaient,
et plurimi hortarentur ut discederent	et (que) plusieurs exhortaient afin qu'ils se retirassent
quisque domos suas, mœnibusque	chacun (dans) leurs maisons, et (dans leurs) murailles
se defenderent, Themistocles unus restitit,	se défendissent, Thémistocle seul résista,
et aiebat universos posse esse pares hostibus,	et disait tous ensemble pouvoir être égaux aux ennemis,
testabatur dispersos esse perituros.	il attestait dispersés être devant périr.
Idque Eurybiadi regi Lacedæmoniorum,	Et cela à Eurybiade roi des Lacédémoniens,
qui tùm summæ imperii præerat,	qui alors à la plus élevée (partie) du commandement présidait,
fore affirmabat.	devoir être il affirmait.
Quem cùm moveret minùs quàm vellet,	Celui-ci comme il touchait moins qu'il voulait,
misit ad regem	il envoya au roi
noctu quem habuit fidelissimum	de nuit celui qu'il eût le plus fidèle
de suis servis, ut ei nuntiaret	de ses esclaves, afin qu'à lui il annonçât
suis verbis	(d'après) ses paroles :
« adversarios ejus esse in fugâ :	« les adversaires de lui être en fuite :
si qui discessissent,	si eux s'étaient retirés,
eum confecturum bellum cum labore majore et tempore	lui devoir terminer la guerre avec un travail plus grand et un temps
longinquiore, cùm cogeretur consectari singulos : quos si statim aggrederetur,	plus long, lorsqu'il serait forcé de poursuivre les uns après les autres : eux si aussitôt il attaquait,
brevi oppressurum universos. »	bientôt devoir accabler tous ensemble. »
hoc eò valebat, ut ingratiis	Ceci à cela tendait, afin que malgré eux
ad depugnandum omnes cogerentur.	à combattre tous fussent forcés.
Hâc re auditâ, barbarus credens	Cette chose ayant été apprise, le barbare croyant
nihil doli subesse, postridiè	rien de ruse être dessous, le lendemain
conflixit loco sibi alienissimo,	en vint aux mains (dans) un lieu à soi très désavantageux,
contrà opportunissimo hostibus,	au contraire très favorable à (ses) ennemis,
mari adeò angusto, ut multitudo	(dans) une mer tellement étroite, que la multitude
navium ejus non potuit explicari.	des vaisseaux de lui ne put être développée.
Victus ergo est magis consilio	Vaincu donc il fut plus (par) le conseil
Themistoclis, quàm armis Græciæ.	de Thémistocle que (par) les armes de la Grèce.

Questions.

Après quelle victoire Xerxès s'approcha-t-il d'Athènes?

---

* Conjuguez : Expugno, as, avi, atum, are. — Accedo, is, accessi, accessum, accedere. — *Astu*, est indéclin. — Defendo, is, di, sum, dere. — Interficio, is, eci, ectum, icere. — Invenio, is, eni, entum, ire. — Deleo, es, evi, etum, ere. — Terrere, eo, es, ui, itum. — Hortari, or, aris, atus sum, etc., verbe déponent de la 1re conjugaison. — Discedere, o, is, ssi, ssum. — Resisto, is, restiti, restitum, resistere. — Voyez 2e partie la conjugaison irrégulière de *aio*, p. 35. — Testari, or, aris, atus sum, — Præsum, es, fui, esse. — Affirmo, as, avi, atum, are. — Domus, ûs, f. (δέμω, bâtir). Sa déclinaison est irrégulière ; gén. *domûs*, et toujours *domi* à la question *ubi*; dat. *domui*; acc. *domum*; voc. *domus*; abl. *domo*, *domu* dans Plaute. Nom. et voc. pl. *domus*; gén. *domorum* ou *domuum*; dat. et abl. *domibus*; acc.

Après avoir forcé les Thermopyles que fit Xerxès?

Comment ruina-t-il la ville?

Comment était-il parvenu à s'en rendre maître?

Que fit-il des prêtres qui s'y trouvaient?

Quels prêtres massacra Xerxès?

Que devinrent les marins à l'aspect de l'incendie?

A quoi s'opposa Thémistocle?

Quelle était l'opinion de Thémistocle dans cette circonstance?

A qui Thémistocle donnait-il particulièrement cette assurance?

Quel était alors le rang d'Eurybiade?

Quel homme Thémistocle envoya-t-il à Xerxès?

Dans quel moment le fit-il partir?

Quelle nouvelle cet esclave devait-il porter à Xerxès?

Dans quel cas, suivant Thémistocle, la guerre devait-elle être traînée en longueur et terminée avec plus de peine?

Pourquoi la guerre devait-elle être alors plus longue?

Et comment Xerxès pouvait-il, suivant le messager, accabler tous les Grecs d'un seul coup?

A quoi tendait ce faux message?

Xerxès donna-t-il dans le piège?

Dans quel endroit livra-t-il le combat?

Pourquoi ce lieu lui était-il défavorable?

Quel fut le résultat du combat?

Comment Xerxès fut-il vaincu en cette circonstance?

Phrases à traduire en latin.

Principatus est summa imperii. Traduisez.

Thémistocle commande à la flotte des Athéniens.

Un esclave est donnant ses soins (servant) à son maître.

La vétusté de la flotte mit en pièces les vaisseaux au milieu de la mer.

Comme Thémistocle touchait ses parens moins qu'il ne le voulait, il prit une épouse et le commandement des Athéniens.

Un citoyen d'Athènes affirmait que Thémistocle serait vainqueur.

Les noces de Néocle avaient été pompeuses.

Plusieurs choses sont à craindre aux prêtres défendant la citadelle.

Comme un grand nombre de prêtres avaient exhorté les citoyens à défendre les murailles de la ville, le préteur seul leur avait resisté.

Un voleur avait trouvé dans une certaine maison un objet précieux.

Un maître libéral envoya à des parens un grand nombre d'esclaves.

Tous ensemble les Athéniens ne sont pas égaux aux forces de Xerxès.

Thémistocle était plus actif que Xerxès.

Une flotte est une ville dont les murailles sont de bois.

Thémistocle persuada aux prêtres de se fortifier dans la citadelle.

Dans une guerre, les choses futures ne sont pas devant être facilement imaginées.

Un vaisseau de transport est un vaisseau qui porte les fardeaux, les bagages.

Les vaisseaux de transport sont chargés de bagages et de paniers avec de l'argent.

Thémistocle porte la tête haute dans le combat.

Les Athéniens au milieu du carnage blessent Xerxès.

Les pirates pillent les vaisseaux athéniens.

Pour fuir la mort qui le menaçait, Xerxès gagna une forteresse voisine.

Les prêtres eux-mêmes sont plus anciens par la naissance.

La mort des prêtres et des anciens est imminente.

Thémistocle et tous les Athéniens sont des hommes rusés.

Thémistocle fut plus rusé que Xerxès, car Thémistocle est le plus rusé des Grecs.

Xerxès vaincu sur mer se mit à parcourir les villes de l'Asie.

Xerxès était très grand admirateur des lettres grecques.

---

domos ou *domus*. Maison, habitation, logis, logement, bâtiment. *Domi* ou *in domo*.

Conjugaison irrég. de *Volo*, 2e partie, p. 33. — Moveo, es, vi, tum, vere. — Conficio, is, eci, ectum, icere. — Cogo, is, egi, actum, gere. — Aggredior, iris, aggressus sum, diri. — Opprimo, is, oppressi, oppressum, opprimere. — Valeo, es, ui, itum, ere. — Credo, is, didi, ditum, dere. — Confligo, is, ixi, ictum, gere. — Explico, as, avi, atum, are — Vinco, is, vici, ictum, vincere, etc. Locus, i; au pluriel on dit *loci* et *loca*.

Dérivés.

Défendre, défense, etc. — Inventeur, invention. — Incendie. — Flamme. — Exhorter. — Domestique. — Résister. — Universelle, univers. — Pairs. — Dispersion, dispersés. — Empire. — Émouvoir, émotion. — Serviteur. — Annoncer. — Verbe. — Adversaires. — Fugue. — Temps. — Belliqueux. — Aggression, aggresseur. — Oppresseur, opprimer. — Conflit. — *Expliquer*, développer. — Conseil. — Armes, etc.

23e LEÇON.

Texte à traduire.

Hic etsi malè rem gesserat,	Celui-ci quoique mal la chose il eût faite,
tamen tantas habebat reliquias copiarum,	cependant de si grands il avait restes de (ses) troupes,
ut etiam cum his opprimere posset	que encore avec eux accabler il pouvait
hostes. Interim ab eodem	les ennemis. Cependant par le même (homme)
gradu depulsus est.	de (son) poste il fut chassé.
Nam Themistocles verens ne bellare perseveraret,	Car Thémistocle appréhendant qu'à faire la guerre il ne persévérât,
fecit eum certiorem, id agi,	fit lui plus assuré, cela être agité,
ut pons quem ille fecerat	que le pont que lui avait fait
in Hellesponte, dissolveretur,	sur l'Hellespont, serait rompu,
ac excluderetur reditu in Asiam :	et qu'il serait exclus du retour en Asie :
idque ei persuasit.	et cela à lui persuada.
Itaque	C'est pourquoi
Xerxes reversus est in Asiam,	Xerxès retourna en Asie,
minus triginta diebus, eâdem	(en) moins de trente jours, par la même (voie)
quâ iter fecerat sex mensibus :	(par) laquelle il avait fait route en six mois :
seque judicavit non superatum,	et se jugea non vaincu,
sed conservatum à Themistocle.	mais sauvé par Thémistocle.
Sic prudentiâ unius viri	Ainsi (par) la prudence d'un seul homme
Græcia liberata est :	la Grèce fut délivrée :
Asiaque	et l'Asie
succubuit Europæ.	céda à l'Europe.
Hæc altera victoria (est ea) quæ possit comparari	Cette autre victoire (est telle) qu'elle peut être comparée
cum tropæo Marathonio : nam	avec le trophée de Marathon : car
classis maxima, post memoriam hominum,	la flotte la plus grande, de mémoire d'hommes,
est devicta pari modo apud Salamina	fut vaincue de semblable manière auprès de Salamine,
parvo numero navium. (*)	(par) un petit nombre de vaisseaux.

Questions.

Après la défaite de Salamine ne restait-il pas encore à Xerxès des forces considérables?

D'où fut chassé Xerxès?

Par qui Xerxès fut-il chassé de son poste?

Qui chassa Xerxès? Quel roi Thémistocle chassa-t-il?

Avec le reste de ses forces que pouvait encore Xerxès?

Que craignait Thémistocle?

Quelle fausse communication Thémistocle fit-il faire à Xerxès?

Dans quel but ce pont, suivant Thémistocle, devait-il être détruit?

Réussit-il à faire croire à Xerxès la sincérité de cet avis?

Que fit Xerxès à cette nouvelle?

Combien mit-il de temps, cette fois, à faire ce trajet?

En combien de temps avait-il fait ce chemin en venant?

Quelle était alors l'opinion de Xerxès à l'égard de Thémistocle?

Par qui la Grèce fut-elle sauvée dans cette invasion?

Qui l'emporta de l'Europe ou de l'Asie?

---

* *Conjuguez* gero, is, ssi, stum, rere. — *Déclinez* reliquiæ, arum; depellere, o, is, uli, ulsum. — Vereor, eris, etc. — Facere aliquem certiorem, *informer quelqu'un.* — Dissolveretur, *quid?* — Excludo, is, si, sum, dere, *quid* excluderetur? — Reditus, ûs. — Persuadeo, es, si, sum, dere. — Reverti, or, eris, versus sum. — Succubuit, *parfait* de succumbo, is, ere. — Devicta *de devincere* qui se conjugue comme *vincere.*

Étudiez 2e partie, la Revue syntaxique des textes.

Quelle avait été la victoire des Grecs, lors de la première invasion des Perses?

Où avait été livré ce combat? Sur mer, ou sur terre ?

Comment Népos appelle-t-il la victoire de Marathon?

Où fut livrée la seconde bataille, celle qui se donna sur mer?

Pourquoi Thémistocle avait-il choisi ce lieu?

Avec quelles forces du côté des Grecs cette victoire fut-elle remportée?

Que vit-on à Salamine?

Phrases à traduire en latin.

Les débris de l'armée de Xerxès étaient plus considérables que les forces entières de la Grèce.

Xerxès craignant que le pont qu'il avait construit sur l'Hellespont ne fût détruit, voulut retourner et retourna en Asie.

Son armée de terre avait mis six mois à faire la route.

Xerxès ayant reconnu qu'il avait été vaincu par Thémistocle, non seulement dans la présente bataille mais encore pour le reste du temps, niait avoir été sauvé par lui.

Le nombre des navires de Xerxès est excessif.

Les débris de l'armée de terre étaient si considérables que Xerxès pouvait avec ces forces abattre l'armée des Athéniens, mais il ne la détruisit pas. Il s'échappa promptement de l'Europe.

N'informez pas Xerxès que cela est agité.

Le pont que Xerxès avait fait sur l'Hellespont était de bois.

La ville d'Athènes, la ville conservée par Thémistocle fut ingrate et l'expulsa de ses murs.

Les Athéniens n'étaient pas égaux en nombre aux Perses ni dans la bataille de Marathon, ni dans la bataille de Salamine.

Cette si grande flotte des Perses fut vaincue à Salamine par le petit nombre des vaisseaux athéniens.

De mémoire d'homme, la Grèce n'avait vu des forces si nombreuses que celles de Xerxès à Salamine.

Thémistocle n'a pas son pareil parmi les généraux grecs.

Dérivés.

Gérant, gérer.— Mal.— Relique.—Expulser.—Persévérer.—Pont.—Dissoudre.— Exclure.— Mensuel.— Conserver.— Prudence.— Libérer.— Succomber.— Victoire.— Aultre, autre.— Comparer.— Trophée.— Numération, numériquement.— Mémoire, etc, etc.

24e LEÇON.

Texte à traduire.

Magnus in bello Themistocles fuit,	Grand dans la guerre Thémistocle fut,
nec minor in pace.	ni moindre dans la paix.
Cùm enim Athenienses uterentur	Comme car les Athéniens se servaient
Phalereo portu, neque magno neque bono,	du Phaléréen port, ni grand ni bon,
hujus consilio triplex portus Piræi	de celui-ci par le conseil le triple port du Pirée
constitutus est : isque mœnibus circumdatus	fut établi : et celui-là de murailles (fut) entouré
ut æquipararet ipsam urbem dignitate,	afin qu'il égalât elle-même la ville en dignité,
et superaret eam utilitate.	et surpassât elle (en) utilité.
Idemque restituit muros Atheniensium	Le même (Thémistocle) rétablit les murs des Athéniens
suo periculo præcipuo.	à son péril principal.
Namque Lacedæmonii nacti causam idoneam,	Car les Lacédémoniens ayant trouvé une raison apparente,
propter excursiones Barbarorum,	à cause des excursions des Barbares,
quâ negârunt ullam urbem oportere	par laquelle ils nièrent aucune ville falloir
haberi extrà Peloponnesum, ne	être eue hors le Péloponèse, de peur que
loca munita essent, quæ hostes possiderent,	des lieux fortifiés fussent, lesquels les ennemis posséderaient,
conati sunt prohibere Athenienses ædificantes.	s'efforcèrent d'empêcher les Athéniens bâtissant.
Hoc spectabat	Ceci tendait
longè aliò atque volebant videri.	bien ailleurs qu'ils voulaient paraître (tendre).
Athenienses enim duabus victoriis	Car les Athéniens par les deux victoires
Marathoniâ et Salaminiâ, erant	de Marathon et de Salamine, étaient

consecuti tantam gloriam apud	ayant acquis une si grande gloire auprès de
omnes gentes, ut Lacedæmonii intelligerent	toutes les nations, que les Lacédémoniens comprenaient
certamen de principatu fore sibi	la lutte au sujet du commandement devoir être à eux-mêmes
cum his : quarè eos quàm infirmissimos	avec ceux-ci : c'est pourquoi eux les plus faibles que (possible)
esse volebant. Postquàm audierunt	être ils voulaient. Après qu'ils eurent appris
muros instrui, miserunt legatos	des murs être construits, ils envoyèrent des députés
Athenas, qui id fieri vetarent.	à Athènes, qui cela être fait défendissent.
His præsentibus Athenienses desierunt	Ceux-ci présents, les Athéniens cessèrent
ac dixerunt se esse missuros ad eos	et dirent eux être devant envoyer à eux
legatos de eâ re. Themistocles	des députés sur cette chose. Thémistocle
suscepit hanc legationem ; et profectus est	entreprit cette ambassade; et partit
primò solus : præcepit ut reliqui legati	d'abord seul : il recommanda que les restans envoyés
tùm exirent, cùm altitudo muri	alors sortissent, lorsque la hauteur du mur
videretur satis exstructa : interim	paraîtrait assez élevée ; (que) pendant ce temps-là
omnes servi atque liberi opus facerent,	tous les esclaves et tous les hommes libres l'ouvrage fissent,
neque ulli loco parcerent, sive sacer esset,	et à aucun lieu n'épargnassent, soit que sacré il fût,
sive profanus, sive privatus, sive publicus ;	soit profane, soit privé, soit public :
et congererent undiquè quod putarent	et qu'ils amassassent de tous côtés ce qu'ils penseraient
idoneum ad muniendum	propre pour fortifier.
Quo factum est ut muri Atheniensium	Par cela il fut fait que les murs des Athéniens
ex sacellis sepulcrisque constarent. *	de chapelles et de sépulcres étaient composés.

Questions.

Thémistocle fut-il aussi grand dans la paix que dans la guerre?

De quel port se servaient les Athéniens dans les premiers temps?

Ce port était-il commode?

Comment le port de Phalère fut-il remplacé?

A l'instigation de qui le Pyrée fut-il construit?

Comment ce port fut-il entouré?

Pourquoi Thémistocle le fit-il entourer de murailles?

Quelle construction ordonna Thémistocle au péril de sa tête?

Qui s'opposa à la construction des murs du Pyrée?

Sous quel prétexte?

Cette raison était-elle la véritable?

Pourquoi les Lacédémoniens s'opposaient ils réellement à la construction de forts?

Qu'entreprirent-ils donc à l'égard des Athéniens?

A quoi tendait la défense que les Lacédémoniens fesaient aux Athéniens de relever leurs murailles?

---

* *Minor*, comparatif de *parvus*; *minimus* en est le superlatif.—Pax, pacis.—Portus, ûs, fait à l'ablatif et au datif pluriel *portubus*.—Uti, utor, eris, usus sum, verbe déponent de la 3e conjugaison. Voir cette sorte de verbes, 2e partie.—Triplex, m., f. et n.; gén., triplicis. — Æquiparo, as, avi, atum, are. — Supero, as, avi, atum, are. — Nanciscor, eris, nactus sum, nancisci, *trouver, rencontrer*. Verbe déponent.—*Oportere*, voir sa conjugaison irrégulière, page 36, 2e partie.—Habeo, es, ui, itum, ere.—Nous avons vu que *locus* fait au pluriel *loci*, masculin ; et *loca*, neutre.—Possidere, eo, es, sedi, sessum, *racine* possum.—Prohibeo, es, ui, itum, ere.—Conari, conor, atus sum, *tâcher, s'efforcer*. —De *species*, forme, apparence : specto, as, avi, atum, are ; spectaculum, spectrum, speculum ; aspicere, *voir;* conspicere, prospicere, despicere, respicere, suspicere, etc., etc. — Videri, videor, sus sum, etc., *être vu*, *paraître, sembler*.— Gens, entis, *nation, race*. —Intelligo, gis, lexi, ectum, igere.—Certamen, inis, neutre.—Fieri. Voir la conjugaison de *fio*, verbes irréguliers, 2e partie, page 30.— Suscipere, io, is, cepi, ceptum, *entreprendre*.—Proficiscor, eris, fectus sum, ficisci, *partir*. Déponent. — Exstruo, is, uxi, uctum, uere.—Congero, is, essi, estum, erere.—Consto, as, titi, statum et stitum, stare.

Comment les Athéniens s'étaient-ils acquis une si grande réputation chez tous les peuples de la Grèce?

Quels furent les résultats de ces deux victoires pour la réputation des Athéniens?

Que produisit cette renommée sur l'esprit des Lacédémoniens?

Que se proposaient donc les Lacédémoniens?

N'envoyèrent-ils pas des ambassadeurs à Athènes, et quand les envoyèrent-ils?

Dans quel but envoyèrent-ils ces ambassadeurs?

Les Athéniens suspendirent-ils les travaux?

Que dirent les Athéniens à ces envoyés?

Qui se chargea de l'ambassade?

Rappelez quelle était la capacité de Thémistocle en affaires?

Que fit donc Thémistocle dans cette circonstance embarrassante?

Attendit-il pour partir les autres envoyés?

Que leur recommanda-t-il en partant?

Quelle autre recommandation fit-il encore?

Et pour activer cette construction que leur enjoignit Thémistocle?

Comment et avec quels matériaux les Athéniens bâtirent-ils leurs murailles?

Phrases à traduire en latin.

Thémistocle entourait la ville à ses risques et périls de murailles élevées.

Le port triple du Pyrée égalait la ville en dignité et la surpassait en utilité.

Le port de Phalère n'était ni grand ni bon.

Le port triple du Pyrée est meilleur que le port de Phalère.

Dans la paix Thémistocle trouvait le parti qu'il fallait prendre, et dans la guerre il était prompt à exécuter les résolutions.

Sous la préture de Thémistocle les Athéniens ne furent pas vaincus par Xerxès.

Le conseil de Thémistocle sauva (fut à salut à) toute la Grèce.

Une ville de guerre est toujours entourée de murailles et de fossés.

Xerxès détruisit la ville par l'incendie, Thémistocle la rétablit de ses propres deniers.

Thémistocle surpassa Xerxès en dignité.

Xerxès, ses forces étant vaincues, put être rassasié de guerre.

Un certain habitant du Péloponnèse soutenait qu'aucune ville ne devait être élevée hors du Péloponnèse.

A cause des invasions des barbares, les lieux fortifiés offrent le plus de sûreté (sont les plus sûrs); ils sont les moins exposés à danger.

Eurybiade craignant qu'avec ses deux cents vaisseaux Thémistocle ne voulût opprimer le reste de la Grèce, assurait que celui-ci périrait dans la lutte.

Le conseil de Thémistocle déplaisait surtout à Eurybiade qui avait alors le pouvoir suprême.

Les chiens s'efforcèrent d'atteindre le cerf.

Un lieu étroit n'est pas favorable à une multitude de vaisseaux qui ne peuvent être alors développés.

EXERCICES

SUR QUELQUES VERBES.

Interroger le juge. — Je porte le tableau. — Tu racontes une fable. — Il s'empare de la citadelle. — Nous méditons un dessein. — Vous chargez trop les mulets. — Ils entraînent beaucoup d'hommes à leur perte. — Démontrez cette proposition.

Simonide transportant son fils à Salamine. — Je transportais les objets précieux. — Tu portais ton tableau. — Il racontait une fable. — Nous nous emparions de la citadelle. — Vous méditiez un dessein. — Ils chargeaient trop les mulets. — Je combattrai de nuit. — Tu déshériteras ton fils. — Il développera son armée. — Nous entraînerons les jeunes gens à leur perte.

Vous pourvoirez cet homme d'habits. — Ils condamneront l'âne. — J'aurai affirmé ce propos. — Tu auras excité le mulet. — Il aura condamné la brebis. — Nous aurons délibéré. — Vous aurez chargé le mulet. — Ils auront tenté le combat.

J'ai surpassé Xerxès. — Tu as cité le loup. — Elle interrogea ses petits. — Nous avons interrogé les témoins. — Vous avez délibéré dans l'assemblée. — Ils ont essayé le combat. — J'avais affirmé cela. — Tu avais dépouillé les temples. — Il avait nié cela. — Nous avions rassasié Aristippe. — Vous aviez demandé l'avis de quelqu'un *.

* L'élève doit se composer de semblables exercices avec des verbes de toutes conjugaisons.

Dérivés.

Charle*magne*.—Port.—Bon.—Usage, user.—Triple.—Dignité.—Utilité.—Surpasser—Murs.—Restitution.—Cause.—Nantir.—Excursion, incursion.—Posséder.—Édifice.—Prohiber, prohibition.—Gens.—Intelligence.—Infirme, infirmité.—Instruction.—Légat, légation, légataire, legs.—Mission, missionnaire.—Présent.—Solo.—Premièrement.—Altesse.—Précepte, précepteur.—Serf, service, servitude.—Libre.—Épargner.—Sacré.—Profane.—Public.—Privé, privation.—Réputation.—Congestion.—Sépulcre.—Consister.—Intérim, etc., etc.

25e LEÇON.

Texte à traduire.

Themistocles autem, ut Lacedæmonem venit, adire ad magistratus noluit,	Mais Thémistocle, dès que à Lacédémone il fut venu, aller vers les magistrats ne voulut pas,
et dedit operam ut duceret tempus quàm longissimè, interponens causam	et donna (son) soin afin qu'il traînât le temps le plus longuement que (possible), interposant le prétexte
se exspectare collegas.	soi attendre des collègues.
Cùm Lacedæmonii quererentur opus nihilominus fieri,	Comme les Lacédémoniens se plaignaient l'ouvrage néanmoins être fait,
eumque eâ re conari fallere,	et lui (sur) cette chose s'efforcer de tromper,
interim reliqui legati sunt consecuti.	pendant ce temps-là les députés qui restaient rejoignirent.
Themistocles cùm audisset ab illis non multùm munitionis superesse,	Thémistocle lorsqu'il eut appris d'eux non beaucoup de fortification rester,
accessit ad Ephoros Lacedæmoniorum	il se rendit vers les Ephores des Lacédémoniens,
penès quos erat summum imperium;	en la puissance desquels était le souverain pouvoir;
atque contendit apud eos,	et soutint auprès d'eux,
falsa his esse delata;	des (choses) fausses à eux avoir été rapportées;
quarè æquum esse, illos mittere	c'est pourquoi équitable être, eux envoyer
viros bonos nobilesque, quibus fides haberetur, qui rem explorarent;	des hommes bons et nobles, auxquels confiance serait ajoutée, qui la chose examineraient;
intereà se obsidem retinerent.	pendant ce temps-là lui (pour) otage qu'ils retinssent.
Gestus est ei mos; tresque legati,	Fut accordée à lui la condescendance; et trois députés,
functi summis honoribus, missi sunt	s'étant acquittés des plus élevés honneurs, furent envoyés
Athenas. Themistocles jussit collegas suos proficisci cum his:	à Athènes. Thémistocle ordonna ses collègues partir avec ceux-ci :
prædixitque eis, ut ne dimitterent	et dit d'avance à eux, qu'ils ne renvoyassent pas
legatos Lacedæmoniorum, priusquàm ipse esset remissus.	les députés des Lacédémoniens, avant que lui-même fût renvoyé.
Postquàm ratus est hos pervenisse Athenas, adiit ad magistratum senatumque Lacædemoniorum;	Après qu'il fut persuadé ceux-ci être arrivés à Athènes, il alla vers le magistrat et le sénat des Lacédémoniens;
et professus est liberrimè apud eos Athenienses suo consilio sepsisse	et avoua très librement auprès d'eux les Athéniens (d'après) son conseil avoir entouré
muris deos publicos suosque,	de murs les dieux publics et leurs,
patrios ac penates, quò possent	les (dieux) de la patrie et les pénates, afin qu'ils pussent
eos defendere faciliùs ab hoste,	les défendre plus facilement de l'ennemi,
quod possent facere jure communi gentium.	ce qu'ils pourraient faire (par) le droit commun des gens.
Eosque nec fecisse quod inutile esset Græciæ:	Et eux n'avoir pas fait ce qu'inutile serait à la Grèce :
nam urbem illorum, apud quam classis regia jam bis fecisset naufragium, esse oppositam	car la ville d'eux, auprès de laquelle la flotte royale déjà deux fois avait fait naufrage, être opposée
barbaris, ut propugnaculum.	aux barbares, comme un rempart.
Lacedæmonios autem malè et injustè	Les Lacédémoniens mal et injustement

facere, qui intuerentur potiùs	agir, qui considéraient plutôt
id quod esset utile dominationi	ce qui était utile à la domination
ipsorum, quàm quod (esset utile)	d'eux-mêmes, que ce qui était utile
universæ Græciæ.	à la toute entière Grèce.
Quarè	C'est pourquoi
si vellent recipere	s'ils voulaient recouvrer
suos legatos	leurs envoyés
quos Athenas miserant, (oportere ut)	qu'à Athènes ils avaient envoyés, (falloir que)
remitterent se, aliter nunquàm	ils renvoyassent lui, autrement jamais
Lacedæmonios esse recepturos	les Lacédémoniens être devant recevoir
illos in patriam *.	eux dans (leur) patrie.

QUESTIONS LATINES**.

Cujus civis Themistocles filius est?

Ex quâ regione fuit Neoclus?

Quæ fuerunt vitia Themistoclis vitam ineuntis?

Explica mihi quæ fuerint vitia adolescentiæ Themistocli vitam ineunti?

Ab initio semper ordiendum est. Ergo dic* mihi quis fuerit Neoclus pater Themistoclis?

Quo modo Themistoclis vitia adolescentiæ sunt emendata?

In omni re quo ordiendum est?

Quam uxorem duxit Neoclus?

Ex quâ uxore natus est Themistocles?

Quid passus est Themistocles quod liberiùs vixerit?

Cur est exhæredatus à patre Themistocles?

Cur Themistocles non probatus erat suis parentibus?

Nùm Themistocles exhæredatus à patre, liquit animum, desperavit de suis futuris?

Quo modo hæc contumelia (Themistocles exhæredatus à patre passus erat contumeliam) exstingui poterat?

Quo modo Themistocles delevit hanc contumeliam?

An tunc Themistocles serviebat amicis et famæ?

Num res major in Republicâ sinè eo gerebatur?

Quid est judicium privatum? Judicium privatum est sententia quam judex dicit non de publicis rebus, sed de privatis rebus, inter privatos cives.

Quid est contrà judicium publicum? Cùm de causâ publicâ judex sententiam dicit.

Præter judicia publica in quibus nulla res major sine eo gerebatur; præter privata judi-

* Conjuguez *venire, io, is, eni, entum.*—*Adire*, composé de *ire ad.*—*Nolo*, voir sa conjugaison aux verbes irrég., 2e partie, p. 34.— *Quàm*, devant un adverbe au superl., ajoute à la force de ce superl., comme en grec ὡς. — Interpono, is, sui, situm, nere. De même *opponere*, autre composé de *ponere*, placer.—Exspecto, as, avi, atum, are.—Queror, reris, questus sum, queri.—Fallo, is, fefelli, falsum, llere. — Consequi, or, eris, cutus sum. — *Delata*, participe passé passif neutre de *deferre*, composé de *ferre*. — Exploro, as, avi, atum, are. — Retineo, es, inui, entum, inere.— Fungor, eris, functus sum, fungi. Veut son complément à l'ablatif: *functi honoribus*. — Dimittere, remittere, *composés de* mitto, is, misi, missum, mittere.—Profiteor, eris, fessus sum, teri.— *Liberrimè.* Plusieurs adverbes ont un comparatif et un superlatif. Les adverbes formés d'un adjectif ont leur comparatif semblable au comparatif *neutre* de cet adjectif: tel est *validiùs* que nous avons vu. Ces adverbes ont leur superlatif semblable à celui de l'adjectif, seulement la finale est changée en *mè*. Liberrimus, liberrimè, de *liber*: sæpè, sæpius, sæpissimè: facilè, faciliùs, facillimè. —*Sepsisse*, parfait infinitif de sepio, is, psi, ptum, pire. —Defendo, is, di, sum, dere.—Intueor, eris, uitus sum, ueri.—Recipio, is, cepi, ceptum, cipere, comme *rursùs capere*.

** L'élève peut et doit répondre en latin aux questions suivantes.

En latin la manière d'indiquer l'interrogation consiste à mettre *an*, au commencement de la phrase, ou *ne* après le premier mot.

On répond *affirmativement* soit en répétant le *verbe* de la demande, soit au moyen d'un adverbe d'affirmation: *itâ, certo, sanè*, etc.

Num, est-ce-que, préjuge une réponse négative. La réponse négative s'exprime par un adverbe négatif: *non, minimè, nequaquàm*, etc.

La grammaire a les 8 questions suivantes:

Quis (qui)? *quid* (quoi)? *quò* (où 1)? *undè* (d'où)? *ubi* (où 2)? *cur* (pourquoi)? *quomodo* (comment)? *quandò* (quand)?

1 Parlant d'un autre lieu que celui où l'on est.

2 Le lieu où l'on est.

* Les verbes *dicere*, *ducere*, *facere*, *ferre*, font à l'impératif: *Dic*, *duc*, *fac*, *fer*.

cia in quibus Themistocles erat serviens amicis famæque, nùm Themistocles sæpè prodibat in concionem populi?

An Respublica tunc gerebat ullam rem, Themistocle absente, sine eo?

An Themistocles facilè reperiebat ea quæ opus erant?

Erat-ne Themistocles orator peritus?

Nùm Themistocles erat solùm promptus in excogitandis rebus?

Themistocles-ne reperiebat facilè, quùm devenisset in periculum, effugium hostium malo?

Quo modo de instantibus judicabat Themistocles?

Quo modo de futuris?

Quo factum est ut Themistocles brevi tempore illustraretur.

In quo bello, quæso, fuit Themistocli primus gradus reipublicæ capessendæ?

Ad bellum corcyræum gerendum, quâ dignitate exornatus est Themistocles?

Ad quod bellum gerendum, Themistocles factus est prætor à populo?

An solùm brevi tempore reddidit civitatem ferociorem Themistocles?

Quibus copiis Themistocles fregit Corcyræos?

Quùm animadvertisset Themistocles pecuniam publicam, hanc quæ ex metallis redibat quotannis, interire largitione magistratuum, quid egit?

Quos hostes, eâ classe, primùm fregit Themistocles?

Quo modo mare tutum reddidit?

Quibus auxiliis reddidit mare tutum?

Quid factum est hoc bello maritimo?

Dérivés.

Adition.— droit. — Œuvre. — Temps, temporel. — Longuement. — Exspectative. — Collègues. — Délateurs, délation.— Équité, équitable.—Noble, noblesse. — Explorer.— Retenir.— Prédire, prédiction.— Ratifier, ratification. — Parvenir. — Librement. — Profession. — Pénates. — Défendre. — Hostile, hostilité. — Droit des *gens*. — Inutile. — Opposé, opposition. — Injustement. — Intuition. — Domination. — Univers, universel, etc., etc.

26e LEÇON.

Texte à traduire.

Tamen Themistocles non effugit	Cependant Thémistocle n'évita pas
invidiam suorum civium.	la jalousie de ses concitoyens.
Namque ejectus è civitate	Car chassé de la ville
suffragiis testarum, ob eumdem*	par les suffrages des briques, à cause de la même
timorem quo damnatus erat Miltiades,	crainte (pour) laquelle avait été condamné Miltiade,
concessit habitatum Argos.	il se retira habiter Argos.
Hic, cùm propter multas ejus	Là, comme à cause des nombreuses de lui
virtutes, magnâ cum dignitate	vertus, grande avec dignité
viveret, Lacedæmonii miserunt	il vivait, les Lacédémoniens envoyèrent
legatos Athenas, qui eum absentem	des députés à Athènes, qui lui absent
accusarent, quòd fecisset societatem	accusèrent, de ce qu'il avait fait alliance
cum rege Persarum, ad Græciam	avec le roi des Perses, pour la Grèce
opprimendam. Hoc crimine absens	devant être opprimée. (Sur) cette accusation
proditionis est damnatus.	(pour cause) de trahison il fut condamné.
Id ut audivit, quòd non	Cela dès qu'il apprit, parce que ne pas
satis se tutum Argis videbat,	assez soi en sûreté à Argos il voyait,
Corcyram demigravit.	(à) Corcyre il passa.
Ibi	Là
cùm animadvertisset principes	comme il eût remarqué les principaux
ejus civitatis timere, ne propter se	de cette cité craindre, de peur qu'à cause de lui
his Lacedæmonii et	à ceux ci les Lacédémo-

* Suffragiis testarum, *le jugement de l'ostracisme*, ainsi appelé du mot grec ὀστρακὸς, *coquille*, *écaille*, parce qu'on écrivait sur une coquille le nom de celui qu'on voulait bannir, tandis que, dans le principe, on se servait pour cet usage de petits morceaux de briques (*testæ*), d'où *suffragia testarum*.

Athenienses indicerent	niens et les Athéniens déclarassent
bellum, confugit ad Admetum	la guerre, il se réfugia vers Admète
Molossorum regem, cum quo ei	des Molosses roi, avec lequel à lui
hospitium fuerat. Hûc quùm venisset,	hospitalité avait été. Là comme il fut venu,
et in præsentiâ rex abesset,	et (comme) pour le présent le roi était absent,
quò tueretur se receptum	afin qu'il protégeât lui reçu
majore religione, arripuit	avec une plus grande religion, il saisit
filiam ejus parvulam, et cum eâ	la fille de lui toute petite, et avec elle
se conjecit in sacrarium,	se jeta dans un sanctuaire,
quod colebatur summâ ceremoniâ.	lequel était honoré (avec) grande vénération.
Indè non priùs egressus est,	De là non *avant* il sortit,
quàm rex, dextrâ datâ, reciperet	*que* le roi, la droite ayant été donnée, le reçut
eum in fidem : quam præstitit.	en foi : laquelle il [lui] maintint.
Nam cùm ab Atheniensibus et	Car comme par les Athéniens et
Lacedæmoniis exposceretur publicè,	par les Lacédémoniens il était sollicité publiquement,
non prodidit supplicem;	il ne trahit point le suppliant,
monuitque ut consuleret sibi :	et l'avertit qu'il prît garde à lui :
difficile enim esse in tàm propinquo loco	car difficile être dans un si proche lieu
eum versari tutò. Itaque jussit	lui habiter sûrement. C'est pourquoi il ordonna
eum deduci Pydnam, et dedit	lui être conduit à Pydna, et donna
quod satis esset præsidii.	ce qui serait assez d'escorte.
Hâc re auditâ, hic ignotus omnibus	(Après) cette chose apprise, celui-ci inconnu à tous
ascendit in navem : quæ	monta dans un vaisseau : lequel
cùm ferretur Naxum tempestate maximâ,	comme il était porté à Naxos par une tempête très grande,
ubi tùm erat exercitus Atheniensium,	où alors était l'armée des Athéniens,
Themistocles sensit, si eò pervenisset	Thémistocle comprit, s'il arrrivait là
sibi esse pereundum.	à lui être à périr.
Hâc necessitate coactus, aperit	(Par) cette nécessité contraint, il découvre
domino navis quis sit, pollicens	au maître du navire qui il est, promettant
multa, si se conservasset.	beaucoup, si lui il conservait.
At ille captus misericordiâ	Mais celui-là touché (par) la compassion
clarissimi viri, tenuit navem	d'un très illustre homme, tint le vaisseau
diem noctemque in anchoris,	un jour et une nuit sur les ancres,
in salo, procùl ab insulâ,	dans la mer, loin de l'île,
neque passus est quemquam	et ne souffrit pas quelqu'un
exire ex eâ. Indè Ephesum	sortir de lui. De là à Éphèse
pervenit, ibique exponit Themistoclem,	il parvint, et là il débarque Thémistocle,
cui ille pro meritis gratiam	auquel celui-là pour (ses) services grâce
posteà retulit.	ensuite rendit.

Questions.

Quandò Xerxes accessit astu, id est, Athenas?

Quid factum est à Xerxe, quid statutum est ab eo de astu et de sacerdotibus quos ipse invenit in arce?

Quo modo delevit astu?

Quo modo occupavit arcem?

Quo casu sunt perterriti classiarii?

Quinam classiarii sunt perterriti?

Quid erat in animo classiariorum?

An Themistocles concessit voluntati, consilio, proposito classiariorum?

Quid aiebat Themistocles?

Quis erat tùm rex Lacedæmoniorum?

Nuper affirmabas, aiebas regem Lacedæmoniorum esse Leonidam, quid dicis nunc de hoc principatu ancipiti? Erant-ne Lacedæmoniis reges duo?

Quis tunc, intereà, inter hæc, præerat summæ imperii?

Quid affirmabat Eurybiadi Themistocles?

Quibus hostibus pares esse poterant Athenienses?

Nùm Themistocles id facilè persuasit Eurybiadi?

Quid igitur egit Themistocles ut omnes Graii etiam ingratiis ad depugnandum cogerentur?

Quid nuntiaturum Themistocles misit servum ad regem?

Quem servum ad regem misit Themistocles?

Ad quem regem misit servum Themistocles? Quò vadit noctu hic servus?

Consectando singulos Graios, Graios dispersos, ut ait Themistocles, quidnam futurum erat Xerxi?

Et contrà, quidnam erat futurum, si Xerxes aggrederetur statim Graios collectos?

Quò hæc verba Themistoclis valebant?

An Themistocles his verbis persuasit Xerxi depugnare, certare, dimicare, preliari?

Quo modo Xerxes credere potuit Themistocli; potuit fidem adhibere testimonio Themistoclis?

An Xerxes verissimè judicabat de instantibus?

Vidimus in Phædri fabellâ, repentè liberalem stultis esse gratum; occasione datâ Themistocles fuit gratus Xerxi, fuit ergà Xerxem repentè liberalis; ergo Xerxes non erat peritus; nam si peritus fuisset, si callidus, Themistocles non persuasisset Xerxi, non gratus fuisset ei, mittendo servum quem habebat fidelissimum. Nonne?

Phrases à traduire en latin.

Xerxès n'évita pas la crainte, mais il évita la mort. Chassé de la Grèce et de l'Europe, il se réfugia en Asie.

Admète, roi des Molosses, par crainte des Athéniens, nia avoir prêté l'hospitalité à Thémistocle.

Par jalousie, Miltiade, Aristide, Thémistocle furent condamnés par l'ostracisme.

Thémistocle se retira habiter une campagne voisine.

Thémistocle trompa l'audace impudente de Xerxès : mais ce roi ne fut pas pris dans le combat.

L'Éphore persuadé par Thémistocle, fit ce qu'il fut conseillé de faire et envoya pour ambassadeurs des hommes nobles et s'étant acquittés des fonctions les plus élevées.

Xerxès paya par la fuite la peine de son audace.

Qu'arrivera-t-il si Thémistocle dépouille [aura dépouillé] Xerxès, et s'il change [aura changé] le gouvernement.

La fortune qui a attribué à Xerxès des richesses et des forces si nombreuses, lui a ôté le sens commun.

Après que les Lacédémoniens eurent appris que les murs du Pyrée s'élevaient, ils dirent qu'ils enverraient des ambassadeurs qui s'opposeraient à cette construction.

Comme les Lacédémoniens se plaignaient de ce que le triple port du Pyrée était fait néanmoins, les Athéniens leur envoyèrent Thémistocle, ambassadeur rusé et mettant beaucoup de zèle à servir la République.

Les autres ambassadeurs ne le suivirent pas, mais ils partirent après peu de jours.

Il ne reste pas beaucoup à bâtir, comme le disent les envoyés.

Thémistocle qui s'est fait connaître par ses fraudes nombreuses, n'obtient pas, n'obtiendra pas, n'a pas obtenu la confiance des Lacédémoniens.

On ne croit pas à Thémistocle, disent les Lacédémoniens, même disant la vérité.

Chez les Lacédémoniens il y a des Éphores et des Rois.

Comme la cause alléguée par Thémistocle ne leur semblait pas suffisante, ils envoyèrent des hommes de bien pour examiner [qui examineraient] la chose.

Les Lacédémoniens n'égalaient pas les Athéniens par le nombre de leurs vaisseaux et n'étaient pas très habiles sur mer.

Thémistocle ne tend pas inutilement des piéges aux Lacédémoniens.

Personne des Lacédémoniens ne remarque que Thémistocle était un homme rusé.

Le droit des gens est le droit entre les nations.

Dans cette cause l'Éphore prononça la sentence d'après le droit des gens et non d'après le droit civil.

Les Lacédémoniens inhabiles dans la guerre navale envoyèrent des pirates à Athènes pour s'emparer de la ville.

27ᵉ LEÇON.

Texte à traduire.

Scio plerosque ità scripsisse,	Je sais la plupart ainsi avoir écrit,
Themistoclem, Xerxe regnante,	Thémistocle, Xerxès régnant,
in Asiam transiisse. Sed ego.	en Asie avoir passé. Mais moi
potissimùm Thucydidi credo,	surtout à Thucydide je crois,
quòd ætate proximus erat his	parce que par l'âge proche était à ceux
qui illorum temporum historiam	qui de ces temps-là l'histoire
reliquerunt, et ejusdem civitatis fuit.	ont laissé, et de la même cité fut.
Is autem ait, ad Artaxerxem	Celui-ci or dit, vers Artaxerxe
eum venisse, atque his verbis	lui* être venu, et (en) ces termes
epistolam misisse :	une lettre avoir envoyé:
« *Themistocles*	« (Moi) Thémistocle
» *veni ad te, qui plurima mala*	» je suis venu vers toi, » qui le plus de maux
» *omnium Graïorum* » *in domum tuam*	» de tous les Grecs dans » la maison tienne
» *intuli, cùm mihi necesse fuit*	» ai porté, lorsqu'à moi » nécessaire il fut
» *adversùs patrem tuum* » *bellare,*	» contre ton père de » combattre,
» *patriamque meam* » *defendere. Idem*	» et de défendre ma patrie. (Moi) le même
» *multò plura bona feci, postquàm*	» beaucoup plus de biens » ai fait, après que
» *in tuto ipse ego (cœpi* » *esse), et ille*	» en sûreté moi-même » (je commençai d'être), » et lui
» *in periculo esse cœpit. Nam cùm*	» en péril être commença. Car comme
» *in Asiam reverti vellet,*	» en Asie retourner il » voulait,
» *prœlio apud Salamina facto,*	» le combat auprès de » Salamine ayant été » livré,
» *litteris eum certiorem feci, id agi,*	» par lettres lui plus certain je fis, cela être » agité,
» *ut pons quem in Hellesponto fecerat,*	» que le pont que sur » l'Hellespont il avait » fait,
» *dissolveretur, atque* » *ab hostibus*	» serait rompu, et que » par les ennemis
» *circumiretur : quo* » *nuncio ille*	» il serait entouré : par » cet avertissement lui
» *periculo est liberatus. Nunc autem*	» du péril fut délivré. » Maintenant or
» *confugi ad te, exagitatus à cunctâ Græciâ,*	» je me suis réfugié vers » toi, poursuivi par » toute la Grèce,
» *tuam petens amicitiam : quam si ero* » *adeptus,**	» réclamant ton amitié: » laquelle si j'aurai obtenu,
» *non minùs me bonum* » *amicum habebis,*	» non moins moi bon » ami tu auras,
» *quàm fortem inimicum ille expertus* » *est.* **	» que courageux ennemi » lui a expérimenté.
» *Ea autem rogo, ut* » *de his rebus*	» Ces choses or je demande que, touchant » ces choses
» *de quibus tecum loqui volo, annum*	» sur lesquelles avec toi » parler je veux, une » année
» *mihi temporis des,* » *eoque transacto,****	» à moi de temps tu accordes, et elleé coulée,
» *me ad te venire patiaris.* »	» moi à toi venir tu » souffres. »

* Thémistocle.

Questions.

An Xerxes, victus apud Salamina et victus magis consilio Themistoclis quàm armis, habebat reliquias copiarum tantas ut etiam cum his reliquiis posset rursùs bellare Græciamque opprimere?

A quo viro depulsus est gradu Xerxes, id est, eo loco quò pervenerat?

An Themistocles timebat ne Xerxes victus bellare perseveraret?

Ergo quid egit Themistocles verens ne Xerxes persequeretur, perseveraret, produceret, continuaret bellum?

Cur erat timenda Xerxi dissolutio pontis quem ille fecerat in Hellesponto?

An Xerxes, hâc re auditâ, ausus est manere eo loco?

Intrà quot**** dies Xerxes reversus est in Asiam?

* Adipisci, cor, eris; adeptus sum, verbe déponent.

** Experiri, ior, ertus sum *idem.*

*** Transigo, is, egi, actum, igere.

**** Dans l'espace de combien de...

Intrà quot menses Xerxes primùm iter fecerat?

Quid judicavit Xerxes de re sibi nuntiatâ?

Cujus victoriâ tunc et sic Græcia liberata est?

Quid indè secutum est, evenit?

Quæ est altera victoria quâcum Salaminium tropæum potest comparari?

Utrum, an pugnam Marathoniam, an Salaminiam, anteponis? Pugnam Marathoniam.

Cur tropæum Marathonium potest anteferri victoriæ Salaminiæ? Quia pari modo apud Marathonem exercitus maxima Darii devicta est parvo numero Atheniensium et Platæensium.

Quo loco Xerxes postridiè conflixit?

Cur et quo modo hic locus erat Xerxi alienissimus?

An *re ipsâ* (en effet) armis Græciæ victus est Xerxes apud Salamina?

An Themistocles magnus, clarus in bello, fuit minor in pace?

Quo portu *jam dudum*, *ex longo tempore*, utebantur Athenienses?

Nùm portus Phalæreus magnus atque bonus erat?

Quem igitur portum, ex consilio Themistoclis, constituerunt Athenienses?

Cur Athenienses circumdederunt, cinxerunt, circummunierunt hunc portum mœnibus, muris?

An sine periculo potuit Themistocles muros Atheniensium restituere?

Quid aiebant Lacedæmonii inter hæc?

Cur negabant oportere ullam urbem mœnibus munitam haberi extrà Peloponnesum?

Quid igitur egerunt Lacedæmonii?

Quò valebat, quò spectabat hæc inhibitio, hæc interdictio?

Quid Athenienses consecuti erant, apud omnes gentes, duabus victoriis, Marathoniâ et Salaminiâ?

Ut principatum sibi firmarent, quidnam volebant Lacedæmonii?

Postquàm Lacedæmonii audierunt muros Pyræi instrui, constitui, ædificari, legatos ne miserunt Athenas?

An, his legatis præsentibus, Athenienses perseverârunt muros ædificare, instruere?

Quid illis respondebant Athenienses?

Quis vir peritus, callidus, suscepit hanc legationem?

An statim cùm his colegatis profectus est Themistocles?

Quid prædixit pridiè quàm Athenis profectus est?

Quid præcepit præter ea?

Quid agebant, è consilio hujus, Athenienses?

È quibus Atheniensium muri constabant?

Ut Themistocles venit ad Lacedæmonem, adiit-ne statim ad magistratus?

Quod nomen erat magistratibus Lacedæmoniorum?

Cui rei Themistocles præsertim operam dedit?

Quam causam interponebat Themistocles ut duceret tempus?

Quid factum est, quid advenit, dùm Lacedæmonii, dùm magistratus Lacedæmoniorum quererentur opus fieri nihilominus, id est, muros Atheniensium instrui?

Quem virum consecuti sunt reliqui legati?

Cùm reliqui legati Athenis exierunt an altitudo muri satis exstructa videbatur?

Quid audivit Themistocles ab his legatis?

An causa quam anteà interponebat Themistocles, erat vera causa? Erat-ne potiùs speciosa causa, prætextus, prætextum?

Quid tunc egit Themistocles cùm audisset à suis colegatis non multùm superesse munitionis?

Quandò Themistocles accessit ad Ephoros?

Quod imperium erat penès Ephoros, quæ fuit Ephoris potestas?

Quid Themistocles contendit apud Ephoros æquum esse?

Quibus legatis, secundùm Themistoclem, fides erat adhibenda?

Quos igitur legatos miserunt Athenas Ephori?

Intereà quid statuunt de Themistocle Ephori?

Quò missi sunt hi tres legati ab Ephoris?

Ad quid gerendum sunt missi?

Quam rem exploraturi erant hi tres legati?

Quid tunc statuit Themistocles de suis collegis cùm tres legati essent ab Ephoris missi Athenas.

Quandò Themistocles professus est liberrimè apud senatum magistratusque Lacedæmoniorum Athenienses suo consilio muris sepsisse urbem?

An Athenienses potuerant circummunire urbem suam, rectè, jure, communi jure gentium?

Nonne portus circumdatus mœnibus poterat videri ut propugnaculum Barbaris oppositum?

Quoties apud Athenas classis regia fecerat naufragium?

Quid *censebat* Themistocles de Lacedæmoniis?

Cur, *ex sententiâ Themistoclis*, malè faciebant Lacedæmonii?

Quid aiebat Themistocles de legatis Lacedæmoniorum Athenas missis?

Dérivés.

Régner.—Transit.—Épitre, épistolaire.—Agiter.—Inimitié.—Adepte.—Amitié.—Libéré, libération, libérateur.—Verbe, etc.

28e LEÇON.

Texte à traduire.

Hujus magnitudinem animi rex admirans	De celui-ci la grandeur d'âme le roi admirant
cupiensque talem virum conciliari sibi,	et désirant un tel homme être attaché à soi, (cette)
veniam dedit. Ille dedit	permission donna. Lui donna
omne illud tempus	tout ce temps
litteris sermonique Persarum : quibus adeò	aux lettres et au langage des Perses : [dans] lesquels tellement
eruditus est, ut dicatur fecisse verba	il fut instruit, qu'il est dit avoir fait des paroles
apud regem multò commodiùs,	auprès du roi beaucoup plus facilement,
quàm poterant hi qui in Perside	que [le] pouvaient ceux qui en Perse
erant nati. Hic cùm pollicitus esset	étaient nés. Celui-ci comme il avait promis
regi multa, illudque gratissimum,	au roi beaucoup de choses, et cette chose très agréable,
si vellet uti suis consiliis, illum	s'il voulait user de ses conseils, lui
oppressurum Græciam bello, rediit	devoir opprimer la Grèce par guerre, retourna
in Asiam, donatus ab Artaxerxe	en Asie, comblé par Artaxerxe
magnis muneribus, et constituit sibi	de grands présens, et établit à soi
domicilium Magnesiæ.*	domicile à Magnésie.
Hanc urbem ei rex donaverat,	Cette ville à lui le roi avait fait don,
usus his verbis : « quæ ei panem præberet. »	s'étant servi de ces termes : « qui lui fournirait du pain. »
Ex quâ regione quinquaginta talenta	De ce pays cinquante talens
ei redibant : Lampsacum, « undè vinum sumeret : » Myuntem,	lui revenaient : Lampsaque, « d'où le vin il prendrait : » Myunte,
« ex quâ obsonium haberet. »	« de laquelle les provisions il aurait. »
Hujus ad nostram memoriam	De celui-ci pour notre souvenir
duo monumenta manserunt :	deux monumens sont restés :
sepulcrum propè oppidum, in quo est sepultus ;	un tombeau auprès de la ville,** dans lequel il fut enseveli ;
statuæ in foro Magnesiæ. De cujus morte	des statues sur la place de Magnésie. Touchant de celui-ci la mort
multis modis apud plerosque scriptum est :	de beaucoup de manières chez la plupart il a été écrit :
sed nos probamus potissimùm	mais nous approuvons particulièrement
eumdem auctorem Thucydidem, qui ait	le même auteur Thucydide, qui dit
illum mortuum morbo Magnesiæ:	lui mort de maladie à Magnésie :
neque negat fuisse famam, eum	et ne nie pas avoir été le bruit, lui
sumpsisse venenum suâ sponte,	avoir pris du poison de son propre mouvement,
cùm desperaret se posse præstare	comme il désespérait soi pouvoir effectuer

* Voir 2e partie, à la question *ubi*, page 46, comment on met au génitif et non à l'ablatif le nom de ville de la 1re et de la 2e déclinaison, en sous-entendant : *in urbe.*

** D'Athènes.

quæ regi de Græciâ opprimendâ	les choses qu'au roi touchant la Grèce devant être accablée
pollicitus esset. Idem memoriæ prodidit	il avait promises. Le même (historien) à la mémoire a livré
ossa ejus clàm esse sepulta ab amicis	les os de lui furtivement avoir été ensevelis par des amis
in Atticâ, quoniam non concederetur legibus,	dans l'Attique, parce que (cela) ne serait point accordé par les lois,
quòd proditionis esset damnatus. *	parce que (pour cause) de trahison il avait été condamné.

Questions.

Quid Themistocles, victor Xerxis, non effugere potuit?

Dans cette phrase : *Themistocles non effugit invidiam suorum civium,* pourquoi *ses* est-il exprimé par *suorum?* Parce que l'objet possesseur *Themistocles* est dans la même proposition que l'objet possédé *suorum civium.* *

Nùm Themistocles effugit invidiam suorum civium?

Quâ de causa Miltiades erat damnatus?

Quò judicio, quibus suffragiis Miltiades Themistoclesque sunt damnati?

Ejectus Athenis, ejectus è civitate, quò concessit Themistocles?

Quo modo *Argis* vivebat Themistocles?

Quid fuit causæ, cur Themistocles viveret Argi magnâ cum dignitate?

Invidiâ tacti quòd Themistocles viveret Argis magnâ cùm dignitate, quid egerunt Lacedæmonii? Miserunt *Athenas.*** etc.

Cur Themistocles demigravit Corcyram?

Cujus criminis, *de quo crimine* accusabant, arguebant Themistoclem Lacedæmonii?

De quo facto Themistocles absens damnatus est proditionis?

Cur Themistocles diutiùs manere non potuit apud Corcyræos?

Quò confugit Themistocles excitatus latibulo, perfugio?

*Hûc** quum venisset, rex-ne in præsentiâ erat?

Cur Themistocles, cùm hûc venisset, se conjecit in sacrarium, se et filiam regis parvulam quam arripuerat?

Quandò Themistocles è sacrario egressus est?

An rex præstitit, retinuit fidem datam?

Nùm regibus fides est adhibenda?

Attamen quo modo confirmavit fidem rex Admetus?

An rex Admetus, cùm exposceretur ab Atheniensibus et Lacedæmoniis, retinuit Themistoclem, ausus est protegere, tueri hospitem?

Postquàm rex Admetus monuit hospitem ut sibi consuleret, quid jussit de eo?

An illum dimisit sine ullo præsidio?

An Themistocles tantâ benevolentiâ regis tactus, conditione oblatâ usus est; an officium regis respuit, repudiavit, recusavit?

Quò tempestate navis illa fertur?

Ubi tunc erat exercitus Atheniensium?

Quid sensit Themistocles?

Permotus ancipiti periculo, necessitate coactus, annon [ou] nonne Themistocles aperit domino navis quis sit?

Quo modo Themistocles *impulit* dominum navis ad se conservandum?

Tactus, captus misericordiâ clarissimi viri, quid egit pro ejus salute dominus navis?

An passus est dominus navis quemquam ex nave exire?

Quò demùm pervenit navis?

Ubi dominus navis exponit, exposuit Themistoclem?

An posteà Themistocles fuit ingratus domino navis cui debebat suam salutem?

---

* Voir, 2ᵉ partie, *Revue syntaxique*, page 42.

** Causâ proditionis.

*** *Règle.* Quand le verbe signifie mouvement pour aller, venir en quelque lieu, partir pour quelque lieu, alors le nom du lieu *où l'on va* se met à l'accusatif avec *in*, quand on pénètre dans le lieu; avec *ad*, quand on ne va qu'auprès. Voir, 2ᵉ partie. Vous comprenez maintenant pourquoi l'on dit : accessit *ad* Aristippum. Que reconnaissez-vous dans *habitatum?* Le supin du verbe *habitare.*—Pourquoi *habitatum* est-il au supin? Voir page 48, 2ᵉ partie § 16.

* A la question Quò, c'est-à-dire, lorsque le verbe exprime *mouvement* pour aller ou venir en quelque lieu, *ici* s'exprime non par *hîc*, mais par *hûc* : *hùc* cùm venisset. Voir, 2ᵉ partie, page 46.

Quandò Themistocles in Asiam transiit?

De hoc facto cui scriptori fides est potiùs adhibenda?

Cur potiùs Nepos credit Thucydidi?

An ejusdem civitatis fuit Thucydides?

Cujus civitatis fuit Thucydides?

Quùm venit ad Artaxerxem Themistocles, annon scripsit ei epistolam?

Qualis fuerat anteà Themistocles ergà Artaxerxem?

uandò , quo tempore, Themistocles intulerat plurima mala in domum Artaxerxis?

Annon plura bona Xerxi fecerat Themistocles?

Quo tempore bona fecerat, officium præstiterat Xerxi Themistocles?

An re ipsâ Themistocles id nuntiaverat Xerxi ut officium conferret, ut operam daret ei?

Ad quem regem confugit Themistocles exagitatus, expulsus à cunctâ Græciâ?

A quo rege tunc petebat amicitiam Themistocles

An Artaxerxes habebit reliquo tempore Themistoclem bonum amicum?

Intrà quot menses eruditus est Themistocles litteris sermoneque Persarum?

Dérivés.

Cupide, cupidité.—Concilier, conciliation.— Érudition. —Commodément.— Donateur, donataire.— Rémunérateur, rémunérer.— Constituer.—Domicile. —Prébende.—Sépulcre, sépulture.—Statue, statuaire. —Approbation.—Morbide.—Venin, venimeux.— Désespoir.— Prestation.—Os, ossaire.— Concession, concéder, etc.

29e et 30e LEÇONS.

Texte français à retraduire en latin.

THÉMISTOCLE, FILS DE NÉOCLÈS L'ATHÉNIEN.

CHAP. I. *Thémistocle eut une jeunesse et un caractère fougueux.*

Thémistocle effaça par de grandes vertus les vices de sa première jeunesse, au point qu'on ne lui préfère personne et qu'on lui trouve peu d'égaux. Mais il faut remonter au commencement de sa vie. Néoclès, homme d'une naissance distinguée, épousa une simple citoyenne d'Halicarnasse: Thémistocle naquit de ce mariage. Ayant perdu l'amour et l'estime de sa famille, par son libertinage et ses profusions, il fut déshérité par son père. Cette tache, au lieu d'abattre son courage, ne servit qu'à le relever. Jugeant bien qu'il ne pourrait l'effacer que par la vie la plus active et la plus appliquée, il se consacra tout entier à la république, travaillant avec un soin extrême à s'acquérir des amis et de la réputation. Assidu au barreau où il plaidait les causes des particuliers, il ne l'était pas moins aux assemblées publiques où il haranguait le peuple. On ne faisait rien d'important sans le consulter. Il trouvait sur-le-champ des expédiens et des ressources, et les exposait avec une éloquence aisée et naturelle. Il était d'ailleurs aussi propre à l'exécution qu'au conseil, jugeant du présent, dit Thucydide, avec un tact sûr, et de l'avenir avec la plus grande sagacité. Des talens si supérieurs le rendirent bientôt célèbre.

CHAP. II. *Thémistocle se distingue dans la guerre de Corcyre et dans celle contre les Perses.*

Ce fut lors de la guerre de Corcyre qu'il parvint pour la première fois aux emplois de la république. Élu préteur par le peuple, et chargé de cette expédition, il aguerrit les Athéniens, qui se montrèrent dès-lors plus courageux dans cette guerre et dans celles qui suivirent. Voyant que les revenus des mines se dissipaient tous les ans par la prodigalité des magistrats, il persuada au peuple de les consacrer à la construction d'une flotte de cent vaisseaux. Cet armement ayant été fait avec célérité, il commença par dompter les Corcyréens, et poursuivant ensuite les pirates, il en nettoya la mer et assura la navigation. Il enrichit par-là les Athéniens, et les rendit en même temps très-habiles dans la guerre maritime. On reconnut surtout dans celle des Perses, combien l'augmentation de la marine athénienne avait été salutaire à toute la Grèce. Xerxès voulant attaquer l'Europe entière par mer et par terre, y fit une invasion avec des forces prodigieuses, telles que jamais un roi n'en avait eues jusqu'alors, ni n'en eut depuis de pareilles. Sa flotte était forte de douze cents galères, suivies de deux mille bâtimens de charge, et son armée de terre de sept cent mille hommes de pied et de quatre cent mille chevaux. Le bruit de l'approche de Xerxès s'étant répandu dans la Grèce, les Athéniens, qu'on disait principalement menacés par ce prince à cause de la journée de Marathon, envoyèrent consulter l'oracle de Delphes sur la manière dont ils devaient se défendre. La Pythie répondit aux députés, de se renfermer dans des murailles de bois. Comme personne ne pénétrait le sens de cette réponse, Thémistocle persuada aux Athéniens, qu'Apollon leur conseillait de se réfugier, avec leurs effets, dans leurs vaisseaux; que c'étaient là les murailles de bois que le dieu leur désignait. Cet avis ayant été approuvé, les Athéniens doublent le nombre de leurs galères, transportent leur mobilier, partie à Salamine, partie à Trézène; remettent la citadelle aux prêtres et à un petit nombre de vieillards pour y avoir soin des choses sacrées, et abandonnent le reste de la ville.

CHAP. III. *Thémistocle soutient un combat près d'Artémise, promontoire d'Eubée.*

Plusieurs peuples de la Grèce désapprouvaient le plan de Thémistocle, et préféraient combattre sur terre. Ils envoyèrent en conséquence un corps d'élite sous les ordres de Léonidas, roi de Lacédémone, pour s'emparer du défilé des Thermopyles, et pour empêcher les Perses de pénétrer plus avant. Mais ces troupes ne purent pas soutenir le choc des ennemis, et furent toutes taillées en pièces. La flotte commune des Grecs, composée de trois cents vaisseaux, dont deux cents appartenaient aux Athéniens, se battit d'abord contre celle de Xerxès, près d'Artémisium, entre l'Eubée et le continent; car Thémistocle cherchait les détroits pour n'être pas enveloppé par la multitude des vaisseaux ennemis. Quoique l'avantage du combat eût été égal de part et d'autre, les Grecs n'osèrent point rester dans ce poste, parce qu'il était à craindre que, si une partie des vaisseaux ennemis venait à doubler la pointe de l'île, ils ne fussent attaqués à la fois et par devant et par derrière. En conséquence ils quittèrent le promontoire d'Artémisium, et allèrent se poster près de Salamine, vis-à-vis d'Athènes.

CHAP. IV. *Xerxès est vaincu par ruse près de Salamine.*

Xerxès, après avoir forcé le passage des Thermopyles, s'avança tout de suite vers Athènes. Ayant trouvé la ville déserte et sans défense, il y mit le feu, la réduisit en cendres, et fit massacrer les prêtres renfermés dans la citadelle. La flotte grecque, épouvantée de cette nouvelle, n'osait plus tenter la mer. Le plus grand nombre était d'avis que chaque peuple se retirât dans ses villes, pour s'y défendre derrière ses murailles. Le seul Thémistocle combattait ce sentiment. Il soutenait que les Grecs réunis pouvaient tenir tête à l'ennemi, mais que leur perte était certaine s'ils se séparaient; il s'efforçait surtout de le persuader à Eurybiade, roi de Sparte et généralissime de l'armée. Mais voyant que ses raisons ne faisaient pas sur lui l'impression qu'il eût désiré, il envoya à Xerxès pendant la nuit, le plus affidé de ses esclaves, avec ordre d'informer ce prince de sa part, « que ses ennemis se disposaient à s'enfuir; que s'ils venaient à se retirer et à se disperser, il ne terminerait la guerre qu'avec plus de peine et plus de temps, parce qu'il serait réduit à les poursuivre les uns après les autres; mais que s'il les attaquait sur-le-champ, il les accablerait tous d'un seul coup. Le but de Thémistocle était de forcer les Grecs à combattre tous ensemble malgré eux. Xerxès, ne se défiant point de cet avis, attaqua dès le lendemain la flotte grecque dans un poste très commode pour elle et très désavantageux pour lui, la mer étant si resserrée en cet endroit, que ses nombreux vaisseaux ne purent s'étendre. En conséquence il fut vaincu plutôt par l'adresse de Thémistocle, que par les armes de la Grèce.

CHAP. V. *Xerxès est chassé de l'Europe.*

Malgré cet échec, il lui restait encore des forces assez considérables pour écraser ses ennemis. Thémistocle, par une nouvelle ruse, le força d'abandonner son poste. Craignant qu'il ne voulût engager un second combat, il le fit adroitement avertir qu'on se proposait de rompre le pont qu'il avait fait jeter sur l'Hellespont, et de lui ôter par-là le moyen de repasser en Asie. Xerxès, persuadé de la vérité de cet avis, reprit le chemin de ses états, et marcha avec une telle diligence, qu'il fit en moins de trente jours la même route qu'il n'avait faite auparavant qu'en six mois, regardant Thémistocle non pas comme son vainqueur, mais comme son libérateur. C'est ainsi que la prudence d'un seul homme sauva la Grèce, et fit triompher l'Europe de l'Asie. Cette journée de Salamine est comparable à celle de Marathon, puisque la flotte la plus nombreuse qu'on eût jamais vue, y fut défaite par un petit nombre de vaisseaux.

CHAP. VI. *Après avoir terminé la guerre, Thémistocle rétablit les murailles d'Athènes.*

Thémistocle ne fut pas moins grand dans la paix que dans cette guerre. Les Athéniens n'ayant point d'autre port que celui de Phalère, qui n'était ni spacieux, ni sûr, il les engagea, par ses conseils, à construire le triple port du Pirée, et à l'entourer de murailles; ce qui le rendit aussi magnifique et d'un plus grand avantage que la ville même. Il rétablit aussi les murs d'Athènes au péril de sa vie. Les Lacédémoniens s'efforcèrent en effet d'empêcher cet ouvrage. Ils se servaient du prétexte spécieux des incursions des Perses, et prétendaient qu'il ne fallait avoir aucune ville fortifiée hors du Péloponèse, de peur que l'ennemi ne vînt à s'en emparer. Mais le motif secret de leur démarche était bien différent de celui qu'ils présentaient. Voyant que les Athéniens s'étaient acquis la plus grande réputation chez tous les peuples de la Grèce, par la double victoire de Marathon et de Salamine, et sentant qu'ils pourraient leur disputer un jour l'honneur du commandement, ils voulaient les tenir dans le dernier état de faiblesse. Lorsqu'ils eurent appris qu'on se préparait à relever les murs, ils envoyèrent des députés à Athènes pour s'y opposer. On suspendit les travaux tant que ceux-ci furent présens, et on leur dit qu'on députerait à Lacédémone pour y traiter de cet objet. Thémistocle se chargea de cette mission. Il partit d'abord seul, après avoir recommandé que les autres députés ne se missent en chemin que lorsque les murs seraient élevés à une certaine hauteur; qu'on fit travailler sans distinction les esclaves et les personnes libres; qu'on n'épargnât aucun lieu quel qu'il fût, sacré ou profane, public ou particulier, et qu'on tirât de partout les matériaux qu'on jugerait propres à cette construction. Voilà comme il arriva que les murs d'Athènes furent en partie composés des démolitions des temples et des tombeaux.

CHAP. VII. *Thémistocle reprimande vivement les Lacédémoniens, après les avoir trompés avec adresse.*

Thémistocle, arrivé à Lacédémone, ne voulut point d'abord se présenter aux magistrats. Il gagna du temps autant qu'il lui fut possible, en prétextant qu'il attendait ses collègues. Pendant que les Lacédémoniens se plaignaient que l'ouvrage n'en avançait pas moins, et qu'il ne cherchait qu'à les amuser par ses lenteurs, les autres députés arrivent. Thémistocle, instruit par eux que la construction des murs était presque achevée, se rendit chez les éphores, magistrats souverains à Lacédémone. Il leur soutint qu'on leur avait donné de faux avis; qu'il convenait donc qu'il envoyassent à Athènes des personnes dignes de foi, distinguées par leur rang et par leur probité, pour vérifier la chose sur les lieux, et qu'ils pouvaient en attendant le retenir lui-même en ôtage. On fit ce qu'il demandait: on députa trois citoyens distingués, qui avaient occupé les premières charges de la république, Thémistocle fit partir ses collègues avec eux, en leur recommandant de ne point les relâcher avant qu'on l'eût renvoyé lui-même. Quand il jugea que ces députés étaient arrivés à Athènes, il se présenta au sénat et aux magistrats de Lacédémone, et leur déclara franchement « que les Athéniens avaient fait par son conseil ce à quoi les autorisait le droit commun des nations ; qu'ils avaient enfermé dans des murs les dieux de la Grèce, ceux de leur patrie et de leurs foyers, pour pouvoir les défendre plus aisément des insultes de l'ennemi. Qu'en cela même ils avaient consulté l'intérêt de la Grèce ; qu'Athènes serait désormais un boulevard contre les attaques des Perses, puisque déjà leur flotte y avait échoué deux fois. Que les Lacédémoniens au contraire agissaient mal et commettaient une injustice, en ayant plus en vue l'intérêt de leur propre puissance que celui de la Grèce. Qu'ainsi donc, s'ils voulaient voir revenir les députés qu'ils avaient envoyés à Athènes, ils devaient le renvoyer lui-même ; qu'autrement ils ne les reverraient plus. »

CHAP. VIII. *Thémistocle banni, cherche de côté et d'autre son salut dans la fuite.*

Malgré tant de services signalés, Thémistocle n'échappa point à la jalousie et à la haine de ses concitoyens. Les mêmes craintes qui avaient causé la condamnation de Miltiade, le firent bannir par l'ostracisme. Il se retira dans Argos, et y fixa sa demeure. Comme il jouissait dans cette ville d'une haute considération par ses grandes qualités, les Lacédémoniens envoyèrent à Athènes des députés l'accuser, en son absence, de s'être uni avec le roi de Perse pour opprimer la Grèce. Sur cette accusation, il fut condamné comme traître sans être entendu. A cette nouvelle, ne se croyant pas en sûreté dans Argos, il en sortit et gagna l'île de Corcyre. Là, s'étant aperçu que les principaux du pays craignaient que les Spartiates et les Athéniens ne leur déclarassent la guerre à son occasion, il se réfugia auprès d'Admète, roi des Molosses, avec lequel il avait eu des liaisons d'hospitalité. Admète étant absent lorsqu'il arriva chez lui, Thémistocle, pour intéresser sa religion à le défendre, prit entre ses bras la fille de ce prince, encore en bas âge, et se jeta avec elle dans un lieu sacré très révéré dans le pays. Il n'en sortit qu'après que le roi l'eut assuré de sa protection en lui tendant la main droite. Admète fut fidèle à sa parole. Les Athéniens et les Spartiates le pressant publiquement de leur livrer Thémistocle, il ne trahit point un homme qui l'avait supplié de le protéger : il l'avertit au contraire de pourvoir à sa sûreté, lui représentant qu'il était difficile qu'il n'eût rien à craindre dans un pays si voisin du sien. Il le fit conduire à Pydna avec une escorte suffisante. Là, Thémistocle s'embarqua sur un vaisseau où il n'était connu d'aucun passager. Une horrible tempête le portant vers l'île de Naxe où se trouvaient alors des troupes athéniennes, il comprit qu'il était perdu s'il y abordait. Forcé par la nécessité, il déclare au maître du vaisseau qui il est, et lui promet de grandes récompenses s'il veut le sauver de ce péril. Celui-ci, touché du malheureux sort d'un homme aussi illustre, jeta l'ancre loin de l'île, et retint le vaisseau en mer un jour et une nuit, sans permettre à personne d'en sortir. Ayant fait voile de là vers Éphèse, il y débarqua Thémistocle, qui reconnut dans la suite cet important service.

CHAP. IX. *Thémistocle écrit à Artaxerxe.*

Je sais que plusieurs historiens ont avancé que ce fut sous le règne de Xerxès que Thémistocle passa en Asie. Mais je m'en rapporte plutôt au récit de Thucydide, parce qu'il était plus voisin du siècle de Thémistocle, qu'aucun de ceux qui ont écrit l'histoire de ce temps-là, et qu'il était Athénien comme lui. Cet auteur raconte qu'il alla chercher un asyle à la cour d'Artaxerxe, et qu'il lui écrivit en ces termes : « Je suis Thémistocle, et je me rends auprès de vous. Aucun Grec n'a fait plus de mal que moi à votre maison, lorsque j'ai été forcé de combattre votre père, et de défendre ma patrie. Mais je lui ai fait plus de bien encore, lorsqu'étant moi-même en sûreté, je l'ai vu en péril. Ce prince ne voulant point retourner en Asie après la journée de Salamine, je l'informai par une lettre que les Grecs pensaient à rompre le pont qu'il avait jeté sur l'Hellespont, et à l'envelopper lui et ses troupes : cet avis le sauva. Aujourd'hui, poursuivi par toute la Grèce, je me réfugie auprès de vous, et vous demande votre amitié. Si je l'obtiens, vous aurez dans moi un ami sincère, et aussi zélé que je fus ennemi généreux de votre père. Je vous prie, au reste, de m'accorder une année pour réfléchir sur les projets que j'ai à vous communiquer, et de me permettre après ce terme de me présenter devant vous. »

CHAP. X. *Thémistocle apprend la langue persane : il reçoit d'Artaxerxe le revenu de plusieurs villes. Sa mort, sa sépulture.*

Le roi, plein d'admiration pour la magnanimité de Thémistocle, et désirant s'attacher un si grand homme, lui accorda ce qu'il demandait. Thémistocle employa toute cette année à l'étude de la langue persane : il l'apprit si bien, qu'il harangua, dit-on, le roi avec beaucoup plus de facilité que ne pouvaient le faire les habitans du pays eux-mêmes. Après lui avoir fait beaucoup de promesses, dont la plus flatteuse était de le rendre maître de la Grèce par les armes, s'il voulait suivre ses conseils, il retourna dans l'Asie mineure, comblé des présens d'Artaxerxe, et établit sa demeure à Magnésie.

Le domaine de cette ville, qu'il tenait de la libéralité de ce prince, lui rapportait annuellement cinquante talens. Artaxerxe lui dit, en lui faisant ce présent, qu'il lui donnait Magnésie pour son pain, Lampsaque pour son vin, et Myunte pour les autres provisions de bouche. Il existe encore de nos jours deux monumens qui nous rappellent ce grand homme : son tombeau proche d'Athènes, où ses restes furent enfermés, et quelques-unes de ses statues dans la place publique de Magnésie. Plusieurs historiens ont parlé diversement de sa mort. Mais je préfère encore à cet égard l'autorité de Thucydide, qui dit qu'il mourut de maladie à Magnésie, sans nier cependant que le bruit avait couru qu'il s'était empoisonné lui-même, désespérant de pouvoir asservir la Grèce au roi de Perse, comme il le lui avait promis. Le même auteur rapporte que ses amis enterrèrent ses ossemens dans l'Attique, mais en secret, parce qu'ayant été condamné comme traître envers la patrie, les lois ne permettaient point qu'il fût inhumé dans le pays.

FIN DE LA PREMIÈRE PARTIE.

MANUEL PRATIQUE
DE LANGUE LATINE.

DEUXIÈME PARTIE.

GRAMMAIRE.

PREMIÈRE LEÇON.

Tout mot qui désigne ou qualifie une personne ou une chose s'appelle un *nom*.

Le mot qui *désigne* s'appelle *substantif* : *paterfamilias*, *homo*, etc.

Le mot qui *qualifie* s'appelle *adjectif* : *ignarus*, *avarus*, etc.

Les noms, soit substantifs, soit adjectifs, sont susceptibles de *nombres*, de *genres* et de *cas*.

Si l'on parle d'une seule personne ou d'une seule chose, le nom est dit au nombre singulier.

S'il s'agit de plusieurs personnes ou de plusieurs choses, le nom est dit au pluriel.

Il arrive souvent que le substantif remplit les fonctions de l'adjectif, et sert comme lui à qualifier : *Aristippus* PHILOSOPHUS.

Réciproquement, un adjectif peut souvent être pris substantivement : AVIDUM *deludit aviditas*.

Un nom s'applique à un individu *mâle* ou *femelle*, ou bien à un objet qui n'est ni mâle ni femelle : le nom est donc ou *masculin*, ou *féminin*, ou *neutre*.

Les différentes terminaisons d'un nom sont appelées *cas* *.

Suivant que le nom est sujet du verbe, ou son régime, suivant qu'il est singulier ou pluriel, etc., suivant enfin le rôle qu'il joue dans la phrase, il varie dans sa terminaison, et prend une désinence particulière. C'est ainsi que, dès la première leçon, nous avons vu *philosophum* et *philosophus*.

Si le nom est sujet du verbe, la terminaison ou le cas qu'il prend porte le nom de *nominatif* : PATER-FAMILIAS *accessit*, etc.

* De *casus*, chute.

Le sujet ou nominatif du verbe se reconnaît en faisant au verbe la question *qui est-ce qui* ?

« Qui est-ce qui s'approcha ? Réponse : le père de famille. » Ce nom est donc un nominatif.

Dites maintenant quel est le nominatif ou sujet dans cette phrase : *Jupiter quærit causam querelæ ?*

Si le nom est le régime direct du verbe actif, ce nom prend le cas nommé *accusatif*. Or ce régime se reconnaît en faisant au verbe la question *qui ? quoi ?*

Jupiter demande *quoi ?* la cause. *Causam* est un accusatif.

Si le nom remplit le rôle de régime indirect, et on le reconnaît en adressant au verbe la question *à qui ? à quoi ?* le nom prend le cas nommé *datif* : *secundam mihi tribuetis.*

Vous attribuerez *quoi ? secundam*, accusatif. *A qui ? mihi*, régime indirect ou datif.

Si, dans la phrase, le nom a pour but de mieux déterminer, de spécifier le sens d'un premier nom ; s'il est précédé en français de la préposition *de*, alors il y a lieu d'employer en latin le *cas* appelé *génitif*.

Dans la phrase précédente, *querelæ* détermine le sens de *causam* ; c'est un génitif.

Si le mot est précédé d'une des prépositions *par*, *avec*, *sur*, *sous*, *pour*, *dans*, et quand même la préposition serait sous-entendue, on met le nom au cas appelé *ablatif*.

EXEMPLES :

Préposition exprimée : *Pro mercede*, *cum leone*.

Préposition sous-entendue : *Deterritus pre-*

tio ; partibus factis ; malo afficietur, etc.

Enfin, si la personne ou la chose est interpellée, apostrophée, le nom de la personne ou de la chose prend le cas dit *vocatif*.

Résumé.

Six cas : nominatif, vocatif, génitif, datif, accusatif et ablatif.

Ces six cas existent au singulier et au pluriel *. Les réciter de suite dans les deux nombres, cela s'appelle *décliner*.

Il y a cinq déclinaisons, c'est-à-dire cinq manières différentes de former les terminaisons ou cas des noms.

Tout nom latin se range dans l'une ou l'autre de ces cinq catégories. Pour savoir comment un nom se décline, il faut en connaître le génitif, car c'est la terminaison du génitif qui, tant au singulier qu'au pluriel, est le caractère distinctif de chaque déclinaison ; et de plus, c'est du *génitif*, comme son nom l'indique, que se forment les autres cas.

2e LEÇON.

Questions grammaticales **.

Qu'entendez-vous par *nom*?

Combien de sortes de *noms*?

Qu'entendez-vous par *substantif*?

Qu'entendez-vous par *adjectif*?

Quand un nom est-il au *singulier*?

Quand est-il au *pluriel*?

Quand un nom est-il *masculin*, généralement parlant?

Quand est-il *féminin*?

Quand est-il *neutre*?

Qu'entendez-vous par *cas*?

Que désigne le *nominatif*? — le *vocatif*? — le *génitif*? — le *datif*? — l'*accusatif*? — l'*ablatif*?

Qu'est-ce que décliner?

Quel est le caractère distinctif de chaque déclinaison?

Combien de déclinaisons?

Soit la phrase : *Cùm hi cepissent cervum vasti corporis, partibus factis*, etc.

Montrez le sujet ou nominatif?

Le *verbe*? — le régime direct ou *accusatif*? — Comment reconnaît-on le nominatif ou sujet? — l'accusatif, ou régime? — le génitif? — le datif? — Montrez dans cette même phrase un *adjectif*? un *ablatif*?

PREMIÈRE DÉCLINAISON.

Le génitif singulier de la première déclinaison se termine en Æ ; le génitif pluriel en ARUM.

Cette déclinaison comprend des noms masculins ou féminins, le plus généralement des noms féminins ; leur nominatif est terminé en *a*.

SINGULIER.

Nom.	*vacc a*,	la vache.
Voc.	*vacc a*,	vache.
Gén.	*vacc æ*,	de la vache.
Dat.	*vacc æ*,	à la vache.
Acc.	*vacc am*,	la vache.
Abl.	*vacc â*,	la vache.

PLURIEL.

Nom.	*vacc æ*,	les vaches.
Voc.	*vacc æ*,	vaches.
Gén.	*vacc arum*,	des vaches.
Dat.	*vacc is*,	aux vaches.
Acc.	*vacc as*,	les vaches.
Abl.	*vacc is*,	les vaches.

Déclinez de même : capella, fabella, prima, secunda, tertia, quarta, præda, lympha, decepta, nuptiæ, arum, causa, querela, incola, misera, improba, fortuna, gloria, persona, tragica, culpa, sententia, etc.

DEUXIÈME DÉCLINAISON.

Le génitif de la seconde déclinaison se termine en I ; le génitif pluriel se termine en ORUM.

Les noms qui appartiennent à cette déclinaison se terminent, les masculins et féminins en US ou en ER, les neutres en UM *.

* Voir, sur l'utilité des cas, un passage de Laharpe, cité dans notre *Manuel pratique de langue grecque*, 2e partie, page 6.

** Il suffit à l'élève de lire attentivement la leçon précédente, pour être en état de répondre à ces questions ; et pouvoir y répondre, c'est se prouver à soi-même qu'on a lu attentivement ce qui précède, et qu'on a compris. On peut remarquer, en outre, que l'élève connaît tous les mots latins cités dans cette seconde partie. Le texte expliqué dans la première lui a rendu ces mots familiers.

* On trouve encore *Vir*, l'homme, gén. *viri* ; *satur*, rassasié, gén. *saturi*.

Les noms en *us* ont le vocatif en *e* *. Les autres ont le vocatif semblable au nominatif.

Les noms neutres ont toujours trois cas semblables : nominatif, vocatif, accusatif ; au pluriel, ils ont ces trois cas terminés en *a*.

SINGULIER.

N.	*philosoph us* **,	le philosophe.
V.	*philosoph e*,	philosophe.
G.	*philosoph i*,	du philosophe.
D.	*philosoph o*,	au philosophe.
Acc.	*philosoph um*,	le philosophe.
Abl.	*philosoph o*,	le philosophe.

PLURIEL.

N.	*philosoph i*,	les philosophes.
V.	*philosoph i*,	philosophes.
G.	*philosoph orum*,	des philosophes.
D.	*philosoph is*,	aux philosophes.
Acc.	*philosoph os*,	les philosophes.
Abl.	*philosoph is*,	les philosophes.

Déclinez de même : Aristippus, filius ; par exception, ce mot fait au vocatif *fili* ; ignarus, avarus, cervus, cibus, fluvius ; on trouve aussi *fluvius* au vocatif ; improbus, vicinus, stultus, etc.

Neutre.

SINGULIER.

N.	*preti um*,	le prix ***.
V.	*preti um*,	prix.
G.	*preti i*,	du prix.
D.	*preti o*,	au prix.
Acc.	*preti um*,	le prix.
Abl.	*preti o*,	le prix.

PLURIEL.

N.	*preti a*,	les prix.
V.	*preti a*,	prix.
G.	*preti orum*,	des prix.
D.	*preti is*,	aux prix.
Acc.	*preti a*,	les prix.
Abl.	*preti is*,	les prix.

* Voir les noms en ος de la deuxième déclinaison grecque qui ont aussi le vocatif en ε.

** Du grec φιλόσοφος, ου. Remarquez à cette occasion l'analogie qui existe entre la deuxième déclinaison grecque et la deuxième déclinaison latine. (Voir notre *Manuel pratique de langue grecque*).

*** De πρᾶξις, don.

Déclinez de même : mancipium, malum, propositum, speculum, convicium, simulacrum, stagnum, cerebrum, etc.

5e LEÇON.

Questions grammaticales.

Quelle sorte de noms se classe dans la première déclinaison ?

La première déclinaison renferme-t-elle des noms neutres ?

Quelle est la terminaison du nominatif dans les noms de la première déclinaison, soit masculins, soit féminins ?

Quels noms se rangent dans la deuxième déclinaison ?

Comment les noms de la deuxième déclinaison ont-ils la terminaison du nominatif ?

Comment les noms en *us* ont-ils le vocatif ?

Quels cas sont semblables dans les noms neutres ?

Quelle est, au pluriel, la terminaison de ces cas ?

TROISIÈME DÉCLINAISON.

Le génitif singulier de la troisième déclinaison se termine en IS, et le génitif pluriel en UM.

Cette déclinaison comprend des noms de tout genre et de toute terminaison.

SINGULIER.

N.	*pater* *,	le père.
V.	*pater*,	père.
G.	*patr is*,	du père.
D.	*patr i*,	au père.
Acc.	*patr em*,	le père.
Abl.	*patr e*,	le père.

PLURIEL.

N.	*patr es*,	les pères.
V.	*patr es*,	pères.
G.	*patr um*,	des pères.

* De πατήρ. (Voir sa déclinaison *Manuel grec*, 2e partie, page 16). Ce mot, en grec, est également de la troisième déclinaison. Dans *paterfamilias*, il n'y a que *pater* qui se décline ; *familias* est invariable.

D.	*patr ibus,*	aux pères.
Acc.	*patr es,*	les pères.
Abl.	*patr ibus,*	les pères.

Ainsi se déclinent : homo, inis; merces, edis; societas, atis; ovis, is, gén. pl. ovium, abl. *e* ou *i*; pars, partis, gén. pl. partium; improbitas, atis; leo, onis; canis, is; caro, rnis, *viande;* aviditas, atis; fur, uris; sol, solis, peu usité au génitif pluriel; uxor, oris; clamor, oris; vulpes, is; honor, oris, etc.

Neutre.

SINGULIER.

N.	*sidus,*	l'astre.
V.	*sidus,*	astre.
G.	*sider is,*	de l'astre.
D.	*sider i,*	à l'astre.
Acc.	*sidus,*	l'astre.
Abl.	*sider e,*	l'astre.

PLURIEL.

N.	*sider a,*	les astres.
V.	*sider a,*	astres.
G.	*sider um,*	des astres.
D.	*sider ibus,*	aux astres.
Acc.	*sider a,*	les astres.
Abl.	*sider ibus,*	les astres.

Ainsi se déclinent : flumen, fluminis; os, oris.

Nota. — Les noms en *is* qui, comme *ovis*, n'ont pas plus de syllabes au génitif qu'au nominatif, et presque tous les noms qui n'ont qu'une syllabe au nominatif, font le génitif pluriel en *ium*. Cependant *fur* fait *furum*.

QUATRIÈME DÉCLINAISON.

Le singulier de la quatrième déclinaison se termine en ûs, génitif, et le génitif pluriel en UUM.

Elle comprend des noms masculins et féminins dont le nominatif est en *us*, et des neutres en *u* qui ne se déclinent qu'au pluriel.

SINGULIER.

N.	*salt us* *,	le bois.
V.	*salt us,*	bois.
G.	*salt ûs,*	du bois.
D.	*salt ui,*	au bois.
Acc.	*salt um,*	le bois.
Abl.	*salt u.*	le bois.

PLURIEL.

N.	*salt us,*	les bois.
V.	*salt us,*	bois.
G.	*salt uum,*	du bois.
D.	*salt ibus,*	aux bois.
Acc.	*salt us,*	les bois.
Abl.	*salt ibus,*	les bois.

Ainsi se déclinent : sensus, ûs; principatus, ûs; lacus, ûs. Par exception, ce dernier fait au datif et à l'ablatif pluriel *lacubus*.

Neutre.

SINGULIER.

Cornu, corne, indéclinable au singulier.

PLURIEL.

N.	*corn ua,*	les cornes.
V.	*corn ua,*	cornes.
G.	*corn uum,*	des cornes.
D.	*corn ibus,*	aux cornes.
Acc.	*corn ua,*	les cornes.
Abl.	*corn ibus,*	les cornes.

* De ἄλσος, *bois.*

4ᵉ LEÇON.

Questions grammaticales.

Quelle sorte de noms se range dans la troisième déclinaison?

La troisième déclinaison comprend-elle des noms de tout genre?

Affecte-t-elle au nominatif une terminaison particulière?

Déclinez *homo, hominis*; *merces, edis*; *flumen, inis?*

Comment *ovis* fait-il au génitif pluriel?

Comment la quatrième déclinaison forme-t-elle son génitif singulier et son génitif pluriel?

Renferme-t-elle des noms neutres?

Qu'ont-ils de remarquable?

La quatrième déclinaison, soit au masculin, soit au féminin, n'a-t-elle pas trois cas semblables, et quelle est leur terminaison?

CINQUIÈME DÉCLINAISON.

Le génitif singulier de la cinquième déclinaison se termine en EI, et le génitif pluriel en ERUM.

Tous les noms de cette terminaison terminent leur nominatif en ES, et sont du féminin, excepté *dies*, le *jour*, qui est du masculin et du féminin.

SINGULIER.

N.	*r es* *,	la chose.
V.	*r es*,	chose.
G.	*r ei*,	de la chose.
D.	*r ei*,	à la chose.
Acc.	*r em*,	la chose.
Abl.	*r e*,	la chose.

* De ῥέζω, *faire*.

PLURIEL.

N.	*r es*,	les choses.
V.	*r es*,	choses.
G.	*r erum*,	des choses.
D.	*r ebus*,	aux choses.
Acc.	*r es*,	les choses.
Abl.	*r ebus*,	les choses.

Déclinez ainsi : dies *, species.

Nota. Le génitif, le datif et l'ablatif pluriels de cette déclinaison ne sont guère usités que dans les noms *dies* et *res* **.

* De Διὸς, génitif de Ζεὺς, *Jupiter, dieu du jour*.

** Quelques noms, comme *pater familiâs*, sont composés d'un nominatif et d'un autre cas. Alors le nominatif seul (*pater*) se décline. Remarquez le génitif *familiâs*, et comparez le à οὐσίας génitif de οὐσία, (première déclinaison grecque. Voir le *Manuel grec*, 2e partie, page 8.

TABLEAU DES CINQ DÉCLINAISONS.

	Ire.	IIe.		IIIe.		IVe.		Ve.
Génitif singulier :	*æ*	*i*		*is*		*ûs*		*ei*
Génitif plur. :	*arum*	*orum*		*um*		*uum*		*erum*
SINGULIER.								
	féminin, ou masculin (rarement).	masculin, ou neutre, ou fémin. (rarement).	neutre	masculin, ou féminin, ou neutre.	neutre	masculin, ou féminin, ou neutre.	neutre	masculin, ou féminin
Nominatif	*a*	*us, er, ir*	*um*	(sembl.)	(sembl.)	*us*	*u*	*es*
Vocatif	*a*	*e, er, ir*	*um*	(sembl.)	(sembl.)	*us*	*u*	*es*
Génitif	*æ*	*i*	*i*	*is*	*is*	*ûs*	*u*	*ei*
Datif	*æ*	*o*	*o*	*i*	*i*	*ui*	*u*	*ei*
Accusatif	*am*	*um*	*um*	*em* *	(sembl.)	*um*	*u*	*em*
Ablatif	*â*	*o*	*o*	*e* ou *i* **	*e*	*u*	*u*	*e*
PLURIEL.								
Nominatif	*æ*	*i*	*a*	*es*	*a*	*us*	*ua*	*es*
Vocatif	*æ*	*i*	*a*	*es*	*a*	*us*	*ua*	*es*
Génitif	*arum*	*orum*	*orum*	*um*	*um*	*uum*	*uum*	*erum*
Datif	*is*	*is*	*is*	*ibus*	*ibus*	*ibus*	*ibus*	*ebus*
Accusatif	*as*	*os*	*a*	*es*	*a*	*us*	*ua*	*es*
Ablatif	*is*	*is*	*is*	*ibus*	*ibus*	*ibus*	*ibus*	*ebus*

* Dans quelques noms *im*.

** L'ablatif singulier se forme de l'accusatif en retranchant *m* final. Ainsi, les substantifs de cette déclinaison forment leur ablatif en *i* ou en *e*, selon que leur accusatif est en *im* ou en *em*.

Les adjectifs font ordinairement l'ablatif en *e* ou en *i*.

5e LEÇON.

Questions grammaticales.

Dites la terminaison du génitif singulier de la première déclinaison? — de la seconde? — de la troisième? — de la quatrième? — de la cinquième?

Dites la terminaison du génitif pluriel de la première déclinaison? — de la seconde? — de la troisième? — de la quatrième? — de la cinquième?

Quelles sont les déclinaisons qui ont des noms neutres?

Le mot *species*, apparence, a-t-il un génitif, un datif et un ablatif pluriel?

Déclinez *res* et *dies*?

De quel genre est *dies*?

—

ADJECTIFS.

Nous avons vu dès la première leçon que l'adjectif est le nom qui s'ajoute au substantif, soit pour le qualifier, soit pour le désigner.

Les mots *patiens*, *arida*, *celebres*, sont des adjectifs, parce que ces noms qualifient les substantifs *ovis*, *sede*, *nuptias*.

En latin, comme en français, l'adjectif prend le genre et le nombre du substantif qu'il accompagne, mais, en outre, il prend aussi le cas de ce substantif. Ainsi, dans les exemples ci-dessus, *patiens* est au féminin, au singulier et au nominatif, parce qu'il se rapporte à *ovis*, substantif qui est féminin, singulier et nominatif. De même *celebres* est un accusatif féminin pluriel, parce qu'il se rapporte à *nuptias*, accusatif féminin pluriel, etc.

Les adjectifs sont de deux espèces :

1° Les uns se rapportent à la première et à la seconde déclinaison ;

	masculin,	féminin,	neutre.
Tel est :	*avidus*,	*avida*,	*avidum*,
génitif :	*avidi*,	*avidæ*,	*avidi*.

2° Les autres à la troisième déclinaison seulement.

	masculin,	féminin,	neutre.
Tel est :	*celeber* *,	*celebris*,	*celebre*,
génitif :	*celebris*,	*celebris*,	*celebris*.

On voit que cette espèce d'adjectifs, dans ses trois genres, suit toujours la troisième déclinaison, puisque son génitif est toujours *is*.

Il n'y a donc pas de manière particulière de décliner les adjectifs; ils rentrent tous dans l'une des trois premières déclinaisons.

EXERCICES SUR LES ADJECTIFS.

Déclinez ensemble *homo* ** *ignarus*, *soboles improba*, *homo mendax*, *mancipium avarum*, *sensus communis*, *persona tragica*, etc. (Voir la note, 1re partie, page 8).

Les adjectifs sont susceptibles de plus ou de moins. Un homme est *menteur*, mais il peut être *plus menteur* qu'un autre : il peut être *le plus menteur* de tous ceux dont il s'agit.

Les Latins expriment par des terminaisons différentes ces trois degrés de signification ou de qualification, qu'on nomme *positif*, *comparatif* et *superlatif*.

L'adjectif est au positif quand il qualifie simplement un objet, et sans aucun rapport de comparaison avec d'autres objets : *homo mendax*, un homme menteur.

Il est au comparatif, quand il qualifie un objet avec un rapport de supériorité ou d'infériorité dans la qualité des objets comparés : *homo mendacior*, un homme plus menteur.

Enfin, il est au superlatif, quand il marque cette qualité portée au suprême degré : *homo mendacissimus*, l'homme le plus menteur.

Voyons maintenant comment se forment le comparatif et le superlatif des adjectifs.

Le comparatif se forme du cas dont la terminaison est en *i*, c'est-à-dire du génitif si l'adjectif est de la seconde déclinaison, et du datif, s'il est de la troisième, en ajoutant *or* pour le masculin et le féminin, *us* pour le neutre :

Mendax; datif *mendaci*; comparatif masc. et fém. *mendacior*; neutre *mendacius*; *potens*, datif *potenti* : *potentior*, *potentius*.

Les comparatifs de tous genres se déclinent sur la troisième déclinaison : *mendacior*, *oris*, *potentius*, *oris*.

---

* De κλέω, *se glorifier*.

** *Homo* vient de *humus*, terre.

Le superlatif se forme du même cas en *i*, en ajoutant *ssimus ; mendax, mendaci, mendacissimus*.

Les adjectifs terminés en *er* forment leur superlatif en ajoutant *rimus* à la terminaison du nominatif : *miser, miserrimus ; pauper, pauperrimus*.

Les superlatifs se déclinent sur la seconde déclinaison pour le masculin et le neutre, et pour le féminin sur la première.

	masculin,	féminin,	neutre,
	miserrimus,	*miserrima*,	*miserrimum*,
gén.	*miserrimi*,	*miserrimæ*,	*miserrimi*, etc.

EXCEPTIONS. — Les quatre adjectifs suivans forment leurs comparatifs et leurs superlatifs très-irrégulièrement.

bonus,	bon,	*melior*,	*optimus*,
malus,	mauvais,	*pejor*,	*pessimus*,
magnus,	grand,	*major*,	*maximus*,
parvus,	petit,	*minor*,	*minimus*.

6e LEÇON.

Questions grammaticales.

Qu'est-ce que l'adjectif?

Combien l'adjectif latin a-t-il de genres?

Combien distingue-t-on d'espèces d'adjectifs?

Quel genre, quel nombre et quel cas prend l'adjectif?

A quelles déclinaisons se rapporte la première espèce d'adjectifs?

A quelle déclinaison se rapporte la seconde espèce?

Combien les adjectifs ont-ils de degrés de qualification?

Qu'est-ce que le *positif*? le *comparatif*? le *superlatif*?

Comment se forme le comparatif latin?

Comment se forme le superlatif?

Comment se forme le superlatif des adjectifs qui sont terminés par *r* au nominatif?

Un exemple?

Dans quelle déclinaison se rangent les comparatifs?

Dans quelles déclinaisons se classent les superlatifs?

Quels sont les comparatifs et superlatifs irréguliers?

NOMS DE NOMBRE.

Les Romains marquaient leurs nombres par des lettres qu'ils disposaient ainsi :

chiffres arabes,	chiffres romains.
1	I
5	V
10	X
50	L
100	C
500	IↃ
1000	CIↃ
5000	IↃↃ
10,000	CCIↃↃ
50,000	IↃↃↃ
100,000	CCCIↃↃↃ

Telles étaient les figures des nombres romains. Ils n'avaient pas de nombre au-dessus de cent mille; pour compter plus haut, ils disaient *deux fois* ou *trois fois*, etc., ce nombre *.

L'unité exprimée par un I vient de ce que, dans l'origine, on l'indiquait avec un seul doigt de la main. Le V est comme si, rabaissant les doigts du milieu, l'on montrait simplement le petit doigt et le pouce, comme pour comprendre toute la main ; à laquelle, si on ajoute l'autre, on forme deux V, qui, renversés l'un au-dessous de l'autre, donne un X, qui vaut dix. Voilà comment il s'est fait que la progression dans les chiffres romains procède toujours d'un à cinq et de cinq à dix.

DÉCLINAISON DES NOMS DE NOMBRE.

Unus, un.

SINGULIER.

	mascul.	fém.	neutre.
N.	*unus*,	*una*,	*unum*,
G.	*unius*,	*unius*,	*unius*,
D.	*uni*,	*uni*,	*uni*,
Acc.	*unum*,	*unam*,	*unum*,
Abl.	*uno*,	*unâ*,	*uno*.

* Il est facile d'écrire tout nombre au moyen des cinq signes, I, V, X, L, C, en observant que si l'on met un signe de moindre valeur devant un de valeur plus élevée, il faut déduire du dernier la valeur du premier. Ainsi IV vaut 4 ; XL, vaut 40 ; XC, 90, etc.

Ainsi se déclinent : *ullus, a, um*, Gén. *ullius*, aucun ; *nullus, a, um, nullius*, nul ; *alius, alia, aliud* *, autre ; *solus*, *sola* **, *solum*, seul ; *totus, a, um ; alter, ra, rum* ***, etc., etc.

—

Duo, deux.

SINGULIER.

	mascul.	fém.	neutre.
N. v.	*duo* *,	*duæ*,	*duo*,
G.	*duorum*,	*duarum*,	*duorum*,
D. et abl.	*duobus*,	*duabus*,	*duobus*,
Acc.	*duos et duo*,	*duas*,	*duo*.

PLURIEL.

	mascul.	fém.	neutre.
N. v. acc.	*tres* *****,	*tres*,	*tria*
G.	*trium*,	*trium*,	*trium*,
G. abl.	*tribus*,	*tribus*,	*tribus*.

Les autres noms de nombre, jusqu'à cent, sont indéclinables : *quatuor*, quatre ; *quinque*, cinq ; *sex*, six ; *septem*, sept ; *octo*, huit ; *novem*, neuf ; *decem*, etc. Depuis vingt jusqu'à cent, si l'on met une conjonction entre les deux nombres, le plus petit se met le premier, *unus et viginti*, vingt-un, *duo et triginta*, trente-deux, etc. Si l'on ne met point de conjonction, l'on dit *viginti unus, viginti duo*.

Au-dessus de cent, on suit l'ordre naturel ; *centum unus*, ou *centum et unus*, etc.

Pour compter les mille, on suit la règle des nombres au-dessous de cent : *sex et viginti millia*, ou *viginti sex millia*.

Mille est indéclinable au singulier ; au pluriel, il se décline *millia, ium, ibus*. On dit indifféremment *mille homines*, ou *mille hominum* ; mais, au pluriel, on dit plutôt *millia hominum* *****.

Au contraire, tout signe de moindre valeur placé à la droite d'un signe de valeur plus élevé, doit lui être ajouté, etc.

Exemples : VI = 6 ; VII = 7 ; XI = 11 ; = XXIX = 29, etc.

* Aliam *prædam ab alio ferri putans*.

** Sola *improbitas* totam *prædam abstulit*.

*** Alterius *malo*.

**** Du grec δύο. (Voir le *Manuel grec*, 2e partie, page 19.

***** De même en grec τρεῖς, τρία.

7e LEÇON.

Questions grammaticales.

Par quelles lettres les Romains indiquaient-ils le nombre *cinq* ?

— le nombre *dix* ?

— le nombre *cinquante* ?

— le nombre *cent* ?

Écrivez en caractères romains le nombre trente-neuf ?

Déclinez *unus, a, um* ?

Déclinez *duo, duæ, duo* ?

Comment *totus, nullus, alter* font-ils au génitif ?

Et au datif ?

Déclinez *tres, tria* ?

Comment dit-on *trente-deux* ?

Ou bien comment peut-on dire encore ?

Comment *mille* se décline-t-il au pluriel ?

ADJECTIFS INDICATIFS.

Phrases du texte expliquées dans la 1re partie.

Quùm verò ILLE *petiisset* — ILLA *negabat se esse culpæ proximam* — HOC ILLIS *dictum est* — HÆC *fabella* — HOC *attestatur fabella* — IS *hostium clamore deterritus* — ID *esse verum* — ISTA *benignitas subita* — *sermone ab* IPSO *cognitum recepit* — IPSE *misericors contrà se*, etc.

Nous plaçons ici plusieurs mots qu'on a l'habitude de classer parmi les pronoms, quoiqu'ils ne soient en effet que des *adjectifs indicatifs*. Ils forment des déclinaisons particulières qui n'ont rien de commun avec celles dont nous avons donné le tableau.

Adjectif indiquant les objets absens o éloignés.

SINGULIER.

	mascul.	fémin.	neutre.
N.	*ille*,	*illa*,	*illud*,
	celui-là,	celle-là,	cela.

---

* Le moyen que j'emploie pour faire retenir promptement les noms de nombres latins à mes élèves, c'est de les appeler, aux cours, par leurs numéros d'ordre en latin.

G.	*illius,*	*illius,*	*illius,*
D.	*illi,*	*illi,*	*illi,*
Acc.	*illum,*	*illam,*	*illud,*
Abl.	*illo,*	*illâ,*	*illo.*

PLURIEL.

N.	*illi,*	*illæ,*	*illa,*
	ces, ceux,	celles-là,	ceux-là,
G.	*illorum,*	*illarum,*	*illorum,*
D.	*illis,*	*illis,*	*illis,*
Acc.	*illos,*	*illas,*	*illa,*
Abl.	*illis,*	*illis,*	*illis.*

Déclinez de même : *iste, ista, istud.* Iste se prend en mauvaise part. *Ista subita benignitas,* etc.* (Fable du *Chien fidèle*).

Adjectif indiquant les objets proches.

SINGULIER.

	mascul.	fémin.	neutre.
N.	*hic,*	*hæc,*	*hoc,*
	celui-ci,	celle-ci,	ceci,
G.	*hujus,*	*hujus,*	*hujus,*
D.	*huic,*	*huic,*	*huic,*
Acc.	*hunc,*	*hanc,*	*hoc,*
Abl.	*hoc,*	*hâc,*	*hoc.*

PLURIEL.

N.	*hi,*	*hæ,*	*hæc,*
	ceux-ci,	celles-ci,	ces choses,
G.	*horum,*	*harum,*	*horum,*
D.	*his,*	*his,*	*his,*
Acc.	*hos,*	*has,*	*hæc,*
Abl.	*his,*	*his,*	*his.*

—

SINGULIER.

	mascul.	fémin.	neutre.
N.	*is,*	*ea,*	*id,*
	ce,	cette,	cela,
G.	*ejus,*	*ejus,*	*ejus,*
D.	*ei,*	*ei,*	*ei,*
Acc.	*eum,*	*eam,*	*id,*
Abl.	*eo,*	*eâ,*	*eo.*

PLURIEL.

N.	*ii,*	*eæ,*	*ea,*
G.	*eorum,*	*earum,*	*eorum,*
D.	*eis,* / *iis,*	*eis,* / *iis,*	*eis,* / *iis,*
Acc.	*eos,*	*eas,*	*ea,*
Abl.	*eis,* / *iis,*	*eis,* / *iis,*	*eis,* / *iis.*

Nota. Si à ce pronom vous ajoutez la syllabe *dem*, vous formerez en déclinant *is, ea, id,* le pronom *idem, eadem, idem,* le même, la même, le même; génitif *ejusdem*, datif *eidem*, etc., etc.

Relatif *qui, quæ, quod.*—Le mot qui, nommé communément *pronom relatif*, n'est lui-même qu'un adjectif conjonctif. Outre qu'il rappelle l'objet dont on a parlé, il joint et unit une autre proposition à cet objet. Exemple : *Pater deterritus pretio,* quod *nimium videbatur ignaro,* etc. Ici *quod* unit la proposition *videbatur nimium* à *pater deterritus pretio.*

Qui suppose souvent son antécédent, par exemple dans la phrase Qui *alienum appetit,* etc. Qui se rapporte à *homo* sous-entendu. Voici comment il se décline :

SINGULIER.

	mascul.	fémin.	neutre.
N.	*qui,*	*quæ,*	*quod,*
	qui, lequel,	laquelle,	lequel,
G.	*cujus,*	*cujus,*	*cujus,*
D.	*cui,*	*cui,*	*cui,*
Acc.	*quem,*	*quam,*	*quod,*
Abl.	*quo,*	*quâ,*	*quo.*

PLURIEL.

N.	*qui,*	*quæ,*	*quæ,*
G.	*quorum,*	*quarum,*	*quorum,*
D.	*quibus,* / *queis,*	*quibus,* / *queis,*	*quibus,* / *queis,*
Acc.	*quos,*	*quas,*	*quæ,*
Abl.	*quibus,* / *queis,*	*quibus,* / *queis,*	*quibus,* / *queis.*

Ainsi se déclinent *quicumque* *, quiconque; *quidam* **, certain; *quilibet*, qui que ce soit; *quivis*, quelconque, etc.

---

* Déclinez de même encore : *ipse, ipsa, ipsum,* lui-même, elle-même, *lui-même*, qui ne diffère de la déclinaison d'*ille* que par le neutre *ipsum.*

* *Quicumque semel innotuit turpi fraude.*

** *Quidam senex pascebat asellum.*

QUI, *interrogatif?*

Elle demanda *qui* était le plus grand, *interrogavit* QUIS* *major esset?* (Fable de la *Grenouille.*)

Qui interrogatif, *quel, lequel, laquelle,* se dit en latin *quis, quæ, quod* ou *quid.* Il ne diffère du relatif que par le masculin nominatif *quis* et le neutre *quid.* Exemple : QUID *refert meâ.* (Fable de l'*Ane* et du *Vieillard.*)

Tous les composés de *qui* et de *quis* se déclinent comme leur simple, en ajoutant à chaque cas la particule qui entre dans leur composition, soit qu'elle précède, soit qu'elle suive. Nous venons de voir les composés de *qui*, voici maintenant les composés de *quis* : *quisnam, quænam, quodnam* et *quidnam.* Exemple : *quidnam futurum est si creârit sol liberos.*—*Quisque,* chacun. Exemple : *rapiunt quod* QUISQUE *extulit.*

Aliquis, aliqua, aliquod et *aliquid,* quelqu'un, ne diffère non plus de *quis* que par la terminaison *a* du féminin et la terminaison *a* du pluriel neutre.

PRONOMS PERSONNELS.

EGO *nominor leo.* — *Tertia* ME *sequetur.* — TU *non videris perdidisse.* — *Credo* TE *subripuisse.*— *Dixit* SE *empturum esse*, etc.

Il y a trois pronoms que l'on appelle personnels, parce qu'ils suppléent le nom des personnes : EGO, pour la première personne, celle qui parle, en français, *je* ou *moi*; TU pour la deuxième personne, celle à qui l'on adresse la parole *tu, toi*; SUI ** pour la troisième personne, *de soi.*

Première personne.

SINGULIER.

N.	*ego* ***,	je, ou moi,
G.	*meî,*	de moi,
D.	*mihi,*	à moi,
Acc.	*me,*	moi,
Abl.	*me,*	de moi.

PLURIEL.

N.	*nos,*	nous,
G.	*nostrûm* ou *nostrî,*	de nous,
D.	*nobis,*	à nous,
Acc.	*nos,*	nous,
Abl.	*nobis,*	de nous.

Deuxième personne.

SINGULIER.

N.	*tu* *,	tu, ou toi,
V.	*tu,*	toi,
G.	*tuî,*	de toi,
D.	*tibi,*	à toi,
Acc.	*te,*	toi,
Abl.	*te,*	de toi.

PLURIEL.

N.	*vos,*	vous,
V.	*vos,*	vous,
G.	*vestrûm* ou *vestrî,*	de vous,
D.	*vobis,*	à vous,
Acc.	*vos,*	vous,
Abl.	*vobis,*	de vous.

Troisième personne.

(Voir *Ille*).

PRONOM RÉFLÉCHI.

SINGULIER ET PLURIEL.

(Point de nominatif).

G.	*suî,*	de soi, d'eux-mêmes,
D.	*sibi,*	à soi, à eux-mêmes,
Acc.	*se,*	soi, eux-mêmes,
Abl.	*se,*	de soi, d'eux-mêmes.

Ce pronom est de tout genre et de tout nombre.

Vis præcludere MEAM *linguam***. — *Nil sumis ex* TUIS *opibus* ***. — SUA *aviditas deludit avidum*****.

Des pronoms personnels ci-dessus, on a formé les *adjectifs possessifs : meus, a, um; tuus, a,*

* En grec τύ.

** *Suî* est un pronom réfléchi; *ille*, *is* sont aussi des pronoms personnels de la troisième personne.

*** Du grec ἐγώ, comparez sa déclinaison. Voir le *Manuel grec*, 2e partie, p. 22.

* Du grec σύ. Même renvoi.

** Voir la fable *Canis fidelis.* — *** Voir le *Naufrage de Simonide.* — **** Voir la fable *Canis ferens carnem.*

um; suus, a, um; noster, tra, trum; vester, tra, trum. Voici comment ils se déclinent :

SINGULIER.

	mascul.	fémin.	neutre.
N.	*Meus,*	*mea,*	*meum,*
	mon,	ma,	mon,
ou	le mien,	la mienne,	le mien,
V.	*mi* *,	*mea,*	*meum,*
G.	*mei,*	*meæ,*	*mei,*
D.	*meo,*	*meæ,*	*meo,*
Acc.	*meum,*	*meam,*	*meum,*
Abl.	*meo,*	*meâ,*	*meo.*

PLURIEL.

N.	*mei,*	*meæ,*	*mea,*
	mes,	mes,	mes,
ou	les miens,	les miennes,	les miens,
V.	*mei,*	*meæ,*	*mea,*
G.	*meorum,*	*mearum,*	*meorum,*
D.	*meis,*	*meis,*	*meis,*
Acc.	*meos,*	*meas,*	*mea,*
Abl.	*meis,*	*meis,*	*meis.*

—

On déclinera ainsi les trois adjectifs suivans :

	masc.	fém.	neutre.
N.	*tuus,*	*tua,*	*tuum,*
	ton,	ta,	ton,
ou	le tien,	la tienne,	le tien,
G.	*tui,* etc.		

—

N.	*Suus,*	*sua,*	*suum,*
	son ou leur,	sa ou leur,	son ou leur,
ou	le sien,	la sienne,	le sien,
G.	*sui,* etc.		

—

N.	*cujus,*	*cuja,*	*cujum,*
	à qui,	à qui,	à qui ?
G.	*cuji,* etc.		

Ces trois adjectifs n'ont pas de vocatif.

—

* *Mi* est une abréviation de *mie*, de même que *Virgili*, pour *Virgilie*, au vocatif. *Mi* ou *mie* venait du vieux nominatif *mius*.

Les deux derniers adjectifs se déclinent comme *avidus, a, um* ; mais *vester* n'a pas de vocatif, et celui de *noster* est semblable au nominatif.

	masc.	fém.	neutre.
N.V.	*noster,*	*nostra,*	*nostrum,*
	notre,	notre,	notre,
ou	le nôtre,	la nôtre,	le nôtre,
G.	*nostri,* etc.		

—

N.	*vester,*	*vestra,*	*vestrum,*
	votre,	votre,	votre,
ou	le vôtre,	la vôtre,	le vôtre,
G.	*vestri,* etc.		

8e LEÇON.

Questions grammaticales.

Quel adjectif indique les objets proches ?
Déclinez *hic, hæc, hoc ?*
Quel adjectif désigne les objets éloignés ?
Déclinez *ille, illa, illud ?*
Déclinez *is, ea, id ?*
iste, ista, istud ?
idem, eadem, idem ?
qui, quæ, quod ?
quicumque, quiconque ?
quidam, un certain ?

Déclinez le *qui* interrogatif, *Quis, quæ, quod* et *quid ?*

Quisnam, quænam, quodnam et *quidnam ?*

Aliquis, aliqua, aliquod et *aliquid* * ?

Déclinez les pronoms personnels *Ego, Tu, Suî ?*

Déclinez les adjectifs possessifs qui en dérivent : *Meus, a, um ; Tuus, a, um ; Suus, a, um ; Cujus, a, um ; Noster, tra, trum ; Vester, tra, trum.*

Comment *vester, noster, meus* font-ils au vocatif ?

Tuus, tua, tuum ; suus, a, um ; cujus, a, um ont-ils un vocatif ?

Déclinez *ipse, ipsa, ipsum ?*
iste, ista, istud ?

* On ne dit pas *si aliquis*, mais *si quis* ; après *si, nisi, ne, sive, quò*, on retranche *ali* dans les mots qui commencent ainsi, exemple : Si quis *tetigerit quartam.*

DU VERBE.*

Le verbe est le mot par lequel nous affirmons que l'objet *est*, qu'il *a*, ou qu'il *fait* telle ou telle chose.

Les diverses terminaisons du verbe marquent les différences des nombres, des personnes, des temps, des modes et des voix.

En latin, il y a deux nombres pour les verbes comme pour les noms.

Dans cette proposition, *je lis*, c'est la personne elle-même qui affirme qu'elle fait l'action; le verbe est à la *première personne*. Dans celle-ci : *tu lis*, j'adresse la parole à quelqu'un, le verbe est à la *seconde personne*. Enfin, si je dis *Pierre lit*, j'affirme qu'une personne qui n'est ni moi, ni celle à qui je parle, fait l'action de lire, et le verbe est alors dit *à la troisième personne*.

Il y a trois personnes au pluriel comme au singulier : *nous lisons, vous lisez, ils lisent*.

Ou l'action du verbe est faite, ou elle se fait présentement, ou elle se fera; de là trois temps principaux : PASSÉ, PRÉSENT, FUTUR.

A ces trois temps principaux, les latins en ajoutent trois autres : l'*imparfait*, le *plus-que-parfait*, et le *futur antérieur*.

L'*imparfait* désigne que l'action du verbe était présente à l'époque où une chose passée avait lieu : *je lisais quand vous êtes entré*. Le *plus-que-parfait* exprime une chose doublement passée : *j'avais lu, lorsque vous êtes entré*. Le *futur antérieur* marque l'action comme future en elle-même, mais en même temps comme *passée* par rapport à une autre action qui doit la suivre : *j'aurai lu, lorsque vous entrerez*.

Chaque temps est apte à subir diverses modifications, que l'on appelle *modes*. En latin, il y a quatre modes, l'indicatif, l'impératif, le subjonctif et l'infinitif.

L'*indicatif* affirme d'une manière absolue : *hæc fabella* TESTATUR *propositum*.

L'*impératif* commande, ordonne : EME, *inquit*.

Le *subjonctif* soumet le verbe à l'influence du verbe qui précède : *rogavit* ut SUSCIPERET *filium*.

L'*infinitif* exprime simplement l'action du verbe, sans déterminer ni les nombres, ni les personnes. L'infinitif joue d'ailleurs souvent le rôle d'un nom neutre indéclinable : *voluit* ERIPERE; — *nec potuit* ATTINGERE; — *id* ESSE *verum fabella indicat*.

Ou bien le sujet *fait* l'action, et alors le verbe est dit à la *voix active*; ou bien il *subit* l'action faite par un autre, et alors il est à la *voix passive*.

Exemple de *voix active : Improbitas* ABSTULIT *prædam*.

Exemple de *voix passive : Malo* AFFICIETUR *si quis*, etc.

Énoncer de suite les différentes terminaisons d'un verbe suivant les nombres, les personnes, les temps, les modes et les voix, cela s'appelle *conjuguer*.

LE verbe substantif est celui qui affirme l'existence d'un objet. En latin, c'est le verbe ESSE, être. C'est le verbe par excellence; les autres ne sont que des mots dans la composition desquels entre ce verbe : *j'aime*, c'est *je suis* aimant, etc.

CONJUGAISON DU VERBE *ESSE*, ÊTRE.

SUM *fortis*. — *Numquam* EST *fidelis societas*. — *Socii* FUÊRE *cum leone*. — *Quidnam* FUTURUM EST. — *Id* ESSE *verum fabella indicat*, etc.

PRÉSENT.

INDICATIF.

S.	*sum*,*	je suis,
	es,	tu es,
	est,	il est,
P.	*sumus*,	nous sommes,
	estis,	vous êtes,
	sunt,	ils sont.

IMPÉRATIF.

(Point de premières personnes).

S.	*es* (*esto*),	sois,
	esto,	qu'il soit,

* Comparez les déclinaisons latines avec les déclinaisons grecques, et le verbe grec avec le verbe latin. Voir notre *Manuel pratique de langue grecque*, 2e partie.

* Les anciens conjuguaient *Esum*, *Esumus*, *Esunt*. Ce verbe tire ses temps du futur ἐσόμαι et du verbe φύω. Voir le *Manuel grec*, 2e partie, p. 24, et 1e partie, p. 10.

P. *este (estote)*, soyez,
sunto, qu'ils soient.

SUBJONCTIF.

S. *sim*, que je sois,
sis, que tu sois,
sit, qu'il soit,
P. *simus*, que nous soyons,
sitis, que vous soyez,
sint, qu'ils soient.

INFINITIF.

esse, être.

IMPARFAIT.

INDICATIF.

S. *eram*, j'étais,
eras, tu étais,
erat, il était,
P. *eramus*, nous étions,
eratis, vous étiez,
erant, ils étaient.

SUBJONCTIF.

S. *essem*, que je fusse *ou* je serais, etc.
esses, que tu fusses,
esset, qu'il fût,
P. *essemus*, que nous fussions,
essetis, que vous fussiez,
essent, qu'ils fussent.

PARFAIT.

INDICATIF.

S. *fui*, j'ai été *ou* je fus, etc.
fuisti, tu as été,
fuit, il a été,
P. *fuimus*, nous avons été,
fuistis, vous avez été,
fuerunt ou *fuêre*, ils ont été.

SUBJONCTIF.

S. *fuerim*, que j'aie été,
fueris, que tu aies été,
fuerit, qu'il ait été,
P. *fuerimus*, que nous ayons été,
fueritis, que vous ayez été,
fuerint, qu'ils aient été.

INFINITIF.

fuisse, avoir été.

PLUS-QUE-PARFAIT.

(En combinant le *Parfait* avec l'*Imparfait*).

INDICATIF.

S. *fueram*, j'avais été,
fueras, tu avais été,
fuerat, il avait été,
P. *fueramus*, nous avions été,
fueratis, vous aviez été,
fuerant, ils avaient été.

SUBJONCTIF.

S. *fuissem*, que j'eusse été *ou* j'aurais été, etc.
fuisses, que tu eusses été,
fuisset, qu'il eut été,
P. *fuissemus*, que nous eussions été,
fuissetis, que vous eussiez été,
fuissent, qu'ils eussent été.

FUTUR.

INDICATIF.

S. *ero*, je serai,
eris, tu seras,
erit, il sera,
P. *erimus*, nous serons,
eritis, vous serez,
erunt, ils seront.

INFINITIF.

fore,
M. n. *futurum*, } *esse*, } devoir être.
fém. *futuram*,

PARTICIPE *.

Masc. *futurus*,
fém. *futura*, } devant être.
neutre. *futurum*,

* Ce mode est ainsi nommé parce que par sa *forme* et par sa *nature* il participe de l'adjectif et du verbe. Il se décline comme les adjectifs.

FUTUR ANTÉRIEUR.

INDICATIF.

(Formé du *Parfait* et du *Futur*).

S.	*fuero,*	j'aurai été,
	fueris,	tu auras été,
	fuerit,	il aura été,
P.	*fuerimus,*	nous aurons été,
	fueritis,	vous aurez été,
	fuerint,	ils auront été.

INFINITIF.

Masc. et n.	*futurum,*	*fuisse,*	avoir dû être.
fém.	*futuram,*		

9e LEÇON.

Questions grammaticales.

Traduisez en latin les temps suivans du verbe *Sum.*

Il aura été ; vous aviez été ; que tu fusses ;

VOIX ACTIVE.

TABLEAU DES 4 CONJUGAISONS LATINES ET FRANÇAISES.

Ire. *As, are.*				IIe. *ēs, ere.*		
PRÉSENT.						
INDICATIF.						
S.	am o,	*j'aime,*	S.	mon eo,	*j'avertis,*
	am as,	*tu aimes,*		mon es,	*tu avertis,*
	am at,	*il aime,*		mon et,	*il avertit,*
P.	am amus,	*nous aimons,*	P.	mon emus,	*nous avertissons,*
	am atis,	*vous aimez,*		mon etis,	*vous avertissez,*
	am ant,	*ils aiment.*		mon ent,	*ils avertissent.*
IMPÉRATIF.					
Point de première personne.					
S.	am a (ato),	*aime,*	S.	mon e (eto),	*avertis,*
	am ato,	*qu'il aime,*		mon eto,	*qu'il avertisse,*
P.	am emus,	*aimons,*	P.	mon eamus,	*avertissons,*
	am ate (atote),	*aimez,*		mon ete (etote),	*avertissez,*
	am anto,	*qu'ils aiment.*		mon ento,	*qu'ils avertissent.*
SUBJONCTIF.					
S.	am em,	*que j'aime,*	S.	mon eam,	*que j'avertisse,*
	am es,	*que tu aimes,*		mon eas,	*que tu avertisses,*
	am et,	*qu'il aime,*		mon eat,	*qu'il avertisse,*
P.	am emus,	*que nous aimions,*	P.	mon eamus,	*que nous avertissions,*
	am etis,	*que vous aimiez,*		mon eatis,	*que vous avertissiez,*
	am ent,	*qu'ils aiment.*		mon eant,	*qu'ils avertissent.*

nous étions ; qu'ils eussent été ; soyez ; j'aurai été ; ils ont été ; tu seras ; qu'ils fussent ; sois ; avoir été ; que j'aie été ; il aurait été ; vous fûtes ; avoir dû être ; elles sont ; que vous ayez été ; nous fûmes ; que vous soyez ; devant être ; nous serions ; tu fus ; devoir être.

D'où vient le présent *sum* ?
——— le passé *fui* ?

Grammaire.

Le verbe *actif* est celui qui exprime que le sujet fait une *action* : *Æsopus* VIDIT *nuptias* ; ce mot *vidit* est un verbe actif.

Les verbes actifs ont la terminaison du PRÉSENT INDICATIF en *o*. Il y a quatre conjugaisons qui ont l'

	Infinitif.	Prés. indicat., 2e pers.
1re,	*āre,*	*as,*
2e,	*ēre,*	*es,*
3e,	*ĕre,*	*is,*
4e,	*ire,*	*is.*

VOIX ACTIVE.

TABLEAU DES 4 CONJUGAISONS LATINES ET FRANÇAISES.

IIIe. *is, ĕre.*			IVe. *is, ire.*		
PRÉSENT.					
INDICATIF.					
S.	accip io,	*je reçois,*	S.	aud io,	*j'entends,*
	accip is,	*tu reçois,*		aud is,	*tu entends,*
	accip it,	*il reçoit,*		aud it,	*il entend,*
P.	accip imus,	*nous recevons,*	P.	aud imus,	*nous entendons,*
	accip itis,	*vous recevez,*		aud itis,	*vous entendez,*
	accip iunt,	*ils reçoivent.*		aud iunt,	*ils entendent.*
IMPÉRATIF.					
Point de première personne.					
S.	accip e (ito),	*reçois,*	S.	aud i (ito),	*entends,*
	accip ito,	*qu'il reçoive,*		aud ito,	*qu'il entende,*
P.	accip iamus,	*recevons,*	P.	aud iamus,	*entendons,*
	accip ite (itote),	*recevez,*		aud ite (itote),	*entendez,*
	accipi unto,	*qu'ils reçoivent.*		aud iunto,	*qu'ils entendent.*
SUBJONCTIF.					
S.	accipi am,	*que je reçoive,*	S.	aud iam,	*que j'entende,*
	accipi as,	*que tu reçoives,*		aud ias,	*que tu entendes,*
	accipi at,	*qu'il reçoive,*		aud iat,	*qu'il entende,*
P.	accipi amus,	*que nous recevions,*	P.	aud iamus,	*que nous entendions,*
	accipi atis,	*que vous receviez,*		aud iatis,	*que vous entendiez,*
	accipi ant,	*qu'ils reçoivent.*		aud iant,	*qu'ils entendent.*

INFINITIF.

	am are,	*aimer.*		mon ere,	*avertir.*

PARTICIPE.

	am ans,	*aimant.*		mon ens,	*avertissant.*

IMPARFAIT.

INDICATIF.

S.	am abam,	*j'aimais,*	S.	mon ebam,	*j'avertissais,*
	am abas,	*tu aimais,*		mon ebas,	*tu avertissais,*
	am abat,	*il aimait,*		mon ebat,	*il avertissait,*
P.	am abamus,	*nous aimions,*	P.	mon ebamus,	*nous avertissions,*
	am abatis,	*vous aimiez,*		mon ebatis,	*vous avertissiez,*
	am abant,	*ils aimaient.*		mon ebant,	*ils avertissaient.*

SUBJONCTIF.

S.	am arem,	*que j'aimasse *,*	S.	mon erem,	*que j'avertisse *,*
	am ares,	*que tu aimasses,*		mon eres,	*que tu avertisses,*
	am aret,	*qu'il aimât,*		mon eret,	*qu'il avertît,*
P.	am aremus,	*que nous aimassions,*	P.	mon eremus,	*que nous avertissions,*
	am aretis,	*que vous aimassiez,*		mon eretis,	*que vous avertissiez,*
	am arent,	*qu'ils aimassent.*		mon erent,	*qu'ils avertissent.*

PARFAIT.

INDICATIF.

S.	am avi,	*j'ai aimé**,*	S.	mon ui,	*j'ai averti**,*
	am avisti,	*tu as aimé,*		mon uisti,	*tu as averti,*
	am avit,	*il a aimé,*		mon uit,	*il a averti,*
P.	am avimus,	*nous avons aimé,*	P.	mon uimus,	*nous avons averti,*
	am avistis,	*vous avez aimé,*		mon uistis,	*vous avez averti,*
	am averunt (*ou* avêre),	*ils ont aimé.*		mon uerunt (*ou* mon uêre),	*ils ont averti.*

SUBJONCTIF.

S.	am averim,	*que j'aie aimé,*	S.	mon uerim,	*que j'aie averti,*
	am averis,	*que tu aies aimé,*		mon ueris,	*que tu aies averti,*
	am averit,	*qu'il ait aimé,*		mon uerit,	*qu'il ait averti,*
P.	am averimus,	*que nous ayons aimé,*	P.	mon uerimus,	*que nous ayons averti,*
	am averitis,	*que vous ayez aimé,*		mon ueritis,	*que vous ayez averti,*
	am averint,	*qu'ils aient aimé.*		mon uerint,	*qu'ils aient averti.*

* *Ou* : j'aimerais, tu aimerais, il aimerait, nous aimerions, vous aimeriez, ils aimeraient.

** *Ou* : j'aimai, tu aimas, il aima, nous aimâmes, vous aimâtes, ils aimèrent.

Ou : j'eus aimé, tu eus aimé, il eut aimé, nous eûmes aimé, vous eûtes aimé, ils eurent aimé.

* *Ou* : j'avertirais, tu avertirais, il avertirait, etc.

** *Ou* : j'avertis, tu avertis, il avertit, nous avertîmes, vous avertîtes, ils avertirent.

Ou : j'eus averti, tu eus averti, il eut averti, nous eûmes averti, vous eûtes averti, ils eurent averti.

INFINITIF.

accip ere,	*recevoir.*	aud ire,	*entendre.*

PARTICIPE.

accipi ens,	*recevant.*	aud iens,	*entendant.*

IMPARFAIT.

INDICATIF.

S.	accipi ebam,	*je recevais,*	S.	aud iebam,	*j'entendais,*
	accipi ebas,	*tu recevais,*		aud iebas,	*tu entendais,*
	accipi ebat,	*il recevait,*		aud iebat,	*il entendait,*
P.	accipi ebamus,	*nous recevions,*	P.	aud iebamus,	*nous entendions,*
	accipi ebatis,	*vous receviez,*		aud iebatis,	*vous entendiez,*
	accipi ebant,	*ils recevaient.*		aud iebant,	*ils entendaient.*

SUBJONCTIF.

S.	accip erem,	*que je reçusse*,*	S.	aud irem,	*que j'entendisse*,*
	accip eres,	*que tu reçusses,*		aud ires,	*que tu entendisses,*
	accip eret,	*qu'il reçût,*		aud iret,	*qu'il entendît,*
P.	accip eremus,	*que nous reçussions,*	P.	aud iremus,	*que nous entendissions,*
	accip eretis,	*que vous reçussiez,*		aud iretis,	*que vous entendissiez,*
	accip erent,	*qu'ils reçussent.*		aud irent,	*qu'ils entendissent.*

PARFAIT.

INDICATIF.

S.	accep i,	*j'ai reçu**,*	S.	aud ivi,	*j'ai entendu**,*
	accep isti,	*tu as reçu,*		aud ivisti,	*tu as entendu,*
	accep it,	*il a reçu,*		aud ivit,	*il a entendu,*
P.	accep imus,	*nous avons reçu,*	P.	aud ivimus,	*nous avons entendu,*
	accep istis,	*vous avez reçu,*		aud ivistis,	*vous avez entendu,*
	accep erunt (*ou* ere),	*ils ont reçu.*		aud iverunt (*ou* ere),	*ils ont entendu.*

SUBJONCTIF.

S.	accep erim,	*que j'aie reçu,*	S.	aud iverim,	*que j'aie entendu,*
	accep eris,	*que tu aies reçu,*		aud iveris,	*que tu aies entendu,*
	accep erit,	*qu'il ait reçu,*		aud iverit,	*qu'il ait entendu,*
P.	accep erimus,	*que nous ayons reçu,*	P.	aud iverimus,	*que nous ayons entendu,*
	accep eritis,	*que vous ayez reçu,*		aud iveritis,	*que vous ayez entendu,*
	accep erint,	*qu'ils aient reçu.*		aud iverint,	*qu'ils aient entendu.*

* *Ou :* je recevrais, tu recevrais, il recevrait, etc.

** *Ou :* je reçus, tu reçus, il reçut, nous reçûmes, vous reçûtes, ils reçurent. — *Ou :* j'eus reçu, tu eus reçu, il eut reçu, nous eûmes reçu, vous eûtes reçu, ils eurent reçu.

* *Ou :* j'entendrais, tu entendrais, il entendrait, etc.

** *Ou :* j'entendis, tu entendis, il entendit, nous entendîmes, vous entendîtes, ils entendirent.

— *Ou :* j'eus entendu, tu eus entendu, il eut entendu, nous eûmes entendu, vous eûtes entendu, ils eurent entendu.

INFINITIF.

	am avisse,	*avoir aimé.*		mon uisse,	*avoir averti.*

PLUSQUE PARFAIT.

INDICATIF.

S.	am averam,	*j'avais aimé,*	S.	mon ueram,	*j'avais averti,*
	am averas,	*tu avais aimé,*		mon ueras,	*tu avais averti,*
	am averat,	*il avait aimé,*		mon uerat,	*il avait averti,*
P.	am averamus,	*nous avions aimé,*	P.	mon ueramus,	*nous avions averti,*
	am averatis,	*vous aviez aimé,*		mon ueratis,	*vous aviez averti,*
	am averant,	*ils avaient aimé.*		mon uerant,	*ils avaient averti.*

SUBJONCTIF.

S.	am avissem,	*que j'eusse aimé* *,	S.	mon uissem,	*que j'eusse averti* *,
	am avisses,	*que tu eusses aimé,*		mon uisses,	*que tu eusses averti,*
	am avisset,	*qu'il eût aimé,*		mon uisset,	*qu'il eût averti,*
P.	am avissemus,	*que nous eussions aimé,*	P.	mon uissemus,	*que nous eussions averti,*
	am avissetis,	*que vous eussiez aimé,*		mon uissetis,	*que vous eussiez averti,*
	am avissent,	*qu'ils eussent aimé.*		mon uissent,	*qu'ils eussent averti.*

FUTUR.

INDICATIF.

S.	am abo,	*j'aimerai,*	S.	mon ebo,	*j'avertirai,*
	am abis,	*tu aimeras,*		mon ebis,	*tu avertiras,*
	am abit,	*il aimera,*		mon ebit,	*il avertira,*
P.	am abimus,	*nous aimerons,*	P.	mon ebimus,	*nous avertirons,*
	am abitis,	*vous aimerez,*		mon ebitis,	*vous avertirez,*
	am abunt,	*ils aimeront.*		mon ebunt,	*ils avertiront.*

INFINITIF.

	am aturum, am, esse,	*devoir aimer.*		mon iturum, am, esse,	*devoir avertir.*

PARTICIPE.

	am aturus, ra, rum,	*devant aimer.*		mon iturus, ra, rum,	*devant avertir.*

FUTUR ANTÉRIEUR.

INDICATIF.

S.	am avero,	*j'aurai aimé,*	S.	mon uero,	*j'aurai averti,*

* *Ou* : j'aurais aimé, tu aurais aimé, il aurait aimé, nous aurions aimé, vous auriez aimé, ils auraient aimé.

* *Ou* : j'aurais averti, tu aurais averti, il aurait averti, nous aurions averti, vous auriez averti, ils auraient averti.

INFINITIF.

	accep isse.	*avoir reçu.*		aud ivisse,	*avoir entendu.*

PLUSQUE PARFAIT.

INDICATIF.

S.	accep eram,	*j'avais reçu,*	S.	aud iveram,	*j'avais entendu,*
	accep eras,	*tu avais reçu,*		aud iveras,	*tu avais entendu,*
	accep erat,	*il avait reçu,*		aud iverat,	*il avait entendu,*
P.	accep eramus,	*nons avions reçu,*	P.	aud iveramus,	*nous avions entendu,*
	accep eratis,	*vous aviez reçu,*		aud iveratis,	*vous aviez entendu,*
	accep erant,	*ils avaient reçu.*		aud iverant,	*ils avaient entendu.*

SUBJONCTIF.

S.	accep issem,	*que j'eusse reçu*,*	S.	aud ivissem,	*que j'eusse entendu*,*
	accep isses,	*que tu eusses reçu,*		aud ivisses,	*que tu eusses entendu,*
	accep isset,	*qu'il eût reçu,*		aud ivisset,	*qu'il eût entendu,*
P.	accep issemus,	*que nous eussions reçu,*	P.	aud ivissemus,	*que nous eussions entendu,*
	accep issetis,	*que vous eussiez reçu,*		aud ivissetis,	*que vous eussiez entendu,*
	accep issent,	*qu'ils eussent reçu.*		aud ivissent,	*qu'ils eussent entendu.*

FUTUR.

INDICATIF.

S.	accipi am,	*je recevrai,*	S.	aud iam,	*j'entendrai,*
	accipi es,	*tu recevras,*		aud ies,	*tu entendras,*
	accipi et,	*il recevra,*		aud iet,	*il entendra,*
P.	accipi emus,	*nous recevrons,*	P.	aud iemus,	*nous entendrons,*
	accipi etis,	*vous recevrez,*		aud ietis,	*vous entendrez,*
	accipi ent,	*ils recevront.*		aud ient,	*ils entendront.*

INFINITIF.

	accep turum, am, esse,	*devoir recevoir.*		aud iturum, am, esse,	*devoir entendre.*

PARTICIPE.

	accep turus, ra, rum,	*devant recevoir.*		aud iturus, ra, rum,	*devant entendre.*

FUTUR ANTÉRIEUR.

INDICATIF.

S.	accep ero,	*j'aurai reçu,*	S.	aud ivero,	*j'aurai entendu,*

* *Ou* : j'aurais reçu, tu aurais reçu, il aurait reçu, nous aurions reçu, vous auriez reçu, ils auraient reçu.

** *Ou* : j'aurais entendu, tu aurais entendu, il aurait entendu, nous aurions entendu, vous auriez entendu, ils auraient entendu.

	am averis,	*tu auras aimé,*		mon ueris,	*tu auras averti,*
	am averit,	*il aura aimé,*		mon uerit,	*il aura averti,*
P.	am averimus,	*nous aurons aimé,*	P.	mon uerimus,	*nous aurons averti,*
	am averitis,	*vous aurez aimé,*		mon ueritis,	*vous aurez averti,*
	am averint,	*ils auront aimé.*		mon uerint,	*ils auront averti.*

INFINITIF.

am aturum, am, fuisse,	*avoir dû aimer.*	mon iturum, am, fuisse,	*avoir dû avertir.*

NOMS FORMÉS DU VERBE.

SUPIN.

am atum,	*à aimer.*	mon itum,	*à avertir.*

GÉRONDIFS.

Gén.	am andi,	*d'aimer,*	Gén.	mon endi,	*d'avertir,*
Dat.	am ando,	*en aimant,*	Dat.	mon endo,	*en avertissant,*
Acc.	am andum,	*pour aimer.*	Acc.	mon endum,	*pour avertir.*

REMARQUES SUR LES CONJUGAISONS.

Pour conjuguer sans peine toutes sortes de verbes, il faut remarquer que tout verbe non défectueux a deux temps, qui ne se formant eux-mêmes d'aucun temps, servent à former tous les autres, ce sont le *présent* et le *parfait*. Le nom verbal appelé *supin* sert aussi dans la formation des temps.

Pour pouvoir conjuguer un verbe, il faut donc que l'usage ou le dictionnaire nous en ait fourni le *présent*, le *parfait* et le *supin*.

FORMATION DES TEMPS :

Otez du présent infinitif la dernière syllabe, vous aurez le présent impératif :

ama, mone, accipe, audi.

Ajoutez au présent infinitif *m*, vous aurez l'imparfait subjonctif :

amare m, monere m, accipere m, audire m.

Ajoutez au parfait infinitif *m*, vous aurez le plus-que-parfait subjonctif :

amavisse m, monuisse m, accepisse m, audivisse m.

Pour former le futur, changez, dans la première conjugaison le présent indicatif, la terminaison *o* en *abo* : *amo*, *amabo* ; dans la seconde changez *o* en *bo* : *moneo*, *monebo* ; dans les deux dernières changez *o* en *am* : *accipio*, *accipiam* ; *audio*, *audiam*.

Du *parfait indicatif* vous formez le *parfait infinitif*, en changeant *i* en *isse* : *amavi*, *amavisse*.

En changeant *i* en *eram* vous formez le plus-que-parfait indicatif : *amavi*, *amaveram*.

En changeant *i* en *ero* vous aurez le futur antérieur : *amavi*, *amavero*.

En changeant *i* en *erim*, vous aurez le parfait subjonctif : *amavi*, *amaverim*.

Le présent participe se forme du présent indicatif, en changeant dans la première conjugaison, *o* en *ans* : *amo*, *amans* ; dans la 2e, *o* en *ns* : *moneo*, *monens* ; dans la 3e et la 4e *o* en *ens* : *accipio*, *accipiens* ; *audio*, *audiens*.

Du supin en *um*, on forme le participe du futur en changeant *um* en *urus*, *a*, *um* ; *amatum*, *amaturus*, *a*, *um*, etc.

	accep eris,	*tu auras reçu*,	aud iveris,	*tu auras entendu*,
	accep erit,	*il aura reçu*,	aud iverit,	*il aura entendu*,
P.	accep erimus,	*nous aurons reçu*,	P. aud iverimus,	*nous aurons entendu*,
	accep eritis,	*vous aurez reçu*,	aud iveritis,	*vous aurez entendu*,
	accep erint,	*ils auront reçu.*	aud iverint,	*ils auront entendu.*
		INFINITIF.		
	accep turum, am, fuisse,	*avoir dû recevoir.*	aud iturum, am, fuisse,	*avoir dû entendre.*
		NOMS FORMÉS DU VERBE.		
		SUPIN.		
	accep tum,	*à recevoir.*	aud itum,	*à entendre.*
		GÉRONDIFS.		
Gén.	accipi endi,	*de recevoir*,	Gén. aud iendi,	*d'entendre*,
Dat.	accipi endo,	*en recevant*,	Dat. aud iendo,	*en entendant*,
Acc.	accipi endum,	*pour recevoir.*	Acc. aud iendum,	*pour entendre.*

Ainsi se conjuguent,

Sur *amo* :

(Nous donnons le *prés. ind.*, sa seconde personne, le *parfait* et le *supin*. de chaque verbe).

Rogo, as, avi, atum (1) ; interrogo, as, avi, atum, are (2) ; narro, as, avi, atum, are ; monstro, as, avi, atum, are (3) ; affirmo, as, avi, atum, are (4) ; nego, as, avi, atum, are (5) ; devoco, as, avi, atum, are (6) ; inflo, as, avi, atum, are (7) ; commuto, as, avi, atum, are (8) ; jacto, as, avi, atum, are (9) ; commodo, as, avi, atum, are (10) ; muto, as, avi, atum, are (11) ; indico, as, avi, atum, are (12), etc.

Sur *moneo* (13) :

Video, es, vidi, visum, videre (14) ; suadeo, es, si, sum, dere (15) ; habeo, es, bui, bitum, bere (16) ; teneo, es, nui, tentum, tenere (17) ; maneo, es, mansi, mansum, manere (18) ; emineo, es, ui, nere (19) ; debeo, es, ui, itum, ere ; (20) etc. etc.

Sur *accipio* : (21)

Accedo, is, cessi, cessum, dere (22) ; suscipio, is, cepi, ceptum, cipere (23) ; peto, is, ivi *et* ii, itum, ere (24) ; emo, is, emi, emptum, emere (25) ; capio, is, cepi, captum, capere (26) ; tango, is,

1 *Rogavit* ut susciperet filium erudiendum.
2 *Interrogavit* an esset latior bove.
3 *Monstrabo* tibi unde plus accipere possis.
4 *Affirmavit* decem panes deberi.
5 Quod pulchre *negas*. — *Negavit* se esse culpæ proximam.
6 *Devocat* ad perniciem.
7 Dum vult se *inflare* validius.
8 In *commutando* principatu.
9 *Jactat* collo tintinnabulum.
10 Quem contenderet *commodâsse*, pour *commodavisse*.
11 Nihil *mutat* pauper.
12 *Indicat* fabella.
13 *Monet* vitam consilio prudenti.
14 *Vidit* simulacrum.
15 *Suadebat* asino fugere.
16 Cerebrum non *habet*-*habebis* duo.
17 Dimisit cibum quem *tenebat*.
18 *Manet* sua pœna calumniatorem.
19 *Eminet* celsa cervice.
20 Solvit quod non *debebat*.
21 Dignum *accipies* præmium.
22 *Accessit* ad Aristippum.
23 Rogavitque ut *susciperet*, etc.
24 Quum *petiisset* quingentas drachmas.
25 *Eme*, inquit,— dixit se *Empturum esse*, etc.
26 Hi quum *cepissent* cervum, etc.

tetigi, tactum, tangere (1) ; dimitto, is, dimisi, dimissum, dimittere (2) ; etc. etc.

Sur *audio* (3) :

Servio, is, ivi *et* ii, itum, ire (4) ; aperio, is, rui, ertum, ire (5), etc. etc.

10e LEÇON.

Questions grammaticales.

Traduisez quelques temps du verbe *aimer*, en latin *amare* :

Nous aimerions ; tu auras aimé ; ils ont aimé ; aime ; vous aimez ; devoir aimer ; que tu aimasses ; vous aimâtes.

Ils aimaient ; que vous eussiez aimé ; qu'ils aient aimé ; aimant ; que nous aimions ; ils auraient aimé ; avoir aimé ; qu'elles aimassent ; j'aimai ; tu aimeras ; que j'aime ; il avait aimé ; nous eûmes aimé ; avoir dû aimer ; que vous aimassiez ; aimer.

[1] Si *tetigerit* quartam, malo afficietur.
[2] *Dimisit* cibum.
[3] Id ut *audivit* (Thémistocle).
[4] Quid refert mea cui *serviam*.
[5] *Aperit* domino Navis quis sit (Thémistocle).

Traduisez quelques temps du verbe *avertir*, en latin *monere* :

Tu avertiras ; j'aurais averti ; avertissons ; devant avertir ; que nous ayons averti ; vous avertissez ; il aura averti ; nous eûmes averti ; ils avertissaient ; j'avais averti ; ils ont averti ; que tu aies averti ; qu'il avertît ; devoir avertir ; qu'ils eussent averti ; avertis ; ils avertiraient ; avertissons ; vous eûtes averti ; avoir averti ; tu avertirais ; elles avaient averti ; que j'ai averti ; nous avertîmes.

Traduisez quelques temps du verbe *recevoir*, en latin *accipere* :

Que je reçusse ; devant recevoir ; ils reçoivent ; vous auriez reçu ; qu'ils reçoivent ; tu recevais ; nous recevrions ; j'avais reçu ; qu'ils reçussent ; recevez ; j'aurais reçu ; vous eûtes reçu ; devoir recevoir ; elles avaient reçu ; que tu aies reçu ; recevons.

Traduisez quelques temps du verbe *entendre*, en latin *audire* :

Il a entendu ; que tu aies entendu ; entends ; ils auront entendu ; j'entendrais ; vous

VOIX PASSIVE.

TABLEAU DES 4 CONJUGAISONS.

PRÉSENT.

INDICATIF.

S.	amor,	*je suis aimé,*	S.	moneor,	*je suis averti,*
	amaris *ou* amâre,	*tu es aimé,*		moneris *ou* monêre,	*tu es averti,*
	amatur,	*il est aimé,*		monetur,	*il est averti,*
P.	amamur,	*nous sommes aimés,*	P.	monemur,	*nous sommes avertis,*
	amamini	*vous êtes aimés,*		monemini,	*vous êtes avertis,*
	amantur,	*ils sont aimés.*		monentur,	*ils sont avertis.*

entendrez ; avoir entendu ; il avait entendu.

Qu'il entendît ; vous entendez ; ils eurent entendu ; que nous eussions entendu ; devant entendre ; nous entendions ; devoir entendre.

Vous entendîtes ; elles eurent entendu ; ils auraient entendu ; que nous entendions ; elles entendraient ; entendant ; j'aurai entendu ; avoir dû entendre.

EXERCICES.

Traduisez en latin :

Le père de famille *entreprendra* l'éducation de son fils.

Le fils *priera* le philosophe.

Le père de famille *avait* deux esclaves.

Le père de famille était *devant avoir* un fils ignorant.

Je *reçois* une récompense.

Je *recevrai* cinq cents dragmes.

Le renard *voyant* le masque de théâtre fut effrayé.

J'*entendrai* Esope *racontant* une fable.

Les fables *indiqueront* cela être vrai.

Le vieillard ne *disait* pas *non*, (ne niait pas.)

Raconte moi une fable.

Tu ne m'*as* pas *prêté* de pain. *

* Il est facile à l'élève de faire passer par tous les temps les verbes que la traduction du texte lui a fait et lui fera connaître, et d'en former de petites phrases au moyen de quelques substantifs qu'il empruntera également à ses textes.

Grammaire.

De la voix passive.

Nominor leo—*afficietur* malo—putans aliam prædam *ferri* ab alio—aviditas *decepta est*—simius *fertur*—ne possent *capi*—dixit non modo unum *deberi*—hæc merces *datur*, etc.

Quand l'action du verbe, au lieu d'être faite par le sujet, est *soufferte* par lui, le verbe est dit au passif. Tels sont tous les verbes soulignés dans les exemples ci-dessus.

Le passif a quatre conjugaisons, qui répondent à celles de l'actif.

Actif.	Amare,	monere,	accipere,	audire.
Passif.	Amari	moneri,	accipi,	audiri.

Le passif a trois temps simples, et trois temps composés.

Les trois temps simples sont le présent, l'imparfait et le futur ; ils se forment de ceux de l'actif en ajoutant *r* à ceux qui se terminent en *o* : *amo, amor ; amabo, amabor ;* et en changeant *m* en *r* dans ceux qui se terminent en *m* à l'actif : *amabam, amabar ; amarem, amarer.*

VOIX PASSIVE.

TABLEAU DES 4 CONJUGAISONS.

PRÉSENT.

INDICATIF.

S.	accipior,	*je suis reçu,*	S.	audior,	*je suis entendu,*
	acciperis *ou* accipere,	*tu es reçu,*		audiris *ou* audire,	*tu es entendu,*
	accipitur,	*il est reçu,*		auditur,	*il est entendu,*
P.	accipimur,	*nous sommes reçus,*	P.	audimur,	*nous sommes entendus,*
	accipimini,	*vous êtes reçus,*		audimini,	*vous êtes entendus,*
	accipiuntur,	*ils sont reçus.*		audiuntur,	*ils sont entendus.*

IMPÉRATIF.

Point de première personne.

S.	amare, *ou* amator,	*sois aimé,*	S.	monere *ou* monetor,	*sois averti,*
	amator,	*qu'il soit aimé,*		monetor,	*qu'il soit averti,*
P.	amemur,	*soyons aimés,*	P.	moneamur,	*soyons avertis,*
	amamini,	*soyez aimés,*		monemini,	*soyez avertis,*
	amantor,	*qu'ils soient aimés.*		monentor,	*qu'ils soient avertis.*

SUBJONCTIF.

S.	amer,	*que je sois aimé,*	S.	monear,	*que je sois averti,*
	ameris, *ou* amere,	*que tu sois aimé,*		monearis *ou* moneare,	*que tu sois averti,*
	ametur,	*qu'il soit aimé.*		moneatur,	*qu'il soit averti,*
P.	amemur,	*que nous soyons aimés,*	P.	moneamur,	*que nous soyons avertis,*
	amemini,	*que vous soyez aimés,*		moneamini,	*que vous soyez avertis,*
	amentur,	*qu'ils soient aimés.*		moneantur,	*qu'ils soient avertis.*

INFINITIF.

	amari,	*être aimé.*		moneri,	*être averti.*

IMPARFAIT.

INDICATIF.

S.	amabar,	*j'étais aimé,*	S.	monebar,	*j'étais averti,*
	amabaris *ou* amabâre,	*tu étais aimé,*		monebaris *ou* monebâre,	*tu étais averti,*
	amabatur,	*il était aimé,*		monebatur,	*il était averti,*
P.	amabamur,	*nous étions aimés,*	P.	monebamur,	*nous étions avertis,*
	amabamini,	*vous étiez aimés,*		monebamini,	*vous étiez avertis,*
	amabantur,	*ils étaient aimés.*		monebantur,	*ils étaient avertis.*

SUBJONCTIF.

S.	amarer,	*que je fusse aimé*,*	S.	monerer,	*que je fusse averti*,*
	amareris *ou* amarêre,	*que tu fusses aimé,*		monereris *ou* monerêre,	*que tu fusses averti,*
	amaretur,	*qu'il fût aimé,*		moneretur,	*qu'il fût averti,*
P.	amaremur,	*que nous fussions aimés,*	P.	moneremur,	*que nous fussions avertis,*
	amaremini,	*que vous fussiez aimés,*		moneremini,	*que vous fussiez avertis,*
	amarentur,	*qu'ils fussent aimés.*		monerentur,	*qu'ils fussent avertis.*

* *Ou* : je serais aimé, tu serais aimé, il serait aimé, nous serions aimés, vous seriez aimés, ils seraient aimés.

* *Ou* : je serais averti, tu serais averti, il serait averti; nous serions avertis, vous seriez avertis, ils seraient avertis.

IMPÉRATIF.

Point de première personne.

S.	accipere *ou* accipitor,	*sois reçu,*	S.	audire *ou* auditor,	*sois entendu,*
	accipitor,	*qu'il soit reçu,*		auditor,	*qu'il soit entendu,*
P.	accipiamur,	*soyons reçus,*	P.	audiamur,	*soyons entendus,*
	accipimini,	*soyez reçus,*		audimini,	*soyez entendus,*
	accipiuntor,	*qu'ils soient reçus.*		audiuntor,	*qu'ils soient entendus.*

SUBJONCTIF.

S.	accipiar,	*que je sois reçu,*	S.	audiar,	*que je sois entendu,*
	accipiaris *ou* accipiare,	*que tu sois reçu,*		audiaris *ou* audiare,	*que tu sois entendu,*
	accipiatur,	*qu'il soit reçu,*		audiatur,	*qu'il soit entendu,*
P.	accipiamur,	*que nous soyons reçus,*	P.	audiamur,	*que nous soyons entendus,*
	accipiamini,	*que vous soyez reçus,*		audiamini,	*que vous soyez entendus,*
	accipiantur,	*qu'ils soient reçus.*		audiantur,	*qu'ils soient entendus.*

INFINITIF.

	accipi,	*être reçu.*		audiri,	*être entendu.*

IMPARFAIT.

INDICATIF.

S.	accipiebar,	*j'étais reçu,*	S.	audiebar,	*j'étais entendu,*
	accipiebaris *ou* accipiebare,	*tu étais reçu,*		audiebaris *ou* audiebare,	*tu étais entendu,*
	accipiebatur,	*il était reçu,*		audiebatur,	*il était entendu,*
P.	accipiebamur,	*nous étions reçus,*	P.	audiebamur,	*nous étions entendus,*
	accipiebamini,	*vous étiez reçus,*		audiebamini,	*vous étiez entendus,*
	accipiebantur,	*ils étaient reçus.*		audiebantur,	*ils étaient entendus.*

SUBJONCTIF.

S.	acciperer,	*que je fusse reçu *,*	S.	audirer,	*que je fusse entendu *,*
	accipereris *ou* accipérêre,	*que tu fusses reçu,*		audireris *ou* audirêre,	*que tu fusses entendu,*
	acciperetur,	*qu'il fût reçu,*		audiretur,	*qu'il fût entendu,*
P.	acciperemur,	*que nous fussions reçus,*	P.	audiremur,	*que nous fussions entendus,*
	acciperemini,	*que vous fussiez reçus,*		audiremini,	*que vous fussiez entendus,*
	acciperentur,	*qu'ils fussent reçus.*		audirentur,	*qu'ils fussent entendus.*

* *Ou* : je serais reçu, tu serais reçu, il serait reçu, nous serions reçus, vous seriez reçus, ils seraient reçus.

* *Ou* : je serais entendu, tu serais entendu, il serait entendu, nous serions entendus, vous seriez entendus, ils seraient entendus.

PARFAIT.

INDICATIF.

S.	amatus sum *ou* fui,	*j'ai été aimé,*	S.	monitus sum *ou* fui,	*j'ai été averti,*
	amatus es *ou* fuisti, *etc.*	*tu as été aimé,* etc.		monitus es *ou* fuisti, *etc.*	*tu as été averti,* etc.
P.	amati sumus *ou* fuimus, *etc.*	*nous avons été aimés*, etc., ou *je fus aimé*, etc., ou *j'eus été aimé*, etc.	P.	moniti sumus *ou* fuimus, *etc.*	*nous avons été avertis*, etc., ou *je fus averti*, etc., ou *j'eus été averti.*

SUBJONCTIF.

S.	amatus sim *ou* fuerim, *etc.*	*que j'aie été aimé,* etc.	S.	monitus sim *ou* fuerim, etc.	*que j'ai été averti,* etc.

INFINITIF.

amatum esse *ou* fuisse,	*avoir été aimé.*	monitum esse *ou* fuisse,	*avoir été averti.*

PARTICIPE.

amatus, a, um,	*aimé, ayant été aimé.*	monitus, a, um,	*averti, ayant été averti.*

PLUSQUE PARFAIT.

INDICATIF.

S.	amatus eram *ou* fueram, *etc.*	*j'avais été aimé,* etc.	S.	monitus eram *ou* fueram, *etc.*	*j'avais été averti,*
P.	amati eramus *ou* fueramus, *etc.*	*nous avions été aimés,* etc.		moniti eramus *ou* fueramus,	*nous avions été avertis.*

SUBJONCTIF.

S.	amatus essem *ou* fuissem, *etc.*	*que j'eusse été aimé,*	S.	monitus essem *ou* fuissem, *etc.*	*que j'eusse été averti,*
P.	amati essemus, etc.	*que nous eussions été aimés*, ou *j'aurais été aimé*, etc.	P.	moniti essemus, *etc.*	*que nous eussions été avertis*, ou *j'aurais été averti*, etc.

FUTUR.

INDICATIF.

S.	amabor,	*je serai aimé,*	S.	monebor,	*je serai averti,*
	amaberis *ou* amabêre,	*tu seras aimé,*		moneberis *ou* monebêre,	*tu seras averti,*
	amabitur,	*il sera aimé,*		monebitur,	*il sera averti,*
P.	amabimur,	*nous serons aimés,*	P.	monebimur,	*nous serons avertis,*
	amabimini,	*vous serez aimés,*		monebimini,	*vous serez avertis,*
	amabuntur,	*ils seront aimés.*		monebuntur,	*ils seront avertis.*

PARFAIT.

INDICATIF.

S.	acceptus sum *ou* fui,	*j'ai été reçu,*	S.	auditus sum *ou* fui,	*j'ai été entendu,*
	acceptus es *ou* fuisti, *etc.*	*tu as été reçu,* etc.		auditus es *ou* fuisti, *etc.*	*tu as été entendu,* etc.
P.	accepti sumus, *etc., etc.*	*nous avons été reçus,* etc., ou *je fus reçu,* etc., ou *j'eus été reçu,* etc.	P.	auditi sumus, *etc., etc.*	*nous avons été entendus,* etc., ou *je fus entendu,* ou *j'eus été entendu,* etc.

SUBJONCTIF.

S.	acceptus sim *ou* fuerim,	*que j'aie été reçu.*	S.	auditus sim *ou* fuerim,	*que j'aie été entendu.*

INFINITIF.

	acceptum esse, *ou* fuisse,	*avoir été reçu.*		auditum esse *ou* fuisse,	*avoir été entendu.*

PARTICIPE.

	acceptus, a, um,	*reçu, ayant été reçu.*		auditus, a, um,	*entendu, ayant été,* etc.

PLUSQUE-PARFAIT.

INDICATIF.

S.	acceptus eram *ou* fueram, *etc.*	*j'avais été reçu,*	S.	auditus eram *ou* fueram, *etc.*	*j'avais été entendu,*
P.	accepti eramus *ou* fueramus, *etc.*	*nous avions été reçus.*	P.	auditi eramus *ou* fueramus, *etc.*	*nous avions été entendus.*

SUBJONCTIF.

S.	acceptus essem *ou* fuissem, *etc.*	*que j'eusse été reçu,*	S.	auditus essem *ou* fuissem, *etc.*	*que j'eusse été entendu,* etc.
P.	accepti essemus *ou* fuissemus, *etc.*	*que nous eussions été reçus,* ou *j'aurais été reçu,* etc.	P.	auditi essemus, *etc.*	*que nous eussions été entendus,* ou *j'aurais été entendu,* etc.

FUTUR.

INDICATIF.

S.	accipiar,	*je serai reçu,*	S.	audiar,	*je serai entendu,*
	accipieris *ou* accipière,	*tu seras reçu,*		audieris *ou* audière,	*tu seras entendu,*
	accipietur,	*il sera reçu,*		audietur,	*il sera entendu,*
P.	accipiemur,	*nous serons reçus,*	P.	audiemur,	*nous serons entendus,*
	accipiemini,	*vous serez reçus,*		audiemini,	*vous serez entendus,*
	accipientur,	*ils seront reçus.*		audientur,	*ils seront entendus.*

INFINITIF.

Ind. amatum iri, *Décl.* amandum esse,	*devoir être aimé.*	*ind.* monitum iri, *décl.* monendum esse,	*devoir être averti.*

PARTICIPE.

amandus, a, um,	*devant être aimé.*	monendus, a, um,	*devant être averti.*

FUTUR ANTÉRIEUR.

INDICATIF.

S.	amatus ero *ou* fuero, etc.	*j'aurai été aimé,* etc.	S.	monitus ero *ou* fuero, *etc.*	*j'aurai été averti,* etc.
P.	amati erimus, *etc.*	*nous aurions été aimés,* etc.	P.	moniti erimus, *etc.*	*nous aurons été avertis,* etc.

INFINITIF.

Décl. amandum fuisse,	*avoir dû être aimé.*	*décl.* monendum fuisse,	*avoir dû être averti.*

NOMS FORMÉS DU VERBE.

SUPIN.

amatu,	*à être aimé.*	monitu,	*à être averti.*

REMARQUE SUR LES PARTICIPES.

Les participes passés et les participes futurs sont de vrais adjectifs qui se déclinent comme *aridus, a, um.*

11e, 12e, 13e ET 14e LEÇONS.

VERBES DÉPONENS.

Consectando prædones maritimos. — *Consectari* singulos.[1] *Sequitur* comes.[2] — Tertia me *sequetur.* — Duo millia navium *sequebantur.* — Cogit miseras *emori.*[3] — Et plurimi *hortarentur* etc.[4] — Fabula *attestatur* hoc. — Inops perit dùm vult *imitari*[5] potentem. — Nec sum *passus*[6] vulnera. — Illa *moliens*[7] fraudem. — Dùm *scrutatur*[8] singula. — *Conspicatur*[9] alta cornua cervi. — Multa *pollicens*[10] cùm desperaret posse præstare ea quæ *pollicitus esset.* — Cùm Athenienses *uterentur*[11] portu etc.

Il y a en latin des verbes qui sous la forme *passive* ont la signification *active.* Ces verbes s'appellent DÉPONENS, parce que dans l'origine ils

[1] Consector, aris, atus sum, ari, *poursuivre.*

[2] Sequor, eris, quutus sum *ou* cutus sum, qui, *suivre.*

[3] Emorior, eris, mortuus sum, mori, *mourir.*

[4] Hortor, aris, atus sum, ari, *exhorter.* — Attestor, aris, atus sum, ari, *attester.*

[5] Imitor, aris, atus sum, ari, *imiter.*

[6] Patior, eris, passus sum, ti, (du grec πάσχω, *souffrir*).

[7] Molior, iris, itus sum, iri.

[8] Scrutor, aris, atus sum, ari.

[9] Conspicor, aris, atus sum, ari.

[10] Polliceor, ceris, citus sum, eri, *promettre.*

[11] Utor, eris, usus sum, uti, *etc.*

INFINITIF.

ind. acceptum iri, *décl.* accipiendum esse,	*devoir être reçu.*	*ind.* auditum iri auditum esse,	*devoir être entendu.*

PARTICIPE.

accipiendus, a, um, *devant être reçu.* — audiendus, a, un, *devant être entendu.*

FUTUR ANTÉRIEUR.

INDICATIF.

S. acceptus ero *ou* fuero, *etc.*, *j'aurai été reçu*, etc.	S. auditus ero *ou* fuero, *etc.* *j'aurai été entendu*,
P. accepti erimus, *nous aurons été reçus*, *etc.* etc.	P. auditi erimus, *etc.* *nous aurions été entendus.*

INFINITIF.

décl. accipiendum fuisse, *avoir dû être reçu.* — *décl.* audiendum fuisse, *avoir dû être entendu.*

NOMS FORMÉS DU VERBE.

SUPIN.

acceptu, *à être reçu.* — auditu, *à être entendu.*

avaient l'une et l'autre signification, et qu'ils ont quitté (déposé) la signification passive pour ne garder que celle de l'actif.

Ces verbes suivent dans leur conjugaison la voix passive, et il est facile de reconnaître par la terminaison de l'infinitif à laquelle des 4 conjugaisons passives ils appartiennent.

Ainsi : HORTARI, HORTOR, exhorter; IMITARI, IMITOR, imiter, se conjuguent sur la première; il en est de même de *scrutari, or;* de *conspicari, conspicor; testari* etc.

POLLICERI, POLLICEOR, promettre, se conjugue sur la seconde.

UTI, UTOR, se servir, sur la troisième; il en est de même de *pati, patior,* souffrir; *sequi, sequor,* suivre, etc.

Et enfin MOLIRI, MOLIOR, agiter avec effort machiner, se conjugue sur la quatrième.

REMARQUE ESSENTIELLE.

Ces verbes ont conservé de l'ACTIF le *Présent-participe*, le *futur-participe*, le *futur-infinitif*, le *futur antérieur-infinitif*, le supin en *um* et le gérondif.

VERBES NEUTRES.

Conspexit lupum *jacentem.* — Non *ausi sunt* manere. — Ferus *gaudens.* — *Gaudeo* me contemptum. — *Factus est* dives etc.

On appelle verbes neutres ceux qui marquent de simples propriétés ou manières d'être, de simples situations, et même des actions, mais qui n'ont point d'objet qui en soit le terme. *Neutre* veut dire, *ni l'un ni l'autre*, c'est-à-dire, ni actif ni passif. JACERE, (être étendu) ne marque pas une action dont un autre soit le terme. Il ne marque pas non plus que l'objet dont on parle soit le terme d'une action faite par un autre; il n'est par conséquent, ni actif, ni passif, et c'est pour cette raison qu'il est appelé *neutre*.

Les verbes neutres ont les mêmes terminaisons que les verbes actifs, et se conjuguent de la même manière. La figurative de l'infinitif fera connaître à quelle conjugaison ils appartiennent. EXULARE (être exilé) EXULO, est de la première. JACERE (être étendu) JACEO, de la seconde. CRESCERE (croître) CRESCO, de la troisième. VENIRE (venir) VENIO, de la quatrième.

Quelques-uns de ces verbes sont nommés *neutres passifs*, parce qu'ils prennent la terminaison passive à leur prétérit, comme SOLEO (j'ai coutume) SOLITUS SUM ; GAUDEO (je me réjouis) GAVISUS SUM, etc. Ceux-là se conjuguent sur le passif, aux temps qui sont formés du parfait ; et sur l'actif, à tous leurs autres temps.

A ces verbes, il faut joindre : AUDEO (j'ose) AUSUS SUM ; FIDO (je me fie) FISUS SUM ; FIO (je deviens) FACTUS SUM. Ce sont les seuls qui forment ainsi leur parfait.

VERBES IRRÉGULIERS ET DÉFECTUEUX. *

Ne *possent* capi — Nec *potuit* attingere. — Quam hi *poterant* etc. — *Posse* esse pares.

Nous donnons ici les conjugaisons de quelques verbes irréguliers ou défectueux dont les auteurs font un fréquent usage.

* Les verbes irréguliers sont ceux qui, dans quelques-uns de leurs temps et de leurs personnes, se conjuguent autrement que les verbes qui se trouvent dans le paradigme des quatre conjugaisons, soit actives, soit passives.

On appelle défectueux les verbes qui ne se conjuguent qu'en certains temps et certaines personnes.

FIERI, *Devenir.*

Présent, Fio. * | *Parfait*, Factus sum.

TEMPS.	NOMBR.	INDICATIF.	IMPÉRATIF.	SUBJONCTIF.	INFINITIF.	PARTICIPE.
Présent.	*S.*	fio, *Je de-* *[viens.* fis fit	fi, *De* fiat	fiam, *Que je devienne.*	fieri, *Devenir.*	
	P.	fimus fitis fiunt	 fite, fitote fiant			
Imparf.	*S.*	fiebam		fierem { *Je deviendrais, que je devinsse.*	factum factam } esse factum *Etre devenu.*	factus, facta, factum, *Etant devenu.*
Parfait.	*S.*	factus sum		factus sim, *Que je sois devenu.*		
Plusq.p.	*S.*	factus eram		factus essem, *Je serais (que je fusse) devenu.*		
Futur.	*S.*	fiam			factum iri, *Devoir devenir.*	faciendus, facienda faciendum *Devant devenir.*
Futur antér.	*S.*	factus ero			SUPIN. factu, *A devenir.*	

* Factus est dives, *etc.* FIO, je deviens *ou* je suis fait, peut être regardé comme le passif irrégulier de *facere, facio, feci, factum*, faire.

POSSE, *Pouvoir.*

Présent, Possum. | *Parfait*, Potui.

TEMPS.	NOMBR.	INDICATIF.	SUBJONCTIF.	INFINITIF.
Présent.	S.	possum, *Je peux.* potes potest	possim, *Que je puisse.*	posse, *Pouvoir.*
	P.	possumus potestis possunt		
Imparf.		poteram, *Je pouvais.*	possem, *Que je pusse, je pourrais.*	
Parfait.		potui, *J'ai pu.*	potuerim, *Que j'aie pu.*	
Plusq. p.		potueram, *J'avais pu.*	potuissem, *Que j'eusse pu, j'aurais pu.*	potuisse, *Avoir pu.*
Futur.		potero, *Je pourrai.*		
Futur antér.		potuero, *J'aurai pu.*		

PRODESSE, *Être utile*, composé de *Sum*, prend *d* par euphonie dans quelques temps.

Présent, Prosum. | *Parfait*, Profui.

TEMPS.	NOMBR.	INDICATIF.	SUBJONCTIF.	INFINITIF.	PARTICIPE.
Présent.	S.	prosum, *Je suis utile.* prodes, prodest	prosim, *Que je sois utile*	prodesse, *Etre utile.*	
	P.	prosumus prodestis prosunt			
Imparf.		proderam, *J'étais utile.*	prodessem, *Que je fusse (je serais) utile.*	profuisse, *Avoir été utile.*	
Parfait.		profui, *J'ai été utile.*	profuerim, *Que j'aie été utile.*		
Plusq. p.		profueram, *J'avais été utile.*	profuissem, *Que j'eusse (j'aurais) été utile.*		
Futur.		prodero, *Je serai utile.*		profore, *Devant être utile.*	profuturus, *Devant être utile.*
Futur antér.		profuero, *J'aurai été utile.*			

ACTIF.

FERRE, *Porter.* | *Présent*, Fero. | *Passé*, Tuli. | *Supin*, Latum.

TEMPS.	NOMBR.	INDICATIF.	IMPÉRATIF.	SUBJONCTIF.	INFINITIF.	PARTICIPE.
	S.	fero, *Je porte.*		feram, *Que je porte.*	ferre, *Porter.*	ferens, *Portant.*
		fers	fer (ferto) *Porte.*			
		fert	ferat			
Présent.	*P.*	ferimus	feramus			
		fertis	ferte (fertote)			
		ferunt	ferunto			
Imparf.		ferebam		ferrem { *Que je portasse, je porterais.*		
Parfait.	*S.*	tuli		tulerim, *Que j'aie porté.*	tulisse, *Avoir porté.*	
Plusq.p.	*S.*	tuleram		tulissem, *J'aurais* (*que j'eusse porté.*		
Futur.	*S*	feram			laturum esse, *Devoir porter.*	laturus latura
Futur antér.	*S*	tulero				laturum, *Devant porter.*

SUPIN : latum, *à* ou *pour porter.*
GÉRONDIFS : ferendum *pour porter,* ferendi *de porter,* ferendo *en portant.*

* Ferens carnem, *etc.*— Dum ferret, *etc.*

PASSIF.

FERRI, *Être Porté.* | *Présent*, Feror. | *Parfait*, Latus sum. | *Participe*, Latus.

TEMPS.	NOMBR.	INDICATIF.	IMPÉRATIF.	SUBJONCTIF.	INFINITIF.	PARTICIPE.
	S.	feror, *Je suis porté.*		ferar, *Que je sois porté.*	ferri, *Etre porté.*	
		ferris *ou* ferre	ferre (fertor), *Sois porté.*			
Présent.		fertur	fertor			
	P.	ferimur	feramur			
		ferimini	ferimini			
		feruntur	feruntor			
Imparf.	*S.*	ferebar		ferrer, *Que je fusse* (*je serais*) *porté.*	latum esse, *Avoir été porté.*	latus lata latum
Parfait.	*S.*	latus sum		latus sim, *Que j'aie été porté.*		*Ayant été porté.*
Plusq.p.	*S.*	latus eram		latus, essem, *Que j'eusse* (*j'aurais*) *été porté.*		
Futur.	*S.*	ferar			latum iri, *Devoir être porté.*	ferendus ferenda
Futur antér.	*S.*	latus ero				ferendum, *Devant être porté.*

SUPIN : latu, *à,* ou *pour être porté.*

VELLE, *Vouloir.* | *Présent*, Volo.* | *Passé*, Volui.

TEMPS.	NOMBR.	INDICATIF.	IMPÉRATIF.	SUBJONCTIF.	INFINITIF.	PARTICIPE.
Présent.	*S.*	volo, *Je veux.*		velim, *Que je veuille.*	velle, *Vouloir.*	volens, *Voulant.*
		vis		velis		
		vult		velit		
	P.	volumus		velimus		
		vultis		velitis		
		volunt.		velint.		
Imparf.	*S.*	volebam		velle, *Que je voulusse, je voudrais.*		
Parfait.	*S.*	volui		voluerim, *Que j'aie voulu.*		
Plusq. p.	*S.*	volueram		voluissem, *Que j'eusse (j'aurais) voulu.*	voluisse, *Avoir voulu.*	
Futur.	*S.*	volam				
Futur antér.	*S.*	voluero				

* Vis præcludere, *etc.*— Dùm vult sese inflare., *etc.* —Voluit eripere, *etc.*

NOLLE, *Ne Vouloir pas.* | *Présent*, Nolo. | *Passé*, Nolui.

TEMPS.	NOMBR.	INDICATIF.	IMPÉRATIF.	SUBJONCTIF.	INFINITIF.	PARTICIPE.
Présent.	*S.*	nolo, *Je ne veux pas.*	noli, (nolito) *Ne veuille pas.*	nolim, *Que je ne veuille pas.*	nolle, *Ne vouloir pas.*	nolens, *Ne voulant pas.*
		nonvis		nolis		
		nonvult	nolito	nolit		
	P.	nolumus		nolimus		
		nonvultis	nolite (nolitote)	nolitis		
		nolunt	nolunto.	nolint		
Imparf.	*S.*	nolebam		nollem *Je ne voudrais pas. Que je ne voulusse pas.*		
Parfait.	*S.*	nolui		noluerim, *Que je n'aie pas voulu.*	noluisse, *N'avoir pas voulu.*	
Plusq. p.	*S.*	nolueram		noluissem, *Je n'aurais (que je n'eusse) pas voulu.*		
Futur.	*S.*	nolam				
Futur antér.	*S.*	noluero				

MALLE, *Aimer mieux.* | *Présent*, Malo. | *Passé*, Malui.

TEMPS.	NOMBR.	INDICATIF.	IMPÉRATIF.	SUBJONCTIF.	INFINITIF.	PARTICIPE.
Présent.	*S.*	malo, *J'aime mieux.* mavis mavult		malim, *Que j'aime mieux.*	malle, *Aimer mieux.*	
	P.	malumus mavultis malunt				
Imparf.	*S.*	malebam		mallem { *J'aimerais m. que j'aimasse mieux.*		
Parfait.	*S.*	malui		maluerim, *Que j'aie mieux aimé.*	maluisse, *Avoir m. aimé.*	
Plusq.p.	*S.*	malueram		maluissem, *J'aurais (que j'eusse) mieux aimé.*		
Futur.	*S.*	malam				
Futur antér.	*S.*	maluero.				

IRE, *Aller.* | *Présent*, Eo.* | *Passé*, Ivi. | *Supin*, Itum.

TEMPS.	NOMBR.	INDICATIF.	IMPÉRATIF.	SUBJONCTIF.	INFINITIF.	PARTICIPE.
Présent.	*S.*	eo, *Je vais.* is it	i, (ito) *Va.* ito	eam, *Que j'aille.*	ire, *Aller.*	iens *gén.* euntis, *Allant.*
	P.	imus itis eunt	eamus ite, (itote) eunto			
Imparf.	*S.*	ibam		irem, *J'irais, que j'allasse.*		
Parfait.	*S.*	ivi		iverim, *Que je sois allé.*	ivisse, *Etre allé.*	
Plusq.p.	*S.*	iveram		ivissem, *Je serais, (que je fusse) allé.*		
Futur.	*S.*	ibo			iturum / ituram / iturum } esse *Devoir aller.*	iturus itura iturum *Devant aller.*
Futur antér.	*S.*	ivero				
					SUPIN. itum, *pour aller.* itu, *à aller.*	GÉRONDIFS. eundum, *pour aller.* eundi, *d'aller.* eundo, *en allant.*

* Eunt et redeunt subindè, *etc.* — hujus ineuntis, *etc.*

Quire, pouvoir, se conjugue comme *ire*, à l'exception qu'il n'a ni impérat., ni part., ni supin, ni gérondif.

VERBES DÉFECTUEUX.

MEMINISSE, *Se souvenir.*

TEMPS.	NOMBR.	INDICATIF.	IMPÉRATIF.	SUBJONCTIF.	INFINITIF.	PARTICIPE.
Présent.	*S.*		memento *Souviens-toi.*			
	P.		memento			
			mementote			
Parfait	*S.*	memini, *Je me souviens.*		meminerim, *Que je me souvienne.*	meminisse, *Se souvenir.*	
		meministi				
		meminit				
	P.	meminimus				
		meministis				
		meminerunt *ou* ēre				
Plusq.p.	*S.*	memineram		meminissem, *Je me souviendrais*, ou *que je me souvinsse.*		
Futur antér.	*S.*	meminero				

Conjuguez de même *cœpisse*, commencer, et *odisse*, haïr. Ces deux verbes n'ont point d'impératif.

AIO, je dis. *

TEMPS.	NOMBR.	INDICATIF.	IMPÉRATIF.	SUBJONCTIF.	INFINITIF.	PARTICIPE.
Présent.	*S.*	aio, *Je dis*	aï, *Dis.*	aias, *Que tu dises.*		aiens, *Disant.*
		ais				
		ait		aiat, *qu'il dise.*		
	P.					
				aiatis, *que vous disiez*		
		aiunt		aiant, *qu'ils disent.*		
Imparf.	*S.*	aiebam				
		aiebas				
		aiebat				
	P.	aiebamus				
		aiebatis				
		aiebant				
Parfait.	*S.*	aïsti				
	P.	aïstis				

* Ut aiunt.—Ut ait Thucydides, *etc.*

INQUAM, *Dis-je.* *

TEMPS.	NOMBR.	INDICATIF.	IMPÉRATIF.	SUBJONCTIF.	INFINITIF.	PARTICIPE.
Présent.	*S.*	inquam, *Dis-je.*	inque(inquïto), *Dis-tu.*			
		inquis				
		inquit		inquiat, *Qu'il dise.*		
	P.	inquimus				
		inquitis				
		inquiunt				
Imparf.	*S.*	inquiebat				
	P.	inquiebant				
Parfait.	*S.*	inquisti				
		inquit				
	P.	inquistis				
Futur.	*S.*	inquies				
		inquiet				

* Eme, inquit, *etc.*

Il y a même des verbes qui ne s'emploient qu'à la troisième personne du singulier.

OPORTERE, *Falloir.*

TEMPS.	INDICATIF.	IMPÉRATIF.	SUBJONCTIF.	INFINITIF.	PARTICIPE.
Présent.	oportet, *Il faut.*		oporteat, *Qu'il faille.*	oportere, *Falloir.*	
Imparf.	oportebat		oporteret { *Il faudrait, qu'il fallût.*		
Parfait.	oportuit		oportuerit, *Qu'il ait fallu.*	oportuisse, *Avoir fallu.*	
Plusq. p.	oportuerat		oportuisset, *Qu'il eût fallu.*		
Futur.	oportebit				
Futur antér.	oportuerit				

Conjuguez de même :

Pœnitet, le repentir tient. — *Pudet*, la honte tient. — *Piget*, la peine tient. — *Tædet*, l'ennui tient. — *Miseret*, la pitié tient.

Passé :

Licet, est permis.	*licuit*, *licitum est.*
Libet, plaît.	*libuit*, *libitum est.*
Liquet, est clair.	*liquit.*

13e LEÇON.

Questions grammaticales.

Traduisez en latin quelques temps des verbes passifs :

Je fus aimé — nous serions avertis — tu auras été aimé — sois averti — ils étaient aimés — que tu eusses été averti — avoir été aimé — ils seront avertis.

Que tu sois aimé — vous aviez été avertis — tu as été aimé — que je fusse averti — ils auraient été aimés — devant être averti — elles sont aimées — vous eûtes été avertis.

Je serais aimé — qu'ils aient été avertis — soyez aimés — tu étais averti — j'aurais été aimé — devoir être averti — il eût été aimé — elles seraient averties.

Il a été reçu — sois entendu — ils seront reçus — vous aviez été entendus — que tu fusses reçu — elles étaient entendues — nous avons été reçus — que j'aie été entendu.

Devant être reçu — que vous soyez entendus — ils auraient été reçus — vous eûtes été entendus — avoir été reçu — que vous eussiez été enteudus — ils furent reçus — qu'ils aient été entendus.

Devoir être reçu — tu avais été entendu — vous êtes reçus — elles seraient entendues — tu auras été reçu — que je sois entendu — ayant été reçu — nous aurions été entendus.

Traduisez quelques temps des verbes *Exhorter* et *Promettre ;* en latin *hortari* et *polliceri* (*Hortari, hortor, aris, atus sum ; Polliceri, polliceor, eris, pollicitus sum.* dép.)

Tu exhorteras — qu'ils promissent — vous auriez exhorté — nous promîmes — qu'ils eussent exhorté — je promettrais — exhorte — il aura promis.

Ils exhortaient — que nous ayons promis — ayant exhorté — elles promettent — que nous exhortions — avoir promis — ils eurent exhorté — promettez.

Que j'exhortasse — je promis — vous exhorteriez — devant promettre — ils avaient exhorté — avoir dû promettre — nous avons exhorté — que j'eusse promis.

Traduisez quelques temps des verbes *suivre* et *machiner ;* en latin *sequi* et *moliri*, dép.

J'aurai suivi — que nous machinions — devant suivre — elles machinent — vous suivrez — devoir machiner — que j'eusse suivi — machinons — que tu suivisses — ils avaient machiné — nous suivrions — ayant machiné — vous avez suivi — ils auraient machiné — nous suivions — qu'il ait machiné.

Ils suivirent — qu'elle machine — ils auront suivi — vous eûtes machiné — qu'ils suivissent — avoir machiné — que nous ayons suivi — tu machinas etc.

Traduisez quelques temps des verbes *pouvoir* et *être utile* ou *servir*, en latin *posse* et *prodesse.*

Vous avez pu — il servira — que tu puisses — servons — avoir pu — nous aurions servi — ils peuvent — que tu servisses.

Nous avions pu — ils servaient — vous aurez pu — sers — vous pûtes — elles servent — que nous pussions — avoir servi.

Ils auraient pu — vous aurez servi — que tu aies pu — nous avions servi — elles pourront — devant servir — que je pusse — qu'ils aient servi.

Traduisez quelques temps du verbe *Porter*, en latin *ferre* (*Fero, fers, tuli, latum.* act.)

Porte — vous auriez porté — nous aurons porté — ils portèrent — tu porterais — ils portent — devant porter — qu'elle portât.

Que tu eusses été porté — qu'ils soient portés — vous aviez été portés — nous serions portés — que tu fusses porté — sois porté — ils auront été portés — vous fûtes portés.

Nous porterons — vous êtes portés — elles avaient porté — tu as été porté — portons — tu étais porté — ils eurent été portés — que tu aies été porté.

Traduisez quelques temps du verbe *Fieri* (*devenir*), passif du verbe *facere*. (*Fieri, fio, fis, factus sum.*)

Tu deviendrais — qu'il fût devenu — vous devenez — être devenu — devenez — il sera devenu — je devenais — tu serais devenu.

Qu'elles devinssent — tu deviens — devoir devenir — nous devînmes — qu'elle devienne — ils seraient devenus — que tu sois devenu — ils deviendront.

Devant devenir — tu étais devenu — ils seront devenus — vous fûtes devenus — deviens — qu'ils fussent devenus — que je devinsse — ils sont devenus.

Traduisez quelques temps des verbes *Vouloir*, *Ne vouloir pas*, *Aimer mieux*; en latin *velle*, *nolle*, *malle* (*Velle, volo, vis, volui; Nolle, nolo, non vis, nolui; Malle, malo, mavis, malui.* irrég.)

Vous auriez voulu — ils voudront — que tu veuilles — nous voulions — que j'aie voulu — vous voulûtes — qu'elle voulût — ils auront voulu.

Ils ne voulaient pas — ne veuillez pas — je n'ai pas voulu — que tu ne veuilles pas — ils ne voulurent pas — que je ne voulusse pas — vous ne voulez pas — que je n'aie pas voulu.

Ils aiment mieux — tu aimas mieux — que nous aimions mieux — que j'aie aimé mieux — vous aimiez mieux — j'aurais aimé mieux — que tu aimasses mieux — qu'elles aiment mieux.

Traduisez quelques temps des verbes *Aller*, *Se souvenir*, *Dire*; en latin *ire*, *meminisse*, *aio* (*Ire, eo, is, ivi, itum.* irrég. *Meminisse, memini; Aio, ais.* défect.)

Que je fusse allée — tu seras allé — qu'elles allassent — nous étions allés — il alla — que vous soyez allés — ils allaient — nous irons.

Il se souviendra — souvenez-vous — que tu te souvinsses — elles se souvenaient — vous vous souviendriez — il se souvient — que tu te souviennes — souviens-toi.

Ils disent — vous avez dit — qu'il dise — nous disions — disant.

Traduisez quelques temps des verbes *Dire*, *Falloir*, *Avoir honte*; en latin *inquam*, *oportere*, *pudere* (*Inquam, is,* déf. *Oportere, oportet, oportuit.*)

Dira-t-il — as-tu dit — disent-elles — disons-nous — dis-je.

Qu'il faille — qu'il ait fallu — il fallait — il faudra — qu'il fallût — il avait fallu — qu'il eût fallu — il fallut.

16e, 17e, 18e, 19e, 20e, 21e, 22e, 23e, ET 24e LEÇONS.

REVUE SYNTAXIQUE.*

Il est facile de démontrer à l'élève que l'usage lui a déjà appris la plupart des règles de la syntaxe.

§. 1.

Personam tragicam vulpes viderat.

De quel genre est l'adjectif *tragicam?* Féminin.

De quel genre est le substantif *personam?* Féminin.

Dans cette même fable, nous avons vu :

honor stultorum inglorius.

De quel genre est le substantif *honor?* Masculin.

De quel genre est l'adjectif *inglorius?* Masculin.

Dans cette phrase : « *Suspecta malorum beneficia.* » De quel genre est le substantif *beneficia?* Du neutre.

De quel genre est l'adjectif *suspecta?* Du neutre.

Nous avons donc pu remarquer que l'adjectif,

---

* On entend par *Syntaxe latine* cette partie de la grammaire qui indique la manière dont les mots se lient entre eux dans la phrase latine. On comprend qu'avec notre méthode il est impossible à l'élève d'apprendre le sens des mots sans qu'il apprenne en même temps la manière dont les latins les combinent et les associent, puisque ces mots n'ont point été vus isolément, mais comme formant les phrases d'un texte suivi. Arrivés à ce point, nos élèves savent donc déjà, mais peut-être sans s'en rendre bien compte, la plupart des règles de construction. Notre *revue syntaxique* n'a pour objet que d'appeler leur observation sur ce que l'usage leur a déjà fait connaître et appliquer.

en latin comme en français, prenait toujours le *genre* du substantif qu'il qualifie.

Nous avons pu remarquer également qu'il en prenait le nombre et le cas.

Ainsi, dans le premier exemple, *tragicam* est un accusatif singulier, parce que *personam* est un accusatif singulier.

Dans le deuxième exemple *inglorius* est un nominatif singulier, parce que *honor* est un nominatif singulier.

Dans le troisième exemple *suspecta* est un nominatif pluriel, parce que *beneficia* est un nominatif pluriel.

Magnæ opes sunt obnoxiæ periculo. Les grandes richesses sont exposées à danger. Le substantif *opes* étant au nominatif, au pluriel et du genre féminin, les deux adjectifs *magnæ* et *obnoxiæ*, qui se rapportent à lui, sont, par cette raison, au féminin, au pluriel et au nominatif.

Il n'est personne de vous qui n'ait fait cette remarque et qui n'ait conclu qu'en latin : « L'adjectif s'accorde toujours avec son substantif, en genre, en nombre, en cas ; règle exprimée, au reste, page 6.

§. 2.

ACCORD DU VERBE AVEC SON SUJET.

Ego primam tollo, quia nominor leo. Traduisez.

A quelle personne et à quel nombre est *tollo*? 1ère personne et singulier. Pourquoi ? Parce qu'il se rapporte au mot *ego*, singulier et pronom de la 1ère personne. Il en est de même de *nominor*.

Tu videris non perdidisse quod petis. Traduisez.

A quelle personne est *videris*, tu parais? 2ème personne. Quel nombre? Singulier. Pourquoi? Parce qu'il se rapporte au mot *tu*, singulier, pronom de la 2ème personne. Dans «Hi cùm *cepissent* cervum,» *cepissent* est à la 3e personne pluriel, parce qu'il se rapporte à *hi*, pronom de la 3e personne pluriel.

Concluez donc : Le verbe, en latin comme en français, s'accorde en nombre et en personne avec le nom ou pronom qui est le sujet de la proposition.

§. 3.

ACCORD DE DEUX SUBSTANTIFS.

Themistocles Neocli filius.

A quel cas est *filius*? Nominatif. Pourquoi? Parce que, quoique substantif, il fait ici fonction d'adjectif et qualifie *Themistocles*.

Dites donc : Règle. Lorsque deux substantifs sont employés de suite pour désigner un seul et même objet, ils se mettent au même cas. Exemple : *Themistocles Neocli filius.*

§. 4. ON.

Erat autem, UT AIUNT, *natus in Ceo insulâ.*

Dans cette phrase ON DIT; ON, suivant les Grammairiens, est une syncope du mot *homme ;* ON c'est l'homme en général. Nos pères disaient HOM, et c'est pour cette raison que nous disons également ON et L'ON pour éviter le concours de deux voyelles.

Quelques auteurs ont cependant observé que dans les anciens manuscrits français on trouve UNG DIT; que cet UNG se prononçait à l'italienne *oun*, d'où est venu ON.

L'une ou l'autre de ces étymologies fait également connaître que ON n'est pas une particule, mais un nom, un nom indéterminé.

ON est le sujet de la proposition, le sujet du verbe.

ON équivaut à *un homme dit, quelqu'un dit.* Ce mot peut donc se rendre en latin par *homines, quisque, omnes* et d'autres équivalens.

Les latins souvent sous-entendent *homines* et mettent le verbe au pluriel ; par exemple :

Erat autem natus, UT AIUNT etc.

Ut homines aiunt, comme l'on dit, comme on rapporte.

Il y a encore une autre manière d'exprimer *on* en latin, c'est de tourner la phrase de l'*actif* en *passif*.

Comment, suivant votre texte, traduiriez-vous : *On me nomme lion?* Nominor leo.

« *On rapporte* que le singe prononça cette sentence. » Tournez : *Le singe est rapporté* etc.

§. 5.

ACCORD DU RELATIF *qui, quæ, quod.*

Simonides QUI *scripsit egregium melos.*

Remarquez que l'adjectif conjonctif ou relatif *qui, quæ, quod,* de même, s'accorde comme tous les adjectifs en genre et en nombre avec son antécédent.

Voici ce qui concerne les cas.

Toutes les fois que cet adjectif est le sujet d'une proposition, il est au nominatif.

Ainsi, dans cette phrase, *Simonides qui* etc., *qui* est le sujet du verbe; il se met au nominatif.

Mais il n'en est pas de même dans cette autre phrase :

Decepta aviditas, QUEM *tenebat ore dimisit cibum.*

Quem est à l'accusatif parce qu'il est le terme de l'action qu'exprime le verbe *tenere,* parce qu'il est le régime du verbe *tenere.*

De même encore dans cette autre phrase :

Ascendit navem QUAM *tempestas dissolvit.*

Traduisez en latin : « Ville antique que (laquelle) gagnèrent les naufragés? » *Antiqua urbs* QUAM *petierunt naufragi.*

Pourquoi *quam* à l'accusatif? Parce que *que* (laquelle) est régime de *petierunt.*

Comment diriez-vous en latin : « Clazomène, ville *qui* fut antique? » *Clazomenæ, urbs* QUÆ *fuit antiqua.*

Pourquoi *quæ*, nominatif? Parce que *quæ* est le sujet du verbe *fuit.*

§ 6.

PARTICIPES RENDUS PAR L'ABLATIF :

PARTIBUS FACTIS, *leo sic locutus est.*

Si nous avions à exprimer en latin des phrases telles que celles-ci : « *les parts ayant été faites*, le lion parla ainsi. » — « Thémistocle *étant* préteur, les Athéniens furent vainqueurs ; » nous n'exprimerions pas les mots *ayant été*, *étant*; mais nous dirions à l'ablatif : les parts faites, *partibus factis ;* Thémistocle préteur, *Themistocle pretore*, et la préposition dont l'ablatif est le complément, demeurerait sous-entendue. De même : « les Thermopyles *ayant été* forcées, » *Thermopylis expugnatis.*

§ 7.

Credo TE SUBRIPUISSE *quod pulchrè negas.*

Nous avons vu que l'*infinitif* d'un verbe, *amare*, par exemple, n'avait ni nombre, ni personne.

L'infinitif peut donc être considéré comme un substantif neutre, indéclinable.

La fonction la plus ordinaire de l'infinitif est de lier ensemble deux propositions (1) : c'est le même effet que produit, dans la langue française, la conjonction *que.*

Par exemple, vous avez à traduire en latin : « *Thémistocle alléguant pour prétexte qu'il attend ses collègues.* » Deux propositions distinctes : 1° Thémistocle allègue un prétexte. 2° il attend ses collègues *. Tournez : « Thémistocle interposant le prétexte *soi* attendre ses collègues, » *Themistocles interponens causam se collegas exspectare.*

Vous voyez que la phrase latine n'exprime pas le *que*; mais qu'elle met à l'infinitif le verbe de la deuxième proposition *exspectare*, et le nom ou pronom, sujet de cette 2e proposition (*soi*), se met à l'accusatif.

Dans cette autre phrase : « Je crois que tu as dérobé ce que tu nies si bien, » il y a également deux propositions : 1° Je crois. 2° tu as dérobé. Le *que* les lie en français.

En latin, on n'exprime pas le *que*; on tourne la phrase de cette manière : « Je crois toi avoir dérobé ce que tu nies si bien, » *credo te subripuisse quod pulchrè negas*, mettant le verbe de la 2e proposition, *toi as dérobé*, au passé de l'infinitif, *avoir dérobé* (subripuisse), et le pronom sujet de cette 2e proposition *toi* à l'accusatif *te.*

Pour exprimer ces sortes de phrases en latin, on commencera par chercher le temps de l'infini-

(1) On appelle *proposition* l'énonciation d'un jugement : *Dieu est juste*, il y a là une proposition, car je juge que la qualité de *juste* appartient à *Dieu*. Phèdre appelle de même *propositium :* Societas cum potente nunquàm est fidelis. Cette dernière proposition est *négative* ; la première est *affirmative.*

* En français, le pronom conjonctif *que* unit ces deux propositions ; en latin, la phrase se construit différemment.

tif qui correspond au temps du verbe de la seconde proposition. Mais l'infinitif n'a que quatre temps, qui sont le présent, *amare*; le passé, *amavisse*; le futur simple, *amaturum esse*; et le futur antérieur, *amaturum fuisse*. Il n'en a donc pas assez pour correspondre exactement à tous ceux de l'indicatif. Il faudra s'attacher alors au sens bien plus qu'à la forme du verbe français, et l'on n'aura pas de peine à reconnaître par quel temps de l'infinitif latin il doit être rendu.

On peut établir comme règle générale que :

1° Si les deux actions énoncées par les deux verbes se font ou ont été faites dans un même temps, le second verbe se met au présent-infinitif;

2° Si l'action exprimée par le second verbe était déjà faite dans le temps marqué par le premier, ce second verbe se met au parfait-infinitif;

3° Si l'action du second verbe est encore à faire dans le temps marqué par le premier, on met le second au futur-infinitif.

Voici un tableau qui pourra servir à diriger les élèves.

Je crois que tu lis. Tournez : Je crois toi lire, *credo te legere*.

Je crois que tu lisais, tu as lu, tu lus, tu avais lu. T. : Je crois toi avoir lu, *credo te legisse*.

Je crois que tu liras. T. : Je crois toi devoir lire, *credo te lecturum esse*.

Le participe futur doit s'accorder en genre, en nombre et en cas avec le substantif.

Je crois que tu auras lu. T. : Je crois toi avoir dû lire, *credo te lecturum fuisse*.

Je croyais, j'ai cru, j'avais cru que tu lisais. T. : Je croyais, j'ai cru, j'avais cru toi lire, *Credebam, credidi, credideram te legere*.

J'ai cru que tu as lu, tu avais lu, j'avais cru que tu avais lu. T. : J'ai cru, j'avais cru toi avoir lu. *Credidi, credideram te legisse*.

Je croirai que tu lis. T. : Je croirai toi lire. *Credam te legere*.

Je croirai que tu lisais, tu as lu, tu lus, tu avais lu. T. : Je croirai toi avoir lu. *Credo te legisse*.

J'aurai cru que tu lisais. T. : J'aurai cru toi lire. *Credidero te legere*.

J'aurai cru que tu as lu, tu avais lu. T. : J'aurai cru toi avoir lu. *Credidero te legisse*.

Je crois que tu lirais. T. : Je crois toi devoir lire. *Credo te lecturum esse*.

Je crois que tu aurais lu. T. : Je crois toi avoir dû lire. *Credo te lecturum fuisse*.

J'ai cru que tu lirais. T. : J'ai cru toi devoir lire. *Credidi te lecturum esse*.

J'avais cru que tu lirais. T. : J'avais cru toi devoir lire. *Credideram te lecturum esse*.

J'ai cru que tu aurais lu. T. : J'ai cru toi avoir dû lire. *Credidi te lecturum fuisse*.

J'avais cru que tu aurais lu. T. : J'avais cru toi avoir dû lire. *Credideram te lecturum fuisse*.

Je ne crois pas que tu lises. T. : Je ne crois pas toi lire. *Non credo te legere*.

Je ne crois pas que tu lises demain. T. : Je ne crois pas toi devoir lire demain. *Non credo te lecturum esse cras*.

Je n'ai pas cru, je n'avais pas cru, je ne croirais pas que tu lusses. T. : Je n'ai pas cru, je n'avais pas cru, je ne croirais pas toi lire. *Non credidi, non credideram, non crederem te legere*.

Je ne crois pas que tu aies lu. T. : Je ne crois pas toi avoir lu. *Non credo te legisse*.

Je ne croirais pas, je n'aurais pas cru que tu eusses lu. T. : Je ne croirais pas, je n'aurais pas cru toi avoir lu. *Non crederem, non credidissem te legisse*.

MANIÈRE DE SUPPLÉER LE FUTUR DE L'INFINITIF.

Si le verbe n'a point de futur participe, ce qui arrive pour tous les verbes qui n'ont pas de supin, tels que *metuere*, *timere*, etc. il faudra se servir de *fore ut* ou de *futurum esse* ou *fuisse ut*, et le verbe se mettra au temps du subjonctif que le sens indiquera.

Je crois que tous auraient eu peur. *Credo futurum fuisse ut omnes timerent*. Je crois avoir dû être que tous eussent peur.

Lorsqu'on met le second verbe à l'infinitif, ce qu'il faut surtout éviter, c'est l'amphibologie.

Si j'ai à traduire les mots suivants : *Nous lisons que Themistocle vainquit Xerxès*, cette phrase présente un sens clair et qui ne renferme aucune difficulté, parce que les rapports se marquant en français par la place des mots, nous voyons à l'instant que *Themistocle* est le sujet de la seconde proposition, et que *Xerxès* est le terme de l'action du verbe *vaincre*.

Mais si je dis : *Legimus Themistoclem vicisse Xerxem*, la phrase est équivoque et le sens indéterminé. Les rapports se marquant en latin par les cas : *Themistoclem* et *Xerxem*, tous deux à l'accusatif, sont également propres à signifier le sujet de la proposition ou le terme de l'action du verbe : on ne peut dire avec certitude lequel des deux est ici désigné comme étant vainqueur.

Pour ôter toute ambiguité, il faudra tourner la phrase de l'actif en passif, et dire : nous lisons que Xerxès fut vaincu par Thémistocle. *Legimus Xerxem victum fuisse à Themistocle.*

§. 8.

TOUT ADJECTIF SE RAPPORTE A UN SUBSTANTIF.

Il n'y a point d'adjectif qui ne se rapporte à un substantif exprimé ou sous-entendu.

Nunquam est fidelis cum potente *societas.*

Suppléez : *homme*. La société avec un homme puissant n'est jamais fidèle.

Quand on trouve dans une phrase un adjectif sans aucun substantif auquel il appartienne, et que cet adjectif est du masculin, on peut toujours sous--entendre *homo*.

§. 9.

Canis lympharum in speculo vidit simulacrum suum, aliamque prædam ab alio ferri putans, eripere voluit.

Un chien vit son image *dans* le miroir des eaux, et pensant qu'une autre proie était portée *par* un autre chien, il voulut l'arracher. *Speculo* est le complément de *in; alio* est le complément de *ab*,

L'ablatif est toujours le complément d'une préposition exprimée ou sous entendue.

§. 10.

SON, SA, SES, LEUR, LEURS.

Les adjectifs pronominaux possessifs *son, sa, ses, leur, leurs,* se rendent par *suus, sua, suum,* toutes les fois que l'objet possesseur est dans la même proposition que l'objet possédé. « Un chien vit son image dans le miroir des eaux. *Canis lympharum in speculo vidit simulacrum suum. Canis*, nom de l'objet possesseur, est dans la même proposition que *simulacrum*, objet possédé.

Avidum sæpè deludit aviditas. L'avide est souvent dupé par son avidité. *Avidum*, objet possesseur, est dans la même proposition que *aviditas*, objet possédé.

SUA *pœna* CALUMNIATOREM *manet.* Où est l'objet possesseur ? *Calumniatorem.* L'objet possédé ? *pœna.* Donc *son, sa, ses,* doit s'exprimer par *suus, a, um.*

UTERQUE CAUSAM *cùm perorassent suam.* Où est l'objet possesseur ? *Uterque.* L'objet possédé ? *Causam.* Donc etc.

RANA *interrogavit natos* suos. Objet possesseur ? *Rana.* Objet possédé ? *Natos.* Donc etc.

SPOLIATUS *cum fleret suos* CASUS. L'objet possesseur ? *Spoliatus.* L'objet possédé ? *Casus.* Donc etc.

Dans les autres circonstances, c'est-à-dire, toutes les fois que l'objet possesseur n'est pas dans la même proposition que l'objet possédé, on traduira *son, sa, ses* par *ejus*, de lui ; *leur, leurs* par *eorum*, d'eux.

« Ésope vit le voleur et ses noces. » *Esopus vidit furem et nuptias* EJUS.

« Les voleurs blessent les mulets et pillent leurs bagages. » *Latrones sauciant mulos et diripiunt sarcinas* EORUM. *

Vous *lui* avez enlevé *son* argent. Où est l'objet possesseur ? *Lui.* Où est l'objet possédé ? *Argent.*

Remarquez que à *lui* n'est pas le sujet de la phrase, c'est *vous.*

Dans ce genre de phrases *suus, a, uum* doit se placer immédiatement devant ce pronom. Ainsi vous direz : SUAM EI *pecuniam rapuistis.*

Il en serait de même si, au lieu d'un pronom, il y avait un nom. Ainsi : « J'ai rendu à Simonide ses richesses. » SUAS SIMONIDI *divitias reddidi, restitui.*

§. 11.

Cùm regi pollicitus esset, si SUIS CONSILIIS *uti vellet.* Traduisez :

---

* Ut domos *suas quisque* discederent.—Quo factum est ut *Athenienses classem* suam constituerent. — *Hujus* consilium displicebat plerisque civitatibus, etc. —*Cujus* de adventu cùm *fama* esset perlata in Græciam. — Ut ei nuntiaret adversarios *ejus* esse in fugâ. — Ut *ejus* multitudo navium non potuerit explicari

Si vellet Xerxes uti consiliis suis.

Quel est l'objet possesseur? — Thémistocle.
L'objet possédé? — *Consiliis.*

Thémistocle est-il exprimé dans la proposition? — Non.

Voilà donc une exception à la règle que nous venons de poser, savoir : que, pour exprimer *son, sa, ses* par *suus, ua, uum*, il faut que l'objet possesseur et l'objet possédé se trouvent dans la même proposition.

C'est effectivement une exception, et la seule dont la règle soit susceptible. Voici comment cette exception peut se formuler :

Exception. Les adjectifs possessifs *son, sa, ses, leur, leurs* se rendent encore par *suus, ua, uum*, quand l'*objet possesseur* se trouve dans une proposition *corrélative*, et qu'en outre, il est le *nominatif* de la phrase.

Dans cette phrase, *Themistocles multa pollicitus erat regi*, est la 1re proposition.

Quel est le sujet de la phrase? — Thémistocle.

Si rex uti suis consiliis vellet. 2e proposition à laquelle la première a rapport.

Ainsi donc, dans cette phrase, Thémistocle ne se trouve pas dans les mêmes proposition que le mot *consiliis*, mais il est dans la proposition corrélative, et de plus, il est le nominatif de la phrase.

§. 12.

Quùm petiisset quingentas drachmas.

De ce que l'accusatif exprime toujours le complément direct de tout verbe actif, nous pouvons déduire la règle : « Tout verbe actif veut à l'accusatif le nom de l'objet qui est le terme de l'action que ce verbe exprime. »

Nous avons vu aussi que : Quelques verbes déponents ont la même force que les verbes actifs, et veulent de même l'accusatif. *Consectando prædones. — Tertia me sequetur. — Fabula attestatur hoc. — Dùm vult imitari potentem* etc.

L'usage également nous apprendra que quelques verbes déponens et beaucoup de verbes neutres régissent le datif. *Nocere alicui. — Cui serviam. — Auxiliari alicui* etc. D'autres veulent l'ablatif. *Quùm Athenienses uterentur portu. — Functi summis honoribus* etc.

§. 13.

CHANGEMENT DU PASSIF EN ACTIF.

Lorsqu'un verbe français employé dans le sens passif devra être rendu par un verbe neutre ou déponent, il faudra changer le passif en actif, parce que le verbe neutre n'a point la voix passive, et que le verbe déponent n'a que la signification active. Ex. : *Je serai suivi d'un chien.* Tournez : « Un chien me suivra. » Sequetur me canis.

§. 14.

QUIS INTERROGATIF ENTRE DEUX VERBES.

Lorsque dans une phrase *qui* ou *quel* interrogatifs sont placés entre deux verbes, le second verbe se met au subjonctif.

La grenouille demanda qui (lequel) était plus grand? *Rana quæsivit quis major esset?*

§. 15.

Les adverbes de lieu, *ubi, quò, quà, undè*, entre deux verbes, doivent être suivis du subjonctif

Dites-moi	*Dic mihi*
Où vous êtes, ...	*Ubi sis.*
Où vous allez, ...	*Quò eas.*
Par où vous passez, ...	*Quà transeas.*
D'où vous venez, ...	*Undè venias*

§. 16.

Concessit HABITATUM *Argos.*

Le supin en *um* prend après lui le cas du verbe dont il est formé.

Quand deux verbes sont mis de suite, et que le premier marque un mouvement vers un lieu, le second se rend par le supin en *um*.

On appelle *supins* deux cas : l'accusatif et l'ablatif singulier d'un substantif verbal de la 4me déclinaison, formé ordinairement du parfait par le changement de la dernière syllabe en *tum, tu.*

Habitavi, *j'habitai*. S. Habitatum, *à habiter*, *pour habiter*. Habitatu, *à être habité*.

On voit que le supin en *um* a le sens de l'infinitif actif, et le supin en *u* le sens de l'infinitif passif.

§. 17.

GÉRONDIFS.

Les gérondifs sont aussi des substantifs verbaux mais qui ont tous les cas. *Dicendum est. Ars dicendi. Aptus dicendo. Accedere ad dicendum. Dicendo consequi.*

Ils gardent le régime de leur verbe. *Causâ videndi Romam. Canes paucos et acres habendum. Parendum est legibus.*

Lorsque *de* se trouve entre un nom et un présent de l'infinitif, le verbe se rend par le gérondif en *di*. Le temps de lire l'histoire. *Tempus historiam legendi*. Je n'ai pas même le pouvoir de rester dans Rome. *Ne consistendi quidem Romæ potestatem habeo.*

Si le verbe est actif, on peut employer le participe en *dus, da, dum*, qu'on fait accorder avec le substantif, et ce substantif se met au cas auquel on aurait mis le gérondif.

Ainsi au lieu de : *Tempus historiam legendi*, on dira : *Tempus historiæ legendæ.*

On a eu le pouvoir de lire des exemples. *Fuit egendorum exemplorum potestas.*

N'omettre rien en donnant conseil. *In dando consilio nihil prætermittere.*

§. 18.

NE TENTES *æmulari potentem.*

Devant un impératif, la négation s'exprime par *ne;* mais les Latins emploient souvent le subjonctif au lieu de l'impératif. *Voir* l'exemple ci-dessus.

La négation peut encore s'exprimer par *noli*, *nolito*, seconde personne de l'impératif du verbe *nolo*, et le verbe qui la suit, se met alors à l'infinitif : « NOLI *hoc* FACERE *coràm pluribus canibus.*»

§. 19.

Quid refert mea cui serviam, clitellas DUM PORTEM *meas?*

Le subjonctif qui exprime l'état ou l'action du sujet d'une manière dépendante et subordonnée, est toujours uni à quelque antécédent par une conjonction ou par l'adjectif *qui, quæ, quod. Quid refert mea cui serviam, clitellas dum portem meas?* Que m'importe à qui j'appartiendrai, si je porte toujours mon bât? Quelquefois la conjonction est sous-entendue; il faudra toujours l'exprimer dans la construction. *Senex suadebat asino fugere, ne possent capi.* La conjonction *ut* est sous-entendue; *ut non possent capi*. Le vieillard conseillait à l'âne de fuir, afin qu'ils ne pussent être pris. *Ne* est ici la négation qui ne gouverne rien. *Ne* se met au lieu de *non*, après la conjonction *ut* qui alors ne s'exprime pas.

§. 20.

CUR *parùm frondis* EST.

Au commencement d'une phrase, *cur* est suivi du présent : *est*. Mais, placé entre deux verbes, il veut toujours le second au subjonctif. *Rana interrogata* CUR *hoc* DICERET.

Il en est de même de *quasi* et de *quomodo*.

§. 21.

Cùm, signifiant *lorsque, pendant que, comme*, veut l'imparfait et le plusque-parfait du subjonctif.

CUM *verò ille* PETIISSET. — CUM CEPISSENT *cervum.* — *A quibus* CUM AUDISSET. — *Huc* CUM VENISSET. — CUM *plurimi manere non* AUDERENT. — CUM VIVERET *magnâ cùm dignitate.* — CUM ANIMADVERTISSET *principes*, etc.

§. 22.

Dum, signifiant *pourvu que, jusqu'à ce que*, se construit avec le subjonctif : *Clitellas* DUM PORTEM *meas.*

Dum, signifiant *tandis que*, ne se construit devant un subjonctif que devant un imparfait : DUM FERRET *carnem canis*.

§. 23.

Ut, signifiant *que*, *afin que*, se construit toujours avec le subjonctif : UT *ejus multitudo navium explicari non* POTUERIT. — UT FUGERET *necem instantem.* — *Præcepit* UT *reliqui legati tum* EXIRENT. — *Misit servum* UT *regi* NUNTIARET. — *Pythia respondit* UT *se* MUNIRENT *ligneis mœnibus.*

La conjonction *ut* est très-souvent sous-entendue : *Nam Themistocles verens* NE (*ut non*) *bellare perseveraret.*

Ut, signifiant *après que*, *dès que*, *aussitôt que*, *comme*, est toujours suivi de l'indicatif : « *Themistocles* UT VENIT *Lacedemonem.* » — *Nam illorum urbs* UT *propugnaculum* ERAT.

§. 24.

An, est-ce que, employé comme interrogatif, se met avec l'indicatif, au commencement de la phrase; *ne* se met après un mot. Ainsi on dira : AN *amas*, ou : *amas* NE *litteras.*

Mais ces mêmes mots (*an* et *ne*), employés pour exprimer un doute, se construisent avec le subjonctif.

« *Natos interrogavit* AN ESSET *latior bove.* »

§. 25.

Si, conditionnel, s'exprime par *si* en latin, et le verbe se met au subjonctif lorsqu'il est à l'imparfait ou au plusque-parfait : « SI HABERES *pecuniam, esses dives et non pauper;* et non SI HABEBAS.

Si tu avais été content de nos demeures, etc.

SI *contentus* FUISSES (et non *fueras*) *nostris sedibus*, etc.

SI *eò* PERVENISSET. — SI *pars navium Eubeam* SUPERASSET. — SI *qui* DISCESSISSENT. — SI VELLENT *suos legatos recipere.*

§. 26.

Quidnam futurum est SI CREARIT *liberos.*

Après *si*, conditionnel, le présent s'exprime, en latin, par le futur, lorsque le verbe de la phrase interrogative est au futur :

« Qu'arrivera-t-il s'il procrée des enfans. Tournez : *s'il aura procréé.* »

§. 27.

Après les verbes *douter*, *demander*, *examiner*, SI se traduit par AN, et le verbe suivant se met au subjonctif :

« *Interrogavit* AN ESSET *latior bove.* »

§. 28.

In TAM *propinquo loco.*

Si, adverbe de qualité ou de quantité, s'exprime par *tam.*

Si grand, par *tantus, ta, tum* :

« TANTAS *habebat* RELIQUIAS. »

§ 29.

EXEMPLES TIRÉS DES TEXTES

Pouvant indiquer les cas que demandent les diverses prépositions.

ACCUSATIF.

Ad (*auprès de, vers, pour, à*) veut son complément à l'accusatif : Accessit *ad* Aristippum. — Devocat *ad* perniciem. — *Ad* Admetum confugit. — *Ad* Regem misit Themistocles. — *Ad* Ephoros Lacedemoniorum accessit.

Apud (*chez, auprès de*) demande son complément à l'accusatif : *Apud* Salamina constituunt classem. — *Apud* omnes gentes Athenienses tantam gloriam consecuti erant, etc.

Il en est de même de *adversum*; nous avons vu : *Adversum Athenas.*

Antè (avant, devant), que nous n'avons rencontré qu'en composition : *ante*feratur. *Antè solem*, devant le soleil.

Circum ire, (aller autour, autour de); accusatif : *circum Athenas.*

Contrà (contre) : *Unus contrà omnes.*

Extrà Peloponesum ullam urbem haberi.

Ecce, [voilà] tantôt demande le nominatif, tantôt l'accusatif : *Ecce* homo dives et potens. *Ecce* me.

Inter cædem.

Ob eumdem timorem.

Propter excursiones barbarorum. *Propter* multas ejus virtutes. *Propter* se bellum indicerent.

Ephoros, *penes* quos.

Per flumen, fluvium.

Post paucos dies.

Præter nomen Domini.

Trans, au-delà ; *trans* flumen, au-delà du fleuve.

ABLATIF.

A, *ab* (de, par, depuis).

Ab alio ferri—*A* superis datur—*A quibus* cùm audisset.

Coram (devant, en présence), *coram* pluribus canibus noli facere.

Cum (avec) leone. *Cum* dignitate. *Cum* quo hospitium fuerat. *Cum rege* Persarum.

E civitate ejectus—Ex urbe.

De eâ re, sur, touchant cette chose.

De principatu certamen fore.

Pro mercede.

Sine summâ industriâ.

Tantôt ACCUSATIF, *tantôt* ABLATIF.

Les prépositions sont, ou exprimées, ou sous-entendues :

Miserunt consultum.

Miserunt (ad) consultum.

In rebus suis res est dominum videre plurimum. — *In præsentia* cùm rex abesset. — *In* tam propinquo loco. — Se conjecit *in sacrarium*. — *In* fidem reciperet. — Reditu *in Asiam*. — Reversus est *in* Asiam.

Super, (superi, superiore, superesse) : *super* re—*super* sepulchrum.

Ces dernières prépositions veulent l'accusatif lorsqu'il y a mouvement pour passer d'un lieu dans un autre ; l'*accusatif*, lorsque ce mouvement n'existe pas.

§. 30.

VERENS NE *bellare perseveraret.*

Les verbes qui expriment la crainte, *metuere, pavere, timere, vereri*, offrent une singularité remarquable : c'est que lorsqu'ils sont suivis de la négation *ne*, la phrase doit se traduire en français par l'affirmative, au lieu que s'il n'y a pas de négation, elle se traduit par la négative.

§. 31.

Arguebat vulpem furti crimine.

Avec les verbes *accuser, absoudre, condamner*, on met le nom de la personne à l'accusatif, et le nom de la chose au génitif ou à l'ablatif, etc. *.

§. 32.

Miserunt Athenas legatos QUI *Themistoclem accusarent.*

QUI est ici pour *ut illi*, afin qu'ils.

Quand le conjonctif *qui, quæ, quod* tient lieu d'*ut* et d'un pronom, et ce cas se rencontre très fréquemment dans les auteurs, alors le verbe se met au subjonctif comme si *ut* était exprimé.

§. 33.

Vixit centum annos.

Les noms de temps se mettent à l'accusatif. Les prépositions *per, antè, in* sont souvent sous-entendues.

Quand les noms de temps sont à l'ablatif, c'est qu'alors on sous-entend les prépositions *in* et *de* : Reversus est *triginta diebus*. — Iter fecerat *sex mensibus*.

§. 34.

Sauciant FERRO *mulum.*

Le nom de l'instrument dont on se sert pour faire une chose, de la cause pourquoi cette chose se fait, de la manière dont elle se fait, se met à l'ablatif en sous-entendant *cum, in, à, ex*.

§. 35.

Dixit se empturum MINORIS, etc.

Après les verbes de prix ou d'estime, on met les génitifs *magni*, *parvi*, etc. et leurs comparatifs; ces adjectifs s'accordent avec le substantif *æris*, sous-entendu. On sous-entend devant ces mots *pro pretio*.

§. 36.

Hic QUUM *multa regi* POLLICITUS *esset*, etc.

Celui-ci *ayant promis* au roi, etc.

Nos participes passés actifs n'ont point de termes correspondants en latin, excepté dans quelques verbes neutres, qu'on nomme neutres passifs, par exemple : *audeo, ausus ; soleo, solitus* : il faudra, pour rendre ces participes, tourner la phrase par *lorsque, comme, puisque, vu que*, et mettre le verbe au subjonctif.

25e, 26e, 27e ET 28e LEÇONS.

EMPLOI OU ELLIPSE DES PRÉPOSITIONS DEVANT DIVERSES SORTES DE NOMS.

Noms de lieu.

1°. UBI *Themistocles mansit?*

(Lieu où l'on est *ubi*.)

Le nom du lieu où l'on est, et du lieu où la chose se passe, se met à l'ablatif. Il est le complément de la préposition *in*.

« Thémistocle a demeuré en Perse. »
Themistocles mansit in Græciâ, in Perside.

L'usage le plus général est d'exprimer la préposition devant les noms propres de grands lieux, tels que les empires, les royaumes, les provinces, et de la sous-entendre devant les noms propres de villes, de villages, etc.

Vixit in Græciâ, in Perside.—Mansit Lacedæmone.

Observez que si les noms de villes sont de la première ou de la seconde déclinaison, au singulier, on les met au génitif.

Il a vécu à Magnésie. *Vixit Magnesiæ.* — Il a vécu à Magnésie, ville célèbre. *Vixit Magnesiæ, in urbe celeberrimâ.* — Chez Admète roi des Molosses. *Apud Admetum Molossorum regem.* —Auprès d'un fleuve. *Ad flumen.*— A la campagne. *Rure.* (ablatif.)—Il est couché à la maison. *Jacet domi.* (génitif.)— A terre. *Humi.*— Là (où on est) *ibi.*— IBI *cùm principes civitatis animadvertisset timere*, etc.—Là où tu es. *Istic.* — Là où il est. *Illic.*

Mais s'il y avait : « Il demeure dans la maison d'Admète, il faudrait traduire *manet in domo Admeti.* » « dans une campagne agréable, *in rure amœno.* » parce que *rus* et *domus* demandent une préposition, lorsqu'ils sont joints à un génitif ou à un adjectif, c'est-à-dire, lorsqu'ils sont pris dans un sens particulier.

2° QUO *Themistocles venit?*

(Lieu où l'on va, *quò*.)

Thémistocle est venu à Lacédémone. *Themistocles Lacedæmonem venit.*

---

* Voilà comment l'observation de l'élève, dirigée par le professeur sur les textes expliqués, lui fait découvrir les règles de construction de la langue latine. Je ne saurais trop le répéter : il y a dans la traduction littérale bien observée : 1° dictionnaire, 2° grammaire, 3° syntaxe, tout y est.

Notre cours grammatical ne se borne pas à trois mois ; il comprend l'année entière de notre enseignement, et nous rencontrons dans cet espace de temps, au moyen des textes choisis que nous expliquons, toutes les éventualités de la langue latine. En ce moment nous préparons un travail complet qui, prenant l'élève dans l'état d'ignorance absolue, le conduira, par une voie aussi agréable que rapide, à la solution des difficultés de la langue latine, et le mettra à même d'expliquer les auteurs, et, par voie d'*analogie*, comme journal de notre Cours, de s'exprimer en latin d'une manière aussi élégante que correcte. Cette publication, qui paraîtra par livraisons, formera en tout 2 volumes, et aura encore pour nos élèves un grand avantage : celui de les dispenser d'acheter une foule d'auteurs fort cher dont on ne voit, en définitif, que quelques pages. Avec l'aide de cet ouvrage, il sera facile à tout élève de devenir maître à son tour.

Dans la ville de Magnésie. *In urbem Magnesiam.*

On vint à Sidon. *Ventum est ad Sidona.*

Il vint à la campagne. *Venit rus.*

A la maison. *Domum.*

Où va-t-il? *Quò vadit?*

A Lacédémone, ville du Péloponnèse. *Lacedæmonem, in urbem Peloponnesi.*

Il est venu ici où nous sommes; *venit huc.*

— là où tu es — *istuc.*

— là où il est — *illuc.*

On voit que le complément de tendance se met à l'accusatif avec la préposition *in;* mais que les noms propres de villes, *rus, domus,* rejettent la préposition.

3° Undè *Xerxes redit?*

(Le lieu d'où l'on vient *undè.*)

Xerxès revient de la Grèce. *Xerxes redit è Græciâ.*

De la ville de Magnésie. *Ex urbe Magnesiâ.*

De Myunte. *Myunte.*

De la campagne. *Rure.*

De la maison. *Domo.*

De là où nous étions *hinc.*

— où vous étiez *istinc.*

— où ils étaient *illinc.*

De là il parvint à Éphèse. *Indè Ephesum pervenit.*

D'où viens-tu? *Undè venis?*

De Rome, ville très connue par son antiquité. *Româ, ex urbe vetustate notissimâ.*

Le complément de *départ*, de *sortie*, de *retour*, se met à l'ablatif avec la préposition *è* ou *ex;* mais les substantifs propres de villes, aussi bien que *rus* et *domus*, rejettent la préposition.

4° Qua *Xerxes iter habebit?*

(Lieu par où l'on passe) *quâ.*

Par Lacédémone, ville antique. *Per Lacedæmonem, urbem antiquam.*

Par la ville de Magnésie. *Per urbem Magnesiam.*

Il passera par ici où je suis *Iter habebit hâc.*

— par là où vous êtes — *istâc.*

— par là où ils sont — *illâc.*

par là *câ.*

PHRASES GRAMMATICALES.*

Pulchrum est pro *patriâ mori.* Il est beau de mourir *pour* la patrie.

Propter *virtutes Themistoclem amo.* J'aime Thémistocle *pour* ses vertus.

Themistocles est avidus gloriæ *et laudum.* Thémistocle est avide de gloire et de louanges.

Quelques adjectifs ont des complémens. Parmi ces adjectifs les uns demandent leur complément au *génitif*, etc. C'est encore l'usage qui est ici le meilleur guide.

Avidus legendi. (Génitif.) Avide *de lire.*

Refert Themistoclis vincere. Il importe à Thémistocle de vaincre.

Refert veut son complément au génitif.

Hæc domus est mei patris. Cette maison est à mon père. T.: Cette maison est (celle) de mon père.

Hæc villa est mea. Cette campagne est à moi. Tournez *est mienne.*

Reges quibus opus esset amicis. Les rois qui auraient besoin d'amis, T.: Les rois à qui besoin serait d'amis.

Arguo Themistoclem proditionis crimine. J'accuse Thémistocle de trahison.

Hortemur *adolescentes* ad *studium.* Nous exhortons les jeunes gens à l'étude.

Historia quam legi mihi est grata. L'histoire que j'ai lue m'est agréable.

Fabellæ quas legi. Les fables que j'ai lues.

Nihil affirmo quod non explicem. Je n'affirme rien que je n'explique.

Amo legere versus Simonidis. J'aime à lire les vers de Simonide.

Quis vestrum, ex vobis, inter vos, occupavit urbem? Qui de vous s'est emparé de la ville?

Quem quæritis? Qui cherchez-vous?

Quis servus hoc egit? Quel esclave a fait cela?

Quam mulierem duxisti uxorem? Quelle femme as-tu épousée?

Uter, *Xerxesne* an *Themistocles callidior est?* Lequel des deux est le plus rusé de Xerxès ou de Thémistocle?

Uter, *Aristippusne* an *paterfamilias doctior est?* Lequel est le plus savant d'Aristippe ou du père de famille?

* On peut s'en servir comme d'exemples de construction latine dans les cas analogues.

Doctus ille est pro *suâ ætate.* Il est instruit pour son âge.

Admetus est adeò *bonus* ut *consulat saluti Themistoclis.* Admète est si bon qu'il pourvoit au salut de Thémistocle.

Cùm legerem versus Simonidis, Simonides ipse venit. Comme je lisais les vers de Simonide, Simonide lui-même vint.

Si quis celeriter bellum conficeret. Si quelqu'un terminait promptement la guerre.

Præbeamus tantum animum, ut contumelia ipsa non possit nos frangere. Montrons un courage si grand que cette injure même ne puisse nous abattre.

Sum idem qui semper fui. Je suis le même que j'ai toujours été.

Est idem quem vidisti. Il est le même que tu l'as vu.

Ne *illam videbo* quidem. Je ne la verrai même pas.

In hâc vitâ, alii sunt divites, alii pauperes. Dans cette vie, les uns sont riches, les autres pauvres.

Quot ou quam multi *homines docti interierunt.* Que d'hommes savans ont péri.

Habeo multos *amicos.* J'ai, je possède beaucoup d'amis.

Amo multum *versus.* J'aime beaucoup les vers.

Magni *meâ refert.* (Sous-entendu *pretii.*) Il m'importe beaucoup. Parvi *tua refert.* Il t'importe peu. Minoris *tua refert.* Il t'importe moins.

Habes satis multos *amicos.* Tu as assez d'amis.

Satis magni *mea refert.* Il m'importe assez.

Nimium gloriæ, nimia gloria. Trop de gloire.

Habeo nimis multos *amicos.* J'ai trop d'amis.

Hic classiarius est eò fortior quòd nunquam timuit mortem. Ce marin est d'autant plus courageux qu'il n'a jamais craint la mort.

Præbe quam plurimum *virtutum*, plurimas *virtutes.* Montre le plus de vertus que tu pourras.

29e et 30e LEÇONS.

PALÆOGRAPHIE DES LATINS.*

Les plus anciennes inscriptions romaines remontent aux premiers siècles de Rome, mais elles sont fort rares. Il résulte de leur examen; 1° que le premier alphabet latin fut composé de 16 lettres seulement, comme celui des Grecs, comme celui des Étrusques; 2° que les formes des signes de ces trois alphabets étaient on pouvait dire identiques, et les monumens confirment, en ce point remarquable, les rapports des historiens. Ceux-ci nous ont transmis des indications assez précises sur ce sujet, et il ne faut, pour en déduire les traditions les plus certaines, que distinguer attentivement ce qu'ils disent du *son* d'une lettre, d'avec ce qui ne se rapporte qu'à sa forme, celle-ci ayant quelquefois subi plusieurs variations utiles à connaître pour discerner l'âge d'une inscription. Il résultait aussi du petit nombre des signes de l'alphabet primitif, que la même lettre figurait plusieurs sons. C s'employa en même temps pour G, pour Q et pour X, *acna* pour agna, *cotidiè* pour quotidiè, *facit* pour faxit, *vogs* pour vox. Z était remplacé par *cs, gs, ds* ou *ss*, *crotalissare* pour crotalizare. Une voyelle brève était souvent omise, la consonne l'emportait avec elle dans la prononciation, *quam syllaba nomine suo exprimit*, disait Quintilien; on trouve donc *Lebro* pour Lebero (libero), *bne* pour bene, *krus* pour carus, *cante* pour canete, *poclum* pour poculum; l'*i* surtout subissait cette suppression, et l'on écrivait *are* au lieu d'aries, *evenat* au lieu d'eveniat. Une voyelle initiale ou finale était soumise à la même coutume, ainsi que les consonnes redoublées introduites assez tard dans l'orthographe. M, N, S, étaient aussi omis quelquefois, même au milieu des mots, et l'on disait, *Popeius* pour Pompeius, *cosol*, *cesor* pour consul, censor. Les voyelles longues étaient figurées par les voyelles brèves analogues redoublées, *feelix* pour felix, *juus* pour jus. La rencontre de deux consonnes était évitée par l'insertion d'une voyelle : *auceta*, *sinisterum*, *materi* pour aucta, sinistrum, matri; ils évitèrent aussi les hiatus, au moyen d'une consonne, le D ordinairement, entre deux voyelles, comme *antidac* pour antehac; il en était de même entre deux mots dont l'un finissait et dont le suivant commençait par une voyelle, *med*, *altod*, *marid*, pour me, alto, mari. Les permutations des lettres du même organe furent aussi très fréquentes. L'aspiration H se voit très rarement dans les inscriptions les plus anciennes, elle ne fut d'un usage général que dès le VIIe siècle de Rome, où il fut même porté jusqu'à l'abus. La diphthongue EI pour I est très fréquente, même

* Ce petit traité de *Palæographie romaine* est extrait de l'ouvrage de M. Champollion. (Voir *Manuel grec*, le traité de Palæographie des Grecs.)

dans les noms propres et les substantifs aux cas terminés par cette voyelle, *Casseius, virtutei*, pour Cassius et virtuti. Quant à la ponctuation, quelquefois chaque mot est séparé du suivant par un signe, quelquefois il ne l'est pas du tout; plus ordinairement une préposition ne forme qu'un seul mot avec son complément, *denovo, ingalliam*, pour de novo, in Galliam; les syllabes d'un mot composé sont aussi parfois séparées selon ses diverses racines, ou même selon la racine et la désinence, comme *quoties quomque, marti alis*. Enfin, la même inscription présente quelquefois le même mot avec une orthographe différente, comme ERUNT, qui est écrit sur le monument d'Eugubium; 1° *erihontt;* 2° *erafont;* 3° *erivont*. Mais il faut avoir égard, dans toutes ces remarques, aux variations inévitables d'orthographe dans toute langue qui se forme et se perfectionne successivement dans sa constitution logique, comme aussi à l'influence de la prononciation sur l'orthographe, et enfin au plus ou moins de science grammaticale que possédait le graveur ou le rédacteur de l'inscription, dans le latin surtout dont la grammaire, du moins en ce qui touche aux genres, aux nombres, aux cas du nom, aux personnes et aux temps des verbes, ne s'est fixée que très tard par l'influence des grands écrivains de la fin de la république; et dans l'usage général ou populaire, la langue parlée ayant trop habituellement dédaigné ces règles sévères, comme nous le montrent des monumens dont les incorrections trouvent leur excuse dans cet usage même.

Les plus anciennes inscriptions des Romains, celles d'où l'on peut déduire toute l'histoire des variations de leur langue écrite et parlée, sont 1° le chant des *fratres Arvali*, découvert dans les fondations de la sacristie de Saint-Pierre de Rome, en 1778, chant en usage dans ce collége de prêtres qui remontait jusquà Romulus; 2° la colonne de Duillius, qui vainquit les Carthaginois en 494, de Rome (260 avant J.-C.); elle est au capitole, mais quoiqu'elle soit en ancienne orthographe latine, on pense que l'inscription primitive, dégradée par le temps, a été remplacée par cette copie sous le règne de Claude; 3° l'inscription de Scipion Barbatus, l'an de Rome 456 (298 ans avant J.-C.), trouvée dans le tombeau des Scipions qui fut découvert en 1780, et qui, par le nombre des monumens écrits qu'il renferme, nous montre l'état de l'alphabet et de l'orthographe du latin depuis le IVe jusqu'au VIe siècle de Rome; 4° la table latine d'Eugubium, dont Lanzi descend l'époque jusqu'au VIIe siècle de Rome. On pourrait indiquer ici d'autres monumens non moins utiles pour l'étude de la palæographie romaine, mais les exemples qu'on peut tirer de l'examen des quatre principaux qui viennent d'être indiqués, suffisent pour acquérir une connaissance positive des élémens de cette étude.

Les inscriptions romaines deviennent moins rares pour le VIIe siècle de Rome, (150 ans avant J.-C.) et les époques postérieures, à mesure qu'on se rapproche des temps des empereurs. Les inscriptions sont surtout communes pour leur époque. Ce fut vers le commencement de ce VIIe siècle que les Romains s'établirent dans la partie des Gaules située en-deçà des Alpes; César et Auguste en achevèrent la conquête, et l'on retrouve fréquemment des monumens de leur autorité, de celle de leurs délégués, et de l'influence romaine sur les mœurs et les usages des Gaulois. Il en est de même en Italie, en Espagne et dans les régions du nord de l'Europe; pour peu qu'on fouille la terre profondément, ou qu'on touche à d'anciennes constructions, des monumens romains se montrent partout, et leurs inscriptions bien interprétées jettent quelquefois sur des points obscurs de l'histoire une lumière inespérée. On doit donc les recueillir, même dans leurs débris, avec un soin religieux que commande l'intérêt des anciennes annales de l'Europe.

Le texte de ces inscriptions se rapporte ou au culte des dieux, aux cérémonies de la religion, à l'histoire en tant qu'elles contiennent des actes de l'autorité publique, des noms de prêtres et de magistrats, des indications d'époque ou de lieu, des faits d'un intérêt général, tels que les constructions et la dédicace des ouvrages publics, les honneurs décernés à des citoyens illustres; ou bien aux usages et aux croyances, comme les inscriptions funéraires; et celles-ci sont les plus nombreuses, celles qu'on découvre le plus ordinairement dans tous les pays. On dédiait aux dieux des autels, des statues, des temples; on leur faisait des vœux dont on constatait l'accomplissement par une inscription gravée sur l'objet même qui leur avait été voué. Les noms et les surnoms des dieux sont ordinairement aux premières lignes de l'inscription et au datif, comme IOVI SERENO, MARTI AUGUSTO. Vient ensuite le nom de celui qui consacre le monument, et ce nom est suivi des titres et qualités du dévot, quelquefois des motifs du vœu et de son accomplissement (*voto suscepto*), et de la formule EX VOTO, qui indique le motif du monument. Cette formule s'exprime souvent aussi par EX VOTO. S. L. M. ou bien V. S. L. M. *votum solvit lubens merito*; ou bien UT VOVERAT. D. D. *ut voverat dedit, dedicavit.* Si l'inscription est terminée par le mot SACRUM, ou simplement S., qui en est l'abréviation, elle n'est plus l'effet d'un vœu, mais seulement de la piété de celui qui en a fait les frais.

On doit classer aussi parmi les inscriptions religieuses, les actes des colléges de prêtres, les sacrifices tels que les taurboles (sacrifice d'un taureau), les suovetauriles (d'un porc, d'une brebis et d'un taureau). Ils avaient toujours pour objet la santé du prince ou ses succès dans une entreprise difficile. L'inscription nomme la personne qui a fait les frais du sacrifice, le magistrat qui a présidé, le prêtre qui a fait l'invocation, les chanteurs, le joueur de flûte, le décorateur, et l'indication de l'époque la termine.

Les inscriptions historiques comprennent les sénatus-consultes, les plébiscites, les décrets, lettres et discours des magistrats, des colléges civils, des empereurs, les conventions d'hospitalité, de clientelle, de patronage entre les villes, colonies, municipes ou corporations, et entre les citoyens les diplômes militaires, et tout ce qui se rapporte aux droits civils et politiques. On comprend aussi dans la même classe, les inscriptions des monumens publics, et qui indiquent ordinairement l'époque de la construction de l'édifice, l'objet qu'on s'est proposé, qui en a fait les frais, et quelquefois aussi des réparations partielles rendues nécessaires par des dégradations; et telles sont les inscriptions qu'on lit sur les arcs de triomphe, les colonnes, les théâtres, amphithéâtres et basiliques, sur des bains, des ponts, des aqueducs, des portes et murailles de villes, enfin sur les colonnes milliaires qui marquent les distances sur les voies publiques. Ces colonnes ne contiennent ordinairement que les noms, les titres et surnoms (à l'ablatif, si le nominatif n'est pas exprimé) de l'empereur sous le règne duquel la route a été construite ou réparée, suivis de l'indication du nombre de mille pas romains où la borne se trouve d'un lieu qui a été pris pour point de départ. Le nom de ce lieu se trouve rarement sur la colonne. A l'égard de ces inscriptions comme de toutes celles qui appartiennent à la classe des monumens historiques, les abréviations sont la partie qui embarrasse le plus ordinairement leurs interprètes; les titres des empereurs sont quelquefois très nombreux, et ceux des magistrats, presque toujours indiqués par la seule lettre initiale du mot. Pour ne pas exposer trop au long la méthode la plus usuelle de ces interprétations, nous citerons ici un exemple, parce que dans tout enseignement les exemples sont plus puissans que les préceptes, et l'on trouvera dans l'inscription suivante, découverte à Narbonne, presque toutes les formules relatives aux titres des empereurs romains:

IMP. CAESARI. DIVI. ANTONINI PII FIL. DIVI. HADRIANI. NEPOTI. DIVI. TRAIANI. PARTHICI. PRONEPOTI. DIVI. NERVAE. ABNEPOTI. L. AVRELIO. VERO. AVG. ARMENIACO. PONT. MAXIM. TRIBUNIC. POTESTAT. IIII. IMP. II. COS. II. PROCOS. DECUMANI. NARBONENSES.

Cette inscription a fort peu d'abréviations, mais les mots presqu'entiers aideront à les faire reconnaître plus facilement partout ailleurs où ils seront plus abrégés. Dans tout état de choses, on doit saisir d'abord la construction de la phrase, en se dirigeant par le verbe s'il est exprimé, ou par les cas des noms si le verbe est sous-entendu. On reconnaît donc ici les derniers mots, qui sont deux nominatifs, comme le sujet même de la phrase; le verbe n'est pas exprimé, mais tous les autres mots qui sont au datif avec des complémens au génitif n'en sont pas moins le complément général de la phrase. Comme la plupart de ces mots sont qualificatifs, ils se rapportent ainsi à un mot principal, qui est le nom même de l'empereur auquel le monument est dédié. La construction logique de cette phrase sera donc : *Decumani Narbonenses* (dedicaverunt hoc monumentum) *imperatori Cæsari Lucio Aurelio Vero Augusto armeniaco, pontifici maximo, (ex) tribunicia potestate quartum, imperatori secundum, consuli secundum, proconsuli, filio divi Antonini Pii, nepoti divi Hadriani, pronepoti divi Trajani Parthici, abnepoti divi Nervæ.* On la traduira ainsi. « Les décumans de Narbonne (ont dédié ce » monument) à l'empereur César Lucius Aurelius » Verus, Auguste, l'Arméniaque, grand pontife,

» exerçant le pouvoir tribunicien pour la quatrième » fois, empereur pour la seconde fois, consul pour » la seconde fois, proconsul; fils du divin Antonin » le pieux, petit-fils du divin Hadrien, arrière petit-fils du divin Trajan le Parthique, ex-arrière » petit-fils du divin Nerva.» On remarquera : 1° les mots *decumani narbonenses*, comme indication géographique; 2° les titres, prénoms et noms de l'empereur auquel le monument est dédié, Lucius Aurélius Vérus, d'abord collègue et ensuite successeur de Marc-Aurèle; 3° le surnom d'Arméniaque, parce qu'il fit en effet la guerre en Syrie et dans l'Arménie; 4° le titre de grand pontife, commun à tous les empereurs, qui réunissaient en leur personne le sacerdoce et l'empire; 5° La quatrième tribunicie, ces princes cumulant aussi le pouvoir des tribuns qui étaient renouvelés tous les ans, et comme les empereurs renouvelaient aussi fictivement en eux-mêmes ce pouvoir dès la première année de leur avènement, l'indication du nombre de ces simulacres de tribunicie, est aussi l'indication de l'année du règne même du prince; l'inscription de Narbonne est donc de la 4e année du règne de Lucius Verus, et de l'an 164 de J.-C., Verus ayant été associé à l'empire par Marc-Aurèle au mois de mars 161; 6° les mots empereur pour la seconde fois, ce titre d'empereur suivi d'un nombre, ne devant pas être confondu avec le même titre du commencement de la phrase où il est la qualification même du pouvoir souverain; ici il se rapporte à deux victoires remportées par ce prince, et c'est l'armée qui le lui a décerné deux fois; 7° les mots consul pour la seconde fois; les empereurs étaient quelquefois consuls avant de parvenir au trône et même durant leur règne; 8° le titre de proconsul qu'il réunit à tous les autres; 9° les mots fils, petit-fils, arrière petit-fils et ex-arrière petit-fils, qui indiquent sa généalogie naturelle ou adoptive, chacun de ses prédécesseurs étant qualifié de *Divus*, titre qui n'était donné aux empereurs qu'après leur mort. L'examen successif des mots de cette inscription, conduit donc à en reconnaître le sujet, l'époque, les auteurs et le prince qui en est l'objet. Pour ce genre de monumens il est très utile de se familiariser avec le texte des légendes impériales, où les prénoms, les surnoms, titres et qualités des princes sont ordinairement écrits en abrégé.

A l'égard de l'époque précise d'une inscription historique ou autre, on peut la déduire des indications analogues à celles que nous venons de faire remarquer : 1° par le nombre des tribunicies d'un empereur, qui répond constamment au nombre des années du règne comptées depuis son avénement; 2° quelquefois par les consulats; mais les consulats ne se succédant pas annuellement pour le même personnage, il en résulte qu'un empereur n'a été consul qu'une fois ou deux, quoiqu'il soit parvenu à la 4e, à la 10e ou la dernière année de son règne. Dans ce cas, et si le nombre des tribunicies n'est pas exprimé, on doit s'attacher à quelqu'autre circonstance du règne énoncée dans l'inscription, soit au nombre même des consulats, parce qu'il est certain que l'inscription n'est pas antérieure à l'année où l'empereur a exercé le dernier consulat énuméré dans l'inscription; soit aux surnoms tirés de ses victoires, parce que l'histoire indique le temps où il les a obtenues; 3° au moyen de la date même du monument exprimée par les noms des consuls en exercice, comme T. SEXTIO. LATERANO. L. CUSPIO. RUFINO. COS., *Tito Sextio Laterano, Lucio Cuspio Rufino consulibus;* et l'on voit par la liste des consuls romains, rapportée à l'ère chrétienne par les chronologistes, que Titus Sextius Lateranus et Lucius Cuspius Rufinus furent consuls l'an 197 de J.-C.; 4° au défaut de tout autre renseignement plus positif, tel que la comparaison entre elles de plusieurs inscriptions relatives à des individus de la même famille et dont les générations peuvent être comptées et rapportées à une époque connue pour l'une d'elles, on doit s'attacher à la forme des lettres et à l'orthographe des mots, selon les notions exposées précédemment quant à l'orthographe, et quant aux lettres, selon l'alphabet latin, où l'on voit comment de la plus ancienne forme, elles se sont rapprochées des formes actuellement adoptées pour les lettres capitales.

Parmi les inscriptions historiques, on place au premier rang les fragmens des fastes consulaires, et autres monumens de cette espèce; mais on n'en a recueilli que quelques portions, à Rome capitale de l'empire. On a parlé aussi de monumens géographiques, entre autres d'une grande table de pierre où était tracée une carte des Gaules, et qui avait servi à l'enseignement public dans les écoles romaines d'Autun. Elle fut découverte dans des travaux, vue et admirée, et ensuite employée avec les matériaux qui servirent aux fondemens d'une maison particulière : un monument de ce genre serait du plus grand prix pour la géographie et l'histoire. La célèbre carte de Peutinger est de ce genre, elle était gravée sur plusieurs plaques de bronze. Enfin, les calendriers sont aussi au nombre des plus précieuses inscriptions, et on peut reconnaître l'époque où un calendrier a été gravé sur la pierre, selon qu'il contient ou ne contient pas l'énonciation des fêtes, des jours consacrés ou des jours *éponymes* des empereurs ou impératrices auxquels le sénat et le peuple romains décernaient ces honneurs. Si, par exemple, on ne trouve pas au 1er du mois Sextilis (appelé ensuite Augustus), l'indication de la prise d'Alexandrie d'Égypte par Auguste, le calendrier peut être antérieur au règne de ce prince. D'autres indications de l'histoire fournissent de tels moyens de critique pour reconnaître l'époque d'un calendrier romain et des divers monumens analogues.

Les inscriptions funéraires sont les plus communes dans tous les pays de la domination romaine. Elles sont spécialement caractérisées par leurs premiers mots et sigles D. M. *Diis Manibus*, QVIETI ou MEMORIAE AETERNAE ou PERPETVAE; ces invocations sont suivies des noms du défunt au génitif, et ils entrent alors en composition avec elles, ou bien ces noms sont au datif ou au nominatif, et l'invocation aux dieux mânes reste isolée du reste de la phrase. Quelquefois l'inscription commence par les noms au nominatif, et elle est un véritable *Titulus*, ou indication de la personne inhumée dans le tombeau auquel la pierre appartient. Aux noms du mort on ajoute ses noms civils et militaires s'il en eut de son vivant, son âge, et ensuite les noms, qualités et la filiation des personnes qui ont consacré le monument; si le défunt était citoyen romain, le nom de la tribu où il était inscrit précède son surnom, et l'on sait que les citoyens des villes et provinces conquises par les Romains, étaient inscrits en masse dans une des tribus de Rome, et qu'ils obtenaient par là la jouissance des droits politiques qui en découlaient. Il arrivait souvent qu'à l'occasion de la mort d'un chef de famille, les membres survivans, en lui consacrant un tombeau, le destinaient aussi pour eux-mêmes et se fesaient un devoir de mentionner cette circonstance dans l'inscription. Quelques exemples mettront tous ces préceptes en plus grande évidence. Une inscription de Lyon, publiée par M. Artaud, est ainsi conçue : D. M. AEMILI VENVSTI. MIL. LEG. XXX. V. P. F. INTERFECTI. AEMILI. GAIVS ET VENVSTA. FIL. ET AEMILIA. AFRODOSIA. LIBERTA. MATER. EORVM. INFELICISSIMA. PONENDVM. CVRAVERVNT. ET SIBI. VIVI. FECER. ET SVB. ASCIA DEDICAVER. ADITVS. LIBER. EXCEPTVS. EST. LIBRARIVS. EJVSD. LEG. On voit par les noms d'Æmilius mis au génitif, qu'ils entrent en composition avec D. M. On lira donc *Diis Manibus Æmilii Venusti;* les six mots abrégés ou sigles qui suivent, indiquent la profession d'Æmilius, et se lisent *militis legionis tricesimæ victricis piæ felicis*, et l'on apprend qu'il était soldat de la 30e légion, surnommée la victorieuse, la pieuse, l'heureuse, et le mot *interfecti* annonce qu'il fut tué au service. Le nominatif GAIVS avertit qu'une autre phrase commence, et le verbe *curaverunt* lui suppose au moins deux sujets; on construit aussitôt tout ce qui suit le mot *interfecti* de cette manière: *Æmilius Gaius et Venusta filia* (*ejus*), *et Æmilia Afrodisia liberta mater eorum infelicissima, ponendum curaverunt et sibi vivi fecerunt, et sub ascia dedicaverunt* : Æmilius Gaius et Venusta ses enfans, et Æmilia Afrodisia, affranchie, leur mère infortunée, ont pris soin de faire élever ce monument, et l'ont destiné aussi à eux-mêmes de leur vivant, et l'ont dédié *sub ascia*. Les mots *aditus liber exceptus est*, avertissent que lorsque la place du tombeau fut concédée par l'autorité publique, le chemin qui y conduisait fut expressément réservé : enfin les mots *librarius ejusdem legionis*, séparés par une ligne horizontale de tout ce qui précède, ayant été omis dans le texte même de l'inscription, ils ont été ajoutés à la fin, comme l'un des titres du défunt qui était aussi le *librarius*, espèce d'écrivain ou de comptable, de la 30e légion. On remarquera encore, 1° que Venustus n'a pas de surnom; 2° que son prénom est le nom même d'une grande famille de Rome, et il en résulte que ce soldat, d'abord esclave sous le nom de *Venustus*, a été affranchi par la famille Æmilia, et que selon l'usage général, il a pris le nom de cette famille pour son prénom : il en était de même de sa femme; esclave d'abord sous le nom d'*Afrodisia* et affranchie aussi, LIBERTA, par la famille Æmilia, elle prit ce même nom pour son surnom. De ses enfants, le fils porte pour nom le prénom même de son père, et la fille a pris pour son nom le surnom de celui-ci. Les mots *sub ascia* sont très diversement interprétés; *ascia* est le nom d'un outil, espèce de doloire, dont la figure se voit aussi sur les pierres tumulaires; mais on n'est bien d'accord, ni sur le motif qui l'y faisait placer, ni sur le sens des paroles qui s'y rapportent; on croit que la figure de la doloire et les mots *sub ascia*, indiquent que le monument a été dédié et placé sur le tombeau à l'intention formelle et précise du défunt et à l'issue des mains du sculpteur. On voit dans l'inscription suivante, comment se plaçait le nom de la tribu à laquelle avait appartenu un citoyen mort:

M. TITIO M. F. VOLT. GRATO.

Les mots M. (*Marco*) *Titio Grato* étaient le prénom, le nom et le surnom du défunt; les lettres M. F. se lisant *Marci filio*, l'abréviation VOLT. ne peut s'expliquer que par le mot *voltiniæ* (tribûs), et l'on voit que le monument est consacré à Marcus Titius Gratus, fils de Marcus, et citoyen de la tribu Voltinia à Rome.

Le nombre des tribus fut d'abord à Rome de dix-sept; il fut porté jusqu'à trente-cinq, quand les conquêtes des Romains eurent agrandi leur domination, et même au-delà; la loi Julia accorda aux Gaulois le droit de cité, c'est-à-dire, le droit de suffrage dans les comices par tribus, et dans les comices par centuries; mais le nombre des tribus fut ramené à trente-cinq, et les savans de Boze et Bimard de la Bâtie ont conjecturé que les Gaulois, et particulièrement ceux qui formèrent la *province romaine* des Gaules, furent inscrits dans la tribu Voltinia qui était la Xe de Rome. D'autres inscriptions portent: C. VIBIO. C. F. L. N. TRO. GALLO, *Caio Vibio*, *Caio Filio*, *Lucii Nepoti*, *Tromentinæ* (tribûs) *Gallo*, à Caius Vibius fils de Caius, petit-fils de Lucius, (de la tribu) Tromentina, (surnommé) Gallus; ou bien L. LICINIVS L. F. QUIR. PATERNUS; Lucius Licinius fils de Lucius, (de la tribu) Quirina, (surnommé) Paternus. Afin de faciliter l'interprétation des mots analogues, nous donnons ici les noms des 35 tribus de Rome dans l'ordre alphabétique.

1. Æmilia.	19. Publilia.
2. Aniensis.	20. Pollia.
3. Arniensis.	21. Pomptina.
4. Claudia.	22. Pupinia.
5. Clustumina.	23. Quirina.
6. Collina.	24. Romilia.
7. Cornelia.	25. Sabatina.
8. Esquilina.	26. Scaptia.
9. Fabia.	27. Sergia.
10. Falerina.	28. Stellatina.
11. Galeria.	29. Suburrana.
12. Horatia.	30. Terentina.
13. Lemonia.	31. Tromentina.
14. Mæcia.	32. Vejentina.
15. Menenia.	33. Velina.
16. U. et Oufentina.	34. Veturia.
17. Palatina.	35. Voltinia.
18. Papiria.	

Leur rang était déterminé par l'ordre même de leur institution; les tribus Collina, Esquilina, Palatina et Suburrana étaient les *tribus Urbanæ*, ou de la ville même de Rome, toutes les autres étaient nommées *rusticæ*, ou de la campagne, et comprenaient le territoire romain, l'Étrurie, la Sabine, la Gaule, etc.

Les magistratures, les sacerdoces, les grades et fonctions militaires sont très souvent indiqués dans les inscriptions funéraires; mais il est impossible d'en donner ici la nomenclature. Pour leur interprétation régulière, on doit recourir aux grands recueils d'inscriptions; on trouvera aux tables le mot ou son abréviation, et à la page qu'elles indiquent, sa lecture et son explication. Il suffira donc de mettre sous les yeux du lecteur une liste des abréviations les plus difficiles ou les plus ordinaires recueillies sur les monumens romains, et l'on n'y comprendra ni les prénoms, ni les surnoms, ces sortes de mots ne pouvant pas embarrasser long-temps l'archéologue attentif à les expliquer par la place qu'ils occupent dans le texte. Il en est de même de ce qui se rapporte à l'âge des défunts, exprimé en années, en mois et en jours, et aux conditions générales relatives aux dimensions du monument et du terrain qui en dépendait, comme aussi au droit d'inhumation dans une même sépulture, qui passait ou ne passait pas aux enfans, héritiers, affranchis et leurs descendans, selon que le défunt l'avait ordonné par son testament; et l'inscription rappelle ordinairement les conditions restrictives, si elles ont existé.

Principales abréviations romaines.

A. ager. annis. augustales, augustalis.
A. A. apud agrum.
AB. AC. SEN. ab actis senatûs.
AE. CVR. ædilis curulis.
A. FRVM. a frumento.
A. H. D. M. amico hoc dedit monumentum.
A. K. ante kalendas.
A. O. F. C. amico optimo faciendum curavit.
A. P. ædilitiâ potestate. amico posuit.
A. S. L. animo solvit libens. a signis legionis.
A. T. V. aram testamento vovit.
A. XX. H. EST. annorum viginti hic est.
B. A. bixit, *pro* vixit annis.
B. DE. SE. M. bene de se meritæ, *vel* merito.
B. M. D. S. bene merenti, *vel* bene merito de se.
B. P. D. bono publico datum.
B. Q. bene quiescat.
B. V. bene vale.
BX. ANOS. VII. ME. VI. DI. XVII. vixit annos septem menses sex dies decem septem.
C. centuria. centurio.
C. centurio.
C. B. M. conjugi bene merenti. F. conjugi bene merenti fecit.
CENS. PERP. P. P. *vel* CENS. PERP. P. P. *vel* CENS. P. P. P. censor perpetuus pater patriæ.
COH. I. AFR. C. R. cohors prima africanorum civium romanorum. FL. BF. Flavia beneficiariorum.
C. I. O. N. B. M. F. civium illius omnium nomine bene merenti fecit.
C. K. L. C. S. L. F. C. conjugi carissimo loco concesso sibi libenter fieri curavit.
C. P. T. curavit poni titulum.
C. R. civis romanus. civium romanorum. curaverunt refici.
C. S. H. S. T. T. L. communi sumptu hæredum, sit tibi terra levis.
D. decimus. decuria. decurio. declinavit. dedit. devotus. dies. diis. divus. dominus. domo. domus. quinquagenta.
D. C. D. P. decuriones coloniæ dederunt publicè.
D. D. D. S. decreto decurionum datum sibi. dono dedit de suo.
D. K. OCT. dedicatum kalendis octobris.
D. M. ET. M. diis manibus et memoriæ.
D. N. M. E. devotus numini majestati ejus.
D. O. S. Deo optimo sacrum. diis omnibus sacrum.
D. P. P. D. D. de propriâ pecuniâ dedicaverunt. de pecuniâ publicâ dono dedit.
D. S. F. C. H. S. E. de suo faciundum curavit, hic situs est.
D. T. S. P. dedit tumulum sumptu proprio.
E. CVR. erigi curavit.
EDV. P. D. edulium populo dedit.
E. E. ex edicto. ejus ætas.
E. H. T. N. N. S. exterum hæredem titulus noster non sequitur.
E. I. M. C. V. ex jure manium consertum voco.
E. S. ET. LIB. M. E. et sibi et libertis monumentum erexit.
E. T. F. I. S. ex testamento fieri jussit sibi.
E. V. L. S. ei votum libens solvit.
FAC. C. faciendum curavit.
F. C. facere curavit. faciundum curavit. fecit conditorium. felix constans. fidei commissum. fieri curavit.
F. H. F. fieri hæres fecit. fieri hæredes fecerunt.
F. I. D. P. S. fieri jussit de pecuniâ suâ.
F. M. D. D. D. fecit monumentum datum decreto decurionum.
F. P. D. D. L. M. fecit publice decreto decurionum locum monumenti.
F. Q. Flamen Quirinalis.
F. T. C. fieri testamento curavit.
F. V. F. fieri vivens fecit.
G. L. genio loci.
G. M. genio malo.
G. P. R. genio populi Romani, *seu* gloria.
GR. D. gratis datus; *vel* dedit.
G. S. genio sacrum, genio senatûs.
G. V. S. genio urbis sacrum. gratis votum solvit.
H. habet. hâc. hastatus. hæres. hic. homo. honesta. honor. hora. horis. hostis.
H. B. M. F. hæres bene merenti fecit. F. C. faciundum curavit.
H. C. CV. hic condi curavit. hoc cinerarium constituit.
H. DD. hæredes dono dedêre. honori domûs divinæ.
HE. M. F. S. P. hæres monumentum fecit suâ pecuniâ.
HIC. LOC. HER. N. S. *vel* HIC. LOC. HER. NON. SEQ. hic locus hæredem non sequitur.
H. L. H. N. T. hunc locum hæres non teneat.

H. M. AD. H. N. T. *vel* H. M. AD. H. N. TRAN. hoc monumentum ad hæredem non transit.
H. N. S. N. L. S. hæres non sequitur nostrum locum sepulturæ *vel* hæredem.... locus, etc.
HOC. M. H. N. F. P. hoc monumentum hæredes nostri fecerunt ponere.
H. P. C. hæres ponendum curavit. hic ponendum curavit. L. D. D. D. hæres ponendum curavit loco, dato decreto decurionum.
H. S. C. P. S. hic curavit poni sepulchrum. hoc sepulchrum condidit pecuniâ suâ. hoc sibi condidit proprio sumptu.
H. T. V. P. hæres titulum vivus posuit. hunc titulum vivus posuit.
I. AG. in agro.
I. C. Judex cognitionum.
I. D. M. inferis diis maledictis. Jovi deo magno.
I. F. P. LAT. in fronte pedes latum.
II. V. DD. duumviris dedicantibus.
II. VIR. AVG. duumvir Augustalis.
II. VIR. COL. duumvir coloniæ.
II. VIR. I. D. duumvir juri dicundo.
II. VIR. QQ. Q. R. P. O. PEC. ALIMENT. duumviro quinquennali quæstori reipublicæ operum pecuniæ alimentariæ.
III. VIR. AED. CER. triumvir ædilis cerealis.
IIII. V. quatuorviratus.
IIII. VIR. A. P. F. quatuorviri argento publico feriundo, *vel* auro.
IIII. VIREL. IOVR. DEIC. quatuorviri juri dicundo.
IIIII. VIR. QQ. I. D. sexvir quinquennalis juri dicundo.
IN. AG. P. XV. IN. F. P. XXV. in agro pedes quindecim in fronte pedes viginti quinque.
I. O. M. D. D: SAC. Jovi optimo maximo diis deabus sacrum.
I. P. indulgentissimo patrono. innocentissimo puero. in pace. jussit poni.
I. S. V. P. impensâ suâ vivus posuit, *seu* vivi posuêre.
K. B. M. carissimæ bene merenti, *vel* carissimo.
K. CON. O. carissimæ conjugi defunctæ.
K. D. calendis decembris. capite diminutus.
L. liberta. Lucia.
L. B. D. M. libens bene merito dicavit. locum bene merenti dedit, *vel* libertatæ, *seu* liberto.
L. F. C. libens fieri curavit. libertis faciendum curavit. libertis fieri curavit, *vel* locum, *aut* Lugens.
LIB. ANIM. VOT. libero animo votum.
L. L. FA. Q. L. libertis libertabus familiisque libertorum.
L. M. T. F. J. locum monumenti testamento fieri jussit.
LOC. D. EX. D. D. locus datus ex decreto decurionum.
L. P. C. D. D. D. locus publice concessus datus decreto decurionum.
L. Q. ET. LIB. libertisque et libertabus.
L. XX. N. P. sestertiis viginti summûm pendit.
MAN. IRAT. H. manes iratos habeat.
M. B. memoriæ bonæ. merenti bene, mulier bona.
M. D. M. SACR. magnæ deûm matri sacrum.
MIL. K. PR. milites cohortis prætoriæ.
M. P. V. millia passuum quinque. monumentum posuit vivens, *vel* memoriam.
NAT. ALEX. natione alexandrinus.
NB. G. nobili genere.
N. D. F. E. ne de familiâ exeat.
N. H. V. N. AVG. nuncupavit hoc votum numini Augusto.
N. N. AVGG. IMPP. nostri Augusti imperatores.
NON. TRAS. H. L. non transilias hunc locum.
F. T. M. numini tutelari municipii.
N. V. N. D. N. P. O. neque vendetur neque donabitur neque pignori obligabitur.
OB. HON. AVGVR. ob honorem auguratûs. II. VIR. duumviratûs.
O. C. ordo clarissimus.
O. E. B. Q. C. ossa ejus bene quiescant condita.
O. H. I. N. R. S. F. omnibus honoribus in republicâ suâ functus.
O. LIB. LIB. omnibus libertis libertabus.
O. O. ordo optimus.
OP. DOL. opus doliare, *seu* doliatum.
P. B. M. patri bene merenti, *vel* patrono, *seu* posuit.
P. C. ET. S. AS. D. ponendum curavit et sub asciâ dedicavit.
PED. Q. EIN. pedes quadrati bini.
P. GAL. præfectus Galliarum, *vel* præses.
PIA. M. H. S. E. S. T. T. L. pia mater hic sita est; sit tibi terra levis.
P. M. passus mille. patronus municipii. pedes mille. plus minus. pontifex maximus. post mortem. posuit merenti. posuit mœrens. posuit monumentum.
P. P. pater patriæ. pater patratus. pater patrum. patrono posuit. pecuniâ publicâ. perpetuus po-

pulus. posuit præfectus. prætorio præpositus. propriâ pecuniâ. pro portione. pro prætor. provincia Pannoniæ. publice posuit. publice propositum. Publii *duo*.

P. Q. E. *vel* P. Q. EOR. posterisque eorum.

P. S. D. N. pro salute domini nostri.

P. V. S. T. L. M. posuit voto suscepto titulum libens merito.

Q. K. quæstor candidatus.

Q. PR. *vel* Q. PROV. quæstor provinciæ.

Q. R. *vel* Q. RP. quæstor reipublicæ.

Q. V. A. I. qui vixit annum unum, *vel* quæ. A. III. M. II. annos tres menses duos. A. L. M. IIII. D. V. annos quinquaginta menses quatuor dies quinque. A. P. M. qui vixit annos plus minus.

R. C. romana civitas. romani cives.

R. N. LONG. P. X. retro non longe pedes decem.

ROM. ET. AVG. COM. ASI. Romæ et Augusto communitates Asiæ.

R. P. C. reipublicæ causâ. reipublicæ conservator. reipublicæ constituendæ, retro pedes centum.

R. R. PROX. CIPP. P. CLXXIIII. rejectis ruderibus proxime cippum pedes centum septuaginta quatuor.

R. S. P. requietorium sibi posuit.

S. sacellum. sacrum. scriptus. semis. senatus. sepulchrum. sequitur. serva. sibi. singuli. situs. solvit. stipendium.

S. uncia.

S. centuria.

S. semuncia.

SB. sibi. sub.

S. D. D. simul dederunt, *vel* dedicaverunt.

S. ET. L. L. P. E. sibi et libertis libertabus posteris ejus.

S. F. S. sine fraude suâ.

SGN. signum.

S. M. P. I. sibi monumentum poni jussit.

SOLO. PVB. S. P. D. D. D. solo publico sibi posuit dato decreto decurionum.

S. P. C. suâ pecuniâ constituit. sumptu proprio curavit.

S. T. T. L. sit tibi terra levis.

S. V. L. D. sibi vivens locum dedit.

TABVL. P. H. C. tabularius provinciæ Hispaniæ citerioris.

T. C. testamento constituit, *vel* curavit.

T. T. F. V. titulum testamentum fieri voluit.

V. C. P. V. vir clarissimus præfectus urbi.

V. D. P. S. vivens dedit proprio sumptu. vivens de pecuniâ suâ.

V. E. D. N. M. Q. E. vir egregius devotus numini majestatique ejus.

VI. ID. SEA. sexto idus septembris.

VII. VIR. EPVL. septemvir epulonum.

V. L. A. S. votum libens animo solvit.

VO. DE. vota decennalia.

V. S. A. L. P. voto suscepto animo libens posuit.

V. V. C. C. viri clarissimi.

VX. B. M. F. H. S. E. S. T. L. uxor bene merenti fecit, hic situs est, sit tibi terra levis.

X. mille.

X. ANNALIB. decennalibus.

X. IIII. K. F. decimo quarto kalendas februarii.

X. VIR. AGR. DAND. ADTR. IVD. decem vir agris dandis attribuendis judicandis.

XV. VIR. SAC. FAC. quindecemvir sacris faciendis.

XXX. P. IN. F. triginta pedes in fronte.

XXX. S. S. trigesimo stipendio sepultus.

Les *inscriptions chrétiennes* forment une classe particulière, et sont caractérisées par les symboles et les acclamations propres à la croyance chrétienne : l'idée d'une autre vie y domine ordinairement. Les symboles les plus communs sont la barque, le poisson, la palme, le cœur, le cheval, les instrumens de la passion, la couronne, les moineaux, le bon pasteur, la croix, l'ancre, le monogramme du Christ, l'A et Ω, et même des personnages du paganisme que les chrétiens employaient dans un sens caché, tel Orphée attirant les animaux, était le symbole secret du Christ ramenant toutes les nations à la foi. Les formules écrites les plus fréquentes, sont aussi H. R. I. P. *hic requiescat in pace*, BONÆ MEMORIÆ. Celles qu'on observe quelquefois sont : *Anima sancta salve*, *bibas* (vivas) *in Christo*, et toutes celles où le nom du Christ ou bien l'idée de la résurrection sont exprimées ; *Gratia plena ; innox et dulcis*, *nobile decus ;* Kere et Xere (pour le grec Χαίρε) : *lux vivas in Deo ; pax tecum sit ; pudicæ feminæ ; quiescas in pace ; qui in meum Deum credidit ; recessit in somno pacis ; recordetur illius Deus ; spiritus tuus in pace ; servus Dei fidelis ; vita ; vive in æterno : zezes* (vivas) *pie zezes* (pie vivas). Lorsque le christianisme fut mieux établi, des imprécations et des anathèmes contre ceux qui violeraient les tombeaux, furent aussi employés dans les inscriptions ; on y trouve ces paroles : *Male pereat insepultus; jaceat; non resurgat; cum Juda partem habeat; sit maledictus et in perpetuum anathemate constrictus.* En général les chrétiens prirent des noms ou de leurs saints ou des patriarches; ils conservèrent aussi des noms tout payens comme Afrodisius, Mercurius, etc., même des noms pris des animaux, comme Onagrus, Ursa, Ursula, etc. Les abréviations les plus communes dans les inscriptions chrétiennes latines sont les suivantes :

A. ave. anima. Aulus, etc.
A. B. M. animæ bene merenti.
A. D. anima dulcis.
B. F. bonæ feminæ. bonæ fidei.
BVSV. bonus vir.
CL. F. clarissima femina ou filia.
C. R. corpus requiescit ou repositum.
D. depositus. dormit. dulcis, etc.
D. B. Q. dulcis bene quiescas!
D. D. S. decessit de sæculo.
D. I. P. decessit in pace.
D. M. dominus.
DPS. depositus. depositio.
H. R. I. P. hic requiescit in pace.
IN D. in Deo. indictione.
IN P. D. in pace domini.
IN X. in Christo.
M. monumentum. memoria. martyr.
N. DEVS. nobile decus.
P. pax. ponendus. posuit.
P. M. plus minus.
PRS. probus.
P. Z. pie zeses.
Q. quiescat.
Q. FV. AP. N. qui fuit apud nos.
R. recessit. requiescit.
R. I. PA. requiescat in pace.
S. salve. spiritus. suus.
SAC. VG. sacra virgo.
S. I. D. spiritus in Deo.
SC. M. sanctæ memoriæ.
S. T. T. C. sit tibi testis cœlum.
TT. titulum.
V. vixit. virgo. vivas, etc.
V. B. vir bonus. V. C. vir clarissimus.
VV. F. vive felix.
V. S. vale. salve.
V. X. vivas charissime.
X. Christus, decem.
Z. Zezes, Zezo (Jesus).

DE LA MANIÈRE D'ÉCRIRE ET DE PRONONCER DES ANCIENS.

Pour qui veut prendre la peine de comparer les anciens monumens grecs et latins, il est évident que les Latins ont emprunté aux Grecs les lettres de leur alphabet.

Les anciens distinguaient nettement dans leur prononciation les voyelles longues des voyelles brèves, et la négligence que nous mettons à cet égard est ce qui a le plus contribué à dénaturer la véritable prononciation antique.

Ils observaient même cette distinction de longues et de brèves dans leur écriture, et souvent ils redoublaient la voyelle, pour marquer une syllabe longue : voilà comment on trouve *mehe* pour *mee* ou *me* long, *mehecum* pour *mecum*, *mihi* pour *mi* ou *mii* des anciens.

Ils prononçaient l'E de plusieurs manières. Ils avaient l'E long et ouvert qui se redoublait même souvent : *feelix*, *seedes*. Ils avaient aussi l'E fermé, comme l'ἐψίλον grec.

Mais, en outre, il y avait une prononciation moyenne entre l'*é* et l'*i*; d'où vient que Varron remarque que l'on disait *veam* pour *viam*, et *festus*, que l'on disait *me* pour *mi* ou *mihi* : on écrivait aussi : *Menerva*, *leber*, *magester*, etc.

De même que, dans les terminaisons *ment*, nous donnons en français le son de l'*a* à l'*e*, il en était de même quelquefois chez les Latins. Caton écrivait indifféremment : *dicam* et *dicem*; *faciam* ou *faciem*; *incestus* pour *incastus*; *condamnare* ou *condemnare*, etc.

Mais il est surtout remarquable que l'E avait encore quelque affinité avec l'O et même avec l'U (ou), d'où vient : *diu* pour *die*; *moneo*, *monui*, etc.

On indiquait l'I comme long, quand on l'allongeait au milieu des autres : PIso, vIvus, etc.

La diphtongue *ei* exprimait aussi un *i* long : on écrivait *divi* ou *divei*, etc.

L'O avait le son *bref* ou *long*, et représentait parfaitement l'*ômega* et l'*omicronn* des Grecs. Il y avait affinité entre cette voyelle et la diphthongue *au* : on écrivait : *Caudex* et *codex*.

L'O avait quelque rapport avec l'E : *adversum* ou *advorsum*; *vertex* ou *vortex*; *hemo* pour *homo*, etc. Mais l'O avait encore plus d'affinité avec l'U (ou); d'où vient que les anciens, dit Longus, confondaient aisément ces deux lettres, en écrivant : *Consol* qu'ils prononçaient *consul* (consoul). De là vient encore que l'on dit *huc, illuc* pour *hoc, illoc*.

Quant à la prononciation de l'U, elle n'est pas douteuse. Les Latins le prononçaient *ou*, comme le prononcent encore aujourd'hui les Italiens : *Lupus, cuculus* sont devenus, même chez nous : *Loup, coucou*, etc.

Scioppius prétend que l'I et le V n'ont jamais été que voyelles chez les Latins, et n'ont jamais eu, par conséquent, le son de notre J et de notre V.

Cela peut être appuyé par le témoignage de Cicéron. En effet, il rapporte que, lorsque Crassus partit pour la désastreuse expédition, dans laquelle il perdit la vie, le mot *cauneas!* que criait un homme qui vendait des figues de *Caunus*, ville de Carie, fut considéré comme de mauvais augure, parce qu'il équivalait pour le son à *cave ne eas* (garde-toi d'y aller), c.-à-d., *cav' n' eas* ou *cau' neas*, comme on prononçait sans doute dans la rapidité du langage ordinaire.

DIVISION DU TEMPS CHEZ LES ROMAINS.

Le Calendrier romain, établi par J. César, ne diffère du nôtre que par la division des mois.

Le premier jour de chaque mois était nommé *Kalendæ*, Calendes (de *calare*, καλεῖν, appeler, proclamer), parce que, ce jour, un pontife proclamait combien il y avait de jours jusqu'aux *Nones*.

Le 7e jour des mois de *Mars*, *Mai*, *Juillet* et *Octobre*, et le 5e des autres mois (*Janvier*, *Février*, *Avril*, *Juin*, *Août*, *Septembre*, *Novembre*, *Décembre*) étaient appelés *Nonæ*, Nones, c'est-à-dire le 9e jour avant les Ides, *Idus*, dénomination que, dans les mois de *Mars*, *Mai*, *Juillet* et *Octobre*, portait le 15e et dans les autres mois (*Janvier*, *Février*, *Avril*, *Juin*, *Août*, *Septembre*, *Novembre*, *Decembre*) le 13e jour. Le mot *idus*, vient du verbe étrusque *iduare*, diviser, parce que ce jour divise le mois en deux portions presque égales.

Ces trois jours, *Kalendæ*, *Nonæ*, *Idus*, établissaient trois divisions du mois, dans chacune desquelles on comptait les jours à rebours; par exemple, on disait le 4e jour avant les *Nones* de Janvier, pour dire le 2 Janvier. — Le 4e avant les *Ides* de Janvier, pour le 10 Janvier ; le 14e avant les Calendes de Février, pour le 19 Janvier.

Par une autre bizarrerie, le jour d'où l'on partait était compté pour passé; ainsi le 2e jour avant les *Nones* était appelé 3e avant les *Nones*. Le jour qui précédait immédiatement un des points de départ n'était nommé ni le 1er ni le 2e, mais *pridies* (usité à l'ablatif *pridie*).

CALENDRIER ROMAIN.

Jours de nos Mois.	Mars, Mai, Juillet, Octobre.	Janv., Août, Décembre.	Avril, Juin, Septembre, Novembre.	Février.	
	Martius, Maius, Julius (ou *quintilis*), *October.*	*Januarius* y *Augustus* (ou *sextilis*), *December.*	*Aprilis*, *Junius*, *September*, *November.*	*Februarius.*	
	31 Jours.	31 Jours.	30 Jours.	28 Jours. Tous les 4 ans 29.	
1	Kalendis.	Kalendis.	Kalendis.	Kalendis.	
2	VI	IV ante	IV ante	IV ante	
3	V ante	III Nonas.	III Nonas.	III Nonas.	
4	IV Nonas.	Pridie Nonas.	Pridie Nonas.	Pridie Nonas.	
5	III	Nonis.	Nonis.	Nonis.	
6	Pridie Nonas.	VIII	VIII	VIII	
7	Nonis.	VII	VII	VII	
8	VIII	VI ante	VI ante	VI ante	
9	VII	V Idus.	V Idus.	V Idus.	
10	VI ante	IV	IV	IV	
11	V Idus.	III	III	III	
12	IV	Pridie Idus.	Pridie Idus.	Pridie Idus.	
13	III	Idibus.	Idibus.	Idibus.	An. Bissext.
14	Pridie Idus.	XIX	XVIII	XVI	XVII
15	Idibus.	XVIII	XVII	XV	XVI
16	XVII	XVII	XVI	XIV	XV
17	XVI	XVI	XV	XIII	XIV
18	XV	XV	XIV	XII	XIII
19	XIV	XIV	XIII	XI	XII
20	XIII	XIII	XII ante Kalendas.	X	XI
21	XII ante	XII ante Kalendas	XI	IX	X
22	XI Kalendes	XI	X mensis seq.	VIII	IX
23	X mensis seq.	X mensis seq.	IX	VII	VIII
24	IX	IX	VIII	VI	VII
25	VIII	VIII	VII	V	VI
26	VII	VII	VI	IV	V
27	VI	VI	V	III	IV
28	V	V	IV	Pr. K. III.	Ante Kal. mens. seq. Martius.
29	IV	IV	III	Pr. Kal. Martias.	
30	III	III	Pridie Kalend. mensis seq.		
31	Pridie Kalend. mensis seq.	Pridie Kalend. mensis seq.			

NOTA. — On ne dit pas *primo Nonas*, mais on dit *Nonis*, le jour des Nones ; ni *secundo Nonas*, parce que *secundus* vient de *sequor*, suivre, mais *pridiè* (*antè* s.-ent.) *Nonas* ou *Nonarum*, la veille des Nones. *Secundo Nonas* signifierait le *second jour après* les Nones.

Le nom de bissextil vient de *bissextus* (deux fois 6e). C'était un jour qu'on intercalait tous les quatre ans dans le mois de février. Ce jour était, non le 29, mais le 25 ; on l'appelait, de même que le 24, le 6e jour avant les Calendes de Mars, et cependant, pour le distinguer du 24, on le nommait *bissextus*.

On a fait les deux vers latins qui suivent pour indiquer combien de jours on doit compter avant les Nones et les Ides de chaque mois.

Sex Maius Nonas, October, Julius et Mars;
Quatuor at reliqui; dabit Idus quilibet octo.

En Mai, Octobre, Juillet et Mars, on compte 6 jours avant les Nones;

Quatre jours dans les autres; dans tous les mois, on compte huit jours avant les Ides.

Les Romains ne connaissaient pas la division du mois en semaines de sept jours (*hebdomades*); cependant ils paraissent avoir eu une espèce de semaine de huit jours (*ogdoades*), après lesquels on tenait les marchés (*nundinæ*). Les semaines de sept jours furent introduites par les Chrétiens, qui les prirent des Juifs.

Le jour se composait de douze heures. La première commençait à six heures du matin, et ainsi de suite.

Les douze heures de la nuit se divisaient en quatre veilles, et chaque veille se composait de trois heures. La première commençait à six heures du soir.

Les semaines sont composées de sept jours.

Dimanche,	*Solis*	
Lundi,	*Lunæ*	
Mardi,	*Martis*	
Mercredi,	*Mercurii*	*dies.*
Jeudi,	*Jovis*	
Vendredi,	*Veneris*	
Samedi,	*Saturni*	

Solis et *Saturni dies* sont remplacés par *Dominica et Sabbati dies.*

REM. Traduisez les jours de la Semaine-Sainte ainsi qu'il suit :

Mercredi-Saint,	*Pridiè sacram Domini Cœnam.*
Jeudi-Saint,	*Sacræ Cœnæ Dies.*
Vendredi-Saint,	*Sacra dies mortis Domini.*
Samedi-Saint,	*Postridiè mortem Domini.*

On peut encore les traduire par *feria prima, secunda*, etc., lundi, mardi, etc.

PRINCIPALES MONNAIES ROMAINES.

Monnaies de cuivre.

La première monnaie portait l'empreinte de la figure d'un animal, *pecus*, d'où vient le mot *pecunia* qui signifie toute espèce de monnaie. Elle fut appelée *as*, de *æs*, parce qu'elle était de cuivre et d'airain, et *libra*, livre, du poids qu'on lui donnait (*librare*, peser).

L'AS ou LIBRA était une pièce de cuivre pesant d'abord 12 onces, valant aujourd'hui sept centimes environ. Il se multipliait de la manière suivante : *dupondium*, deux as ou livres; *tressis*, 3 as ou 3 livres; *quadrussis*, 4 as; *quincussis*, 5 as; *sextussis*, 6 as, etc.; *decussis*, 10 as; *vigessis*, 20 as; *trigessis*, 30 as; — *centussis*, 100 as. — L'*as* fut réduit, dans la suite, de 12 onces à une demi-once, et s'appela *libella*. — Comme il formait un tout solide, on lui donna le nom de *solidum*, qui, plus tard, s'appliqua à une somme entière, quelle qu'elle fût.

Semissis (*semi assis*) ou *semis*, génitif *semissis*, moitié de l'as. *Triens*, le tiers. *Quadrans*, le quart. *Sextans*, le sixième. — *Uncia*, une once. — *Dodrans*, neuf onces trois quarts; les trois quarts du jour, de l'heure, etc. *Quincunx*, cinq onces, cinq douzièmes. *Bes*, les deux tiers de tout ce qui se divise en 12 parties.

Monnaies d'argent.

Argent, *argentum*, du mot grec ἄργυρος (arguros), blanc; appelé ainsi à cause de sa blancheur.

L'argent ne fut guère connu à Rome que vers l'an 485 de la fondation de cette ville, cinq ans avant la première guère punique.

Le DENIER, *Denarius*, de *deni*, dix-à-dix, était une petite pièce d'argent qui valut d'abord 82, 79, 78, 73, et enfin, sous les règnes de Galba et de Domitien, 70 centimes. — Le *Quinaire*, *quinarius*, valait la moitié du denier.

Les deniers portaient l'empreinte d'un char attelé de *deux* ou de *quatre chevaux*; on les appelait alors *bigati* ou *quadrigati*. Ceux sur lesquels était empreinte une *Victoire*, s'appelaient *victoriati*.

Le SESTERCE, *sestertius*, valait le *quart* du *denier*, ou deux as et demi; c'est-à-dire qu'il valut d'abord environ 21, 20, 19, 18 et enfin 17 centimes. Pour indiquer qu'il valait 2 as et demi, ou 2 livres et demie, on le marquait ainsi, LLS; les deux L marquaient deux *livres* ou *as*, et l'S signifiait *semi*, *deux livres et demie*.

Ensuite on a fait un H des deux LL, et l'on a eu HS, comme on le trouve dans les auteurs. Le *Sesterce* s'appelle aussi *Nummus argenti*.

Le grand sesterce (*sestertium*, *ii*, neutre) valait MILLE petits sesterces (*sestertius*, *ii*, masc.) Aujourd'hui 177 francs 90 centimes environ.

Monnaies d'or.

L'or, *aurum*, de *aura*, éclat. — L'or fut connu des Romains 62 ans après l'argent.

L'*aureus* (sous-ent. *nummus*) ou *solidus*, valait 25 deniers d'argent ou 100 petits sesterces. Aujourd'hui 17 francs 79 centimes.

Nummus ou *numus* (du grec νόμος [nomos], usage, loi) était un nom commun à plusieurs monnaies : *nummus æreus*, l'as; *nummus argenteus*, le denier d'argent; *nummus aureus*, [illegible]

FIN.

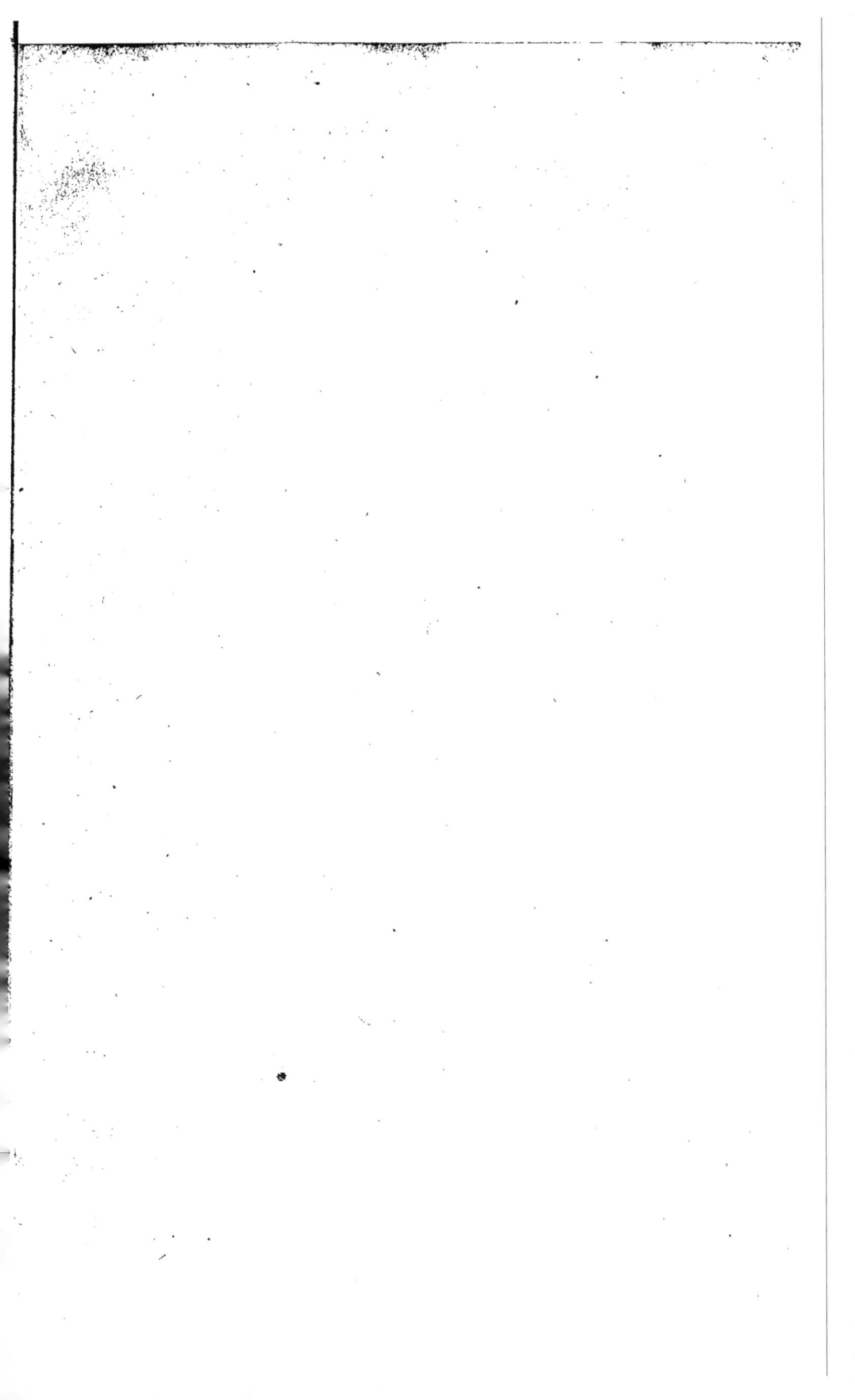

www.ingramcontent.com/pod-product-compliance
Lightning Source LLC
Chambersburg PA
CBHW060601100426
42744CB00008B/1273

9782013718189